天下文化
BELIEVE IN READING

Andrew McAfee

我們如何用更少的資源創造更多產出？

以少創多

MORE from LESS

The Surprising Story of How We Learned to Prosper Using Fewer Resources—and What Happens Next

麻省理工學院數位經濟研究中心共同主任

安德魯・麥克費 著

李芳齡 譯

謹以本書獻給我的母親南熙（Nancy），

她教我們認識並珍愛這個世界。

我們既然有如神一般的造物能力，就把事情做好吧！

史都華・布蘭德（Stewart Brand）

《全地球目錄》（*Whole Earth Catalog*），1968 年

MORE FROM LESS

目次

各界推薦

我向來相信，技術進步與創業精神將為我們帶來更美好的生活，安德魯・麥克費在本書中剖析這些力量如何也幫助我們把地球變得更好，而不是剝蝕摧殘它。任何想幫助創造一個既永續、又富足的未來的人，都應該閱讀此書。

LinkedIn創辦人 雷德・霍夫曼（Reid Hoffman）

《閃電擴張》（*Blitzscaling*）合著者

這本樂觀、人文精神的著作分析一個非常重要、但沒有獲得足夠關注的大趨勢：我們經濟的去物質化。在這有太多令人憂心之事的世界，安德魯・麥克費的樂觀分析很受歡迎。閱讀本書，將使那些對未來憂心忡忡的人減輕害怕，提高希望。

勞倫斯・桑默斯（Lawrence H. Summers）

前美國財政部長，美國國家經濟委員會主席

安德魯・麥克費在本書中明確闡釋為何環保主義需要更多的技術進步和資本主義，而非更少。我們的現代技術實際上已經使得我們的消費去物質化，以更少的物質投入要素，創造更大的人類福祉。這是迫切需要且具有洞察力的觀點，向我們展示如何擁有科技大餅，同時也能吃得到。

馬克・安德森（Marc Andreessen）

網景公司（Netscape）及安德森賀羅維茲創投公司

（Andreessen Horowitz）共同創辦人

安德魯・麥克費在本書中提出一個頗具說服力的藍圖，闡釋我們如何使用更少的自然資源來供應人類生活所需，改善人類境況及大自然狀態。

Salesforce董事長暨共同執行長

馬克・貝尼奧夫（Marc Benioff）

這是一本必讀之作，既及時，又令人耳目一新！在充斥著氣候變遷浩劫無法阻止的聲音當中，麥克費提供一個迫切需要的細膩觀點：政府及社會做對了什麼。他也極具說服力的論證，我們已經做出值得讚揚的進步。這本書不是要我們志得意滿，而是要我們有見地的認知到我們已經成功的地方，並提出一條務實的前進途徑，讓我們在自然資源的使用上更有效率。這是一本難能可貴的傑作！

丹碧莎・莫尤（Dambisa Moyo）

《當中國買下全世界》（*Winner Take All*）等書作者

安德魯·麥克費的這本新著探討現今世界迫切需要的東西：定義一個用以解決全球重大挑戰的架構。他的提議以周詳的世界情況分析為根據，並結合令人耳目一新的積極樂觀態度。

世界經濟論壇創辦人暨常務主席

克勞斯·史瓦布（Klaus Schwab）

安德魯·麥克費又寫出一本傑作。配合他先前的著作，本書將幫助我們以意義深遠的方式探索社會的未來。

哈佛商學院教授

克雷頓·克里斯汀生（Clayton Christensen）

前言

請聽我說

請聽我說！我會很誠實的告訴你。
我不會提供一帆風順的老式獎賞，
而會提供艱辛多舛的全新獎勵。

——惠特曼（Walt Whitman），
〈大路之歌〉（*Song of the Open Road*），1856年

我們終於學會用更輕的腳步踏在居住的星球上。也該是時候了。

整個人類史的繁榮幾乎都和我們取用地球資源的能力緊密相連：我們愈繁盛昌隆，就無可避免會取用更多的地球資源：取用更多的礦產、更多的化石燃料、更多耕作的土地、更多的樹木、更多的水等等。

但這種情形不再。近年來，我們已經看到一種不同的型態出現，那就是「以少創多」（more from less），用更少的資源創造更多產出。在美國這個占全球經濟比重約25%的富裕大國，經濟與人口繼續成長的同時，使用的大多數資源正逐年減少。此外，我們對空氣和水資源的汙染也在減少，排放的溫室效應氣體數量減少，以往瀕臨絕跡的許多動物，數量也逐漸回升。一言以蔽之，美國對地球的開採剝削已經過了高峰期。在其他許多富裕國家也有類似的情況，甚至中國等開發中國家也是如此，它們以種種重要的方法改善對待地球的作為。

本書要探討我們如何做出這樣的轉變，開始用更少的資源創造更多產出，以及如何展望未來。

首先，我要澄清一點：我並**不是**說現在的情況已經夠好了，也不是說沒有什麼好擔心的。這樣斷言就太荒謬了。人類造成的地球暖化既真實、又糟糕，我們迫切需要採取行動來解決；我們也必須減輕全球的汙染程度，挽救瀕臨滅絕的物種；我們必須對抗貧窮、疾病、營養不良、緊張暴動的社區，以及其他阻礙人類朝繁榮邁進的路障。

所以，我們還需要很多努力。我想在這本書闡述的廣泛觀點是：我們知道成功做到的方法。在世界大部分地區，我們已經在轉向了，我們正在改善人類的處境**和**大自然的狀態，這兩者間的消長已經結束，我有信心，如果我們處理得當，這種消長將不會再現。這本書會解釋這樣的信心是從何而來，也試圖讓你產生這樣的信心。

論點主軸

這本書要說明我們已經開始用更少的資源創造更多產出，以及我們如何達到這個重要的里程碑。這個轉變故事最奇特的層面是，我們並沒有做出許多急劇的改變來終結人類繁榮和地球健康這兩者間的消長，我們只不過是變得更擅長做已經在做的事。

尤其是，我們變得更善於結合技術進步和資本主義制度來滿足人類的欲望和需求。這個結論會讓許多人覺得很怪異，畢竟，從十九世紀末期的工業革命開始，就是這種結合導致我們使用的資源增加，也增加對環境的傷害。工業時代是人類繁榮興盛且快速進步的時期，但這些進步的代價是犧牲我們居住的星球。我們挖掘資源、砍伐森林、宰殺動物、汙染空氣及水，對地球做出無數的傷害，而且，這些傷害一年比一年更多、更嚴重，而且毫無止境。

工業時代，「技術進步」和「資本主義」這兩股力量的解放，似乎把我們推往一個方向：人口及消費持續增加，並讓地球環境持續惡化。到了1970年的第一屆世界地球日（Earth Day），許多人認為，這兩股力量將把我們推向毀滅，因為我們無法繼續無限制的傷害我們的星球。

實際情況呢？實際情形截然不同，這也是本書探討的主題。資本主義繼續發展（看看周遭就知道了），但科技的進步改變了，我們發明電腦、網路，以及一大堆數位科技，使我們的消費**去物質化（dematerialize）**：歷經時日，這些科技使我們能在消費愈來愈多的同時，取用愈來愈少的地球資源。這是因為數位科技使我們能夠以位元取代原子，因而節省成本。資本主義制度的高成本壓力導致公司一再接受這種做法，例如，想想看，有多少設備已經被智慧型手機取代了。

除了資本主義和技術進步，還有另外兩股力量也使我們得以用更少的資源創造更多產出，它們分別是**公眾意識（public awareness）**：認知到我們對地球造成的傷害（例如汙染與物種消失）；以及**回應民意的政府（responsive government）**：政府會回應人民的期望，採取健全的措施來消除這些傷害。世界地球日及美國和世界各地的環保運動，大大促進公眾意識及回應民意的政府形成。

我把技術進步、資本主義、公眾意識，以及回應民意的政府這四股力量合稱為「樂觀四騎士」（four horsemen of the optimist）*。當這四名騎士全部就位時，國家就能同時改善人類的處境和大自然的狀態；當四騎士沒有齊步奔馳時，人類與環境都會蒙受傷害。

好消息是，現在這四名騎士都在世界各地奔馳，因此，我們不需要做出急劇的改變，我們需要的是做更多已經在做的好事。讓我把比喻從馬匹換成車子：我們不需要把經濟與社會方向盤猛烈的轉往不同方向，我們只需要踩著油門。

有些論點大家不一定會喜歡

閱讀這本書時，請務必保持開放的心態，因為你可能會看到一些一開始看起來似乎不太正確的觀念與結論。我發現許多人很難接受這本書的基本概念：資本主義及技術進步讓我們用更輕的腳步踏在地球上，不再讓土地裸露。

我初次在人類環境學家傑西・奧蘇貝爾（Jesse Ausubel）2015年發表於《突破期刊》（*Breakthrough Journal*）上的精彩論文〈重返大自然：科技如何解救環境〉（The Return of Nature: How Technology Liberates the Environment）中看到這個

---

* 「樂觀四騎士」明顯與《新約聖經》中〈啟示錄〉裡的「末世四騎士」（Four Horsemen of the Apocalypse）相反，這四名騎士分別是戰爭、饑荒、瘟疫、死亡。

概念時[1]也很難接受。我看到這篇文章的標題，點了進去，發現有生以來閱讀過最有趣的一篇文章。

奧蘇貝爾敘述美國的去物質化，雖然他分析得仔細詳盡，我仍然懷疑，心想：「呵，這**不可能**是真的。」我們都有一個根深柢固的觀念：伴隨經濟成長，必定會消耗更多資源。想要擺脫這個觀念並不容易。奧蘇貝爾的這篇文章使我踏上質疑這個觀念的旅途，最終拋棄這個觀念。

這條研究之路最重要的部分是針對**如何**開始用更少的資源創造更多產出提出一個解釋。是什麼促使經濟成長和資源消耗脫鉤？是什麼促成去物質化？如前文及本書後面各章將提到的，在我的解釋中，資本主義是一大部分原因。

這不是一個廣受支持的結論。從馬克思（Karl Marx）之後，許多人激烈反對資本主義，還有更多人對資本主義抱持懷疑，因此，我對資本主義的稱許可能會被許多人嗤之以鼻，甚至鄙夷。如果你是其中之一，我很高興你閱讀這本書，我希望你聽聽我對資本主義的看法，並根據我提出的證據和邏輯來做出評價。

如果你是資本主義的粉絲，可能也不會喜歡我主張（對碳排放）課徵新稅並（對汙染，以及交易由瀕臨絕種動物製造的產品）進行嚴格管制，許多忠誠的資本主義信仰者不喜歡這些主張。我也建議增加更多核能發電和基因改造作物，很多人也堅決反對這兩件事。

所以，幾乎每個讀者都可能在一開始覺得書裡某些論述是錯的，我只想請求你用開放的心態去閱讀和看待書中提出的觀點。我的目的並不是要引起論戰，或是挑釁、摜壓任何人（換言之，我並沒有打算要激怒任何人，或是顯示出我比較高明）。我只是想敘述一個我認為美好而深受鼓舞的現象，解釋它是如何源起，探討它的含義。我希望你跟我一起踏上這趟探索的旅程。

第一章

馬爾薩斯的預言

（戰爭狀態與）人類生活沒有其他的保障、
只能使用自身的力量和創造力來提供一切的時期（相似）。
在這種情況下，不會有產業……因此也沒有地球文明……
這是最糟糕的，持續的恐懼，充斥暴力死亡的危險，
人們的生活孤獨、貧窮、險惡、野蠻、粗暴。

——湯瑪斯・霍布斯（Thomas Hobbes）
《利維坦》（*Leviathan*），1651年

許多人希望名留後世，但大概不想被後世流傳為「錯得離譜」的人。

很不幸的，許多人在討論人類和地球的關係時，馬爾薩斯牧師（The Reverend Thomas Robert Malthus）和他的信徒就扮演這個角色。**馬爾薩斯人**（Malthusian）已經成為一種論點、也代表對這種論點及提出這個論點的人嗤之以鼻的一個詞彙，* 這個形容詞意指對未來抱持毫無根據、消息不靈通的悲觀主義。

從某種意義上來說，這是完全公允的；馬爾薩斯在十八世紀末提出的悲觀預測已經證明錯得離譜，因此，獲得這種特殊封號很合理。但從另一種意義來說，我們對這位牧師也太苛刻了，對於他的努力，大多數的討論都忽略一點：馬爾薩斯對未來的預言雖然錯得離譜，但他對過去的分析大致上是正確的。

糟糕的人口振盪

馬爾薩斯最著名的事蹟是在1798年發表《人口論》（*An Essay on the Principle of Population*），對現代讀者而言，這本書很難讀，一方面是因為散文體在過去兩個多世紀已經改變很

---

* 自然科學界對這類詞彙有相當好的共識。例如，每一個生物學家會用同樣的方式看待「神造論者」（creationist）這個詞彙。社會科學界就比較分歧了，「社會主義者」（socialist）和「資本主義者」（capitalist）既被廣泛用於羞辱別人，也廣泛用來說明自己的自豪。我們將在後文探討這兩個詞彙。

多，另一方面是因為馬爾薩斯的文筆流露出漫不經心的種族歧視，以及對事實的簡單陳述。兩者結合起來，使人感覺他的論述讀起來很刺眼。舉例而言，他寫道：「北美印第安人在兩性之間沒有比其他種族來得熱情。」[1]

讀到類似的論述，很容易使人覺得他的《人口論》不過是自負的歐洲中心論罷了。但是，後來的研究顯示，他說的其實沒錯。他說對的地方不是北美原住民的性生活，而是對各族群來說，人類史上長期呈現出驚人的一貫性。這是馬爾薩斯所謂的人口「擺盪」（oscillation）或「振盪」（vibration）：人口數量在成長期之後，隨之而來的是衰減期。他寫道：「所有古老的國家都存在這種振盪⋯⋯深入思考這個主題的人都無法質疑這點。」[2]

《人口論》的主要目的是用數學來解釋何以這種振盪必然會發生在每個族群身上。馬爾薩斯正確的指出，如果沒有遏止的力量，人口就會快速成長。如果一對夫婦有兩個孩子，每個孩子生兩個孩子，這種繁殖過程繼續重複下去，這對夫婦的後代總數將每代倍增，從兩個到四個、到八個、到十六個⋯⋯人類只能做兩件事來抑制這種指數（或幾何）成長：不生小孩，或死亡。

馬爾薩斯說，這兩種抑制人口的力量必然會發生，而且頻繁到足以減緩、甚至逆轉每個人類族群的人口總數，這種必然發生的情況是基於一個簡單原因：土地無法持續餵養指數型成長的人口。馬爾薩斯說，人口以幾何級數成長（2, 4, 8, 16……），食物數量只能以等差級數成長（或線性成長：2, 3, 4, 5……），《人口論》大部分的篇幅是生動描繪這種不相稱的悲慘結果：「若不抑制人口，人口就會以幾何級數成長，糧食只能以等差級數成長，稍微了解數字的人都能看出第一股力量比第二股力量強大多少……這隱含的是，一直有強大的力量在抑制人口成長，以解決糧食不足的困難。這種困難必然降臨，也必然有一大部分的人類強烈感受到這種困難。」[3*]

成長的限制

這是實際發生的情形嗎？拜成群的傑出研究之賜，我們現在已經知道這個問題的答案了。過去四十年，由安格斯・麥迪森（Angus Maddison）領頭的經濟史學家已經有證據拼湊出橫跨多個世紀的人類生活水準，知道人類取得想要及需要的東西的能力。

生活水準通常以實質工資或所得來衡量。[**]即使各國貨幣隨著時間經過而改變，即使中世紀農夫取得的收入往往不是現

---

* 馬爾薩斯並未詳細解釋為何糧食無法像人口那樣呈現指數型成長，他只是斷言：「最急切的投機者也無法期望糧食產量能夠以大於等差級數的速度增加。」

** 這裡的「實質」，指的是把通貨膨脹率納入考量之後。

代所謂的貨幣，工資與所得的概念仍然很有用，因為這可以讓我們以一致的方法來評估富裕與貧窮。另一派研究則為我們提供清晰的歷史人口結構面貌，讓我們了解人口有多少，以及人口如何波動。

經濟史學家葛雷格利・克拉克（Gregory Clark）把這兩類證據結合起來，提供馬爾薩斯發表《人口論》之前六個世紀期間的英國生活景象，看起來不太漂亮。

圖1-1是克拉克繪製的圖，橫軸是英國人口，縱軸是個人的富裕程度，*使用的資料是1200年至1800年間每十年的數據，把這些資料點連結成線。（我用灰線和黑線交替標示每個世紀的開頭，這樣比較容易指出正確的線。）

若這條線是穩定向右上方延伸，就意味在這幾個世紀期間，英國人口持續增長，也愈來愈繁榮。但實際情形並非如此。自1200年後的數百年間，這條線在圖中的左上方和右下方來回弧形移動，換句話說，在低人口與相對富裕狀態和高人口與相對不富裕狀態之間來回移動。（本書中所有圖表的資料來源都列在各章註釋裡，數據可以在以下網址取得：morefromlessbook.com/data。）

1200年後的數百年間，英國人口如同馬爾薩斯所言的擺

---

* 克拉克使用英國工匠的工資水準來衡量富裕程度，因為它們是總體經濟健康程度的好指標，而且這樣也可以取得多個世紀的高品質工資水準資料。

圖1-1　1200-1800年英國人口與富裕狀況[4]

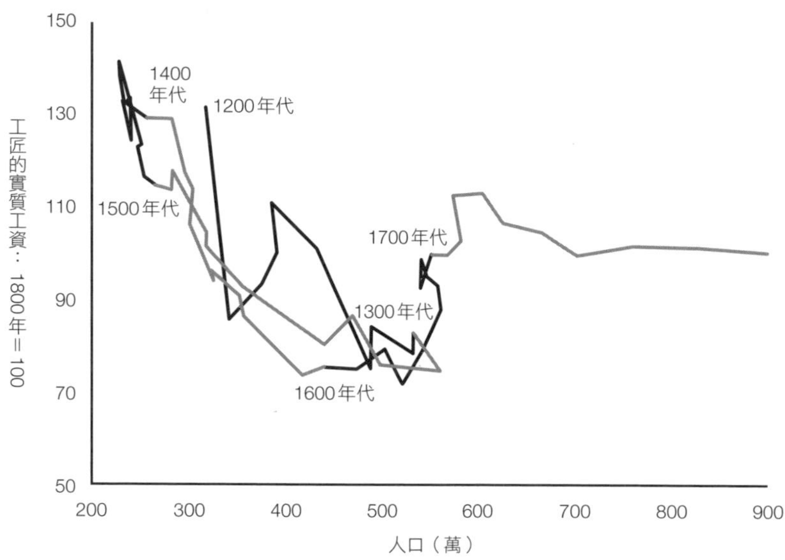

盪，人口以除以3或乘以3的速度減少或增加，直到1700年左右，主要介於200萬人和600萬人之間。只有在人口相當少時，才相當富有。基本上，人們能夠從土地取得的資源數量（主要是食物）有上限，當人口增加到觸及這個上限時，殘酷的匱乏修正機制就會使人口減少。

到了十八世紀，大概是因為農耕方法的改進，人口與富裕狀況之間的消長稍微減輕，但是，嚴酷的情況並未改變。例如，整個1700年代，一般英國人的生活水準比1200年時還要糟。克拉克總結：「回顧1200年至1800年的600年間，可以確定，在工業社會之前，馬爾薩斯模型的其中一個基本原理的確成立。」[5]

研究人員也發現，相同時期，瑞典、義大利與其他歐洲國家的人口也呈現馬爾薩斯學說中的人口振盪。[6] 多數人類社會從狩獵採集或游牧的生活型態轉型為定居農耕的生活型態〔也就是所謂的「新石器革命」(Neolithic Revolution) 之後〕，並未使人們免於饑荒及挨餓。*「需要餵養的人口」與「可用的資源」的基本數學關係仍然嚴酷無情，導致人口振盪。當人口太多，土地養活不了這麼多人時，資源匱乏將導致人口減少。

人類與世界其他物種

從智人在十萬多年前離開非洲大陸搖籃[7]，到十八世紀末工業時代黎明的這段期間，人類生活在馬爾薩斯論的世界，人類行經地球，但從沒有征服它。

除了永凍的南極洲土地以外，人類遍布每個大陸，所有的地球地勢與氣候幾乎都能適應，我們不停的忙碌，變得更聰明伶俐。我們馴養動物、培植植物，透過繁殖的方法來改變它們的基因，使它們變得更適合我們使用。我們建造大城

---

* 骸骨顯示，最早幾代的農民明顯比狩獵採集時代的祖先矮小且營養不良。定居型農業得歷經很長時期之後，才發展至能把人們養得比更古老生活型態下的人們還要健康。

市，十六世紀阿茲特克人（Aztec）建立的特諾奇提特蘭市（Tenochtitlán，位於現今墨西哥市）面積超過5平方英里；[8]十七世紀末時，倫敦人口已經超過50萬。[9]我們也發明能改造環境的廣泛技術，從灌溉及犁地，到水泥及火藥。

不過，當時的人口並不是很多；一萬年前，地球上大約只有500萬人。[10]隨著人類遷移至新地區，改進技術，人口呈現穩定但平緩的指數型成長，到了耶穌基督時代*，地球人口已經達到接近1億9000萬。農耕生活型態促成較高的人口密度，因此，隨著農業發展，西元紀年後的人口成長加速。

到了1800年，地球上有大約10億人口，這聽起來似乎是個大數目，但相較於地球上適宜居住的土地面積（inhabitable area）**就顯得少了。1800年時，若全世界的人全都分布在地球適宜居住的地方，每一個人將擁有近16英畝的土地，大約是九個世界盃足球場的面積，縱使你扯開嗓門大喊，也沒有人聽得到。

那段時期，人口成長如此緩慢的一個原因是人類壽命不長。根據人口統計學家詹姆斯．萊利（James Riley）的說法：「1800年時，全球人類出生時平均預期壽命約為28.5歲。」[11]當時世界上沒有任何一個地區的人類平均壽命達到35歲。除

* 譯注：約西元前7-2年至西元30-33年。

** 這裡指的地球適宜居住的地方排除高山、沙漠和南極洲。

了壽命不長，當時的人也不富裕，經濟史學家安格斯．麥迪森指出：「人均所得的成長龜速，自西元1000年起的8個世紀期間，全球人均所得只成長50%。」[12]在此之前，成長速度通常更緩慢。

總而言之，在整個現代人的歷史中，我們生活在馬爾薩斯的世界，每個族群最基本的任務都是從環境中獲取足夠食物及其他資源以求生存，但大自然慳吝，不輕易賜予。數千年間，在取用更多地球資源來發展上，人類的進展真是少得可憐。我們是堅韌的生物，我們努力奮鬥，但在十八世紀末之前，說人類征服大自然實在太牽強了。還不如說是大自然在控制我們。

第二章

工業時代

想使各地的廣大民眾過上富足的生活，
唯一的途徑是不斷改進我們所有的技術性生產方法。

——**邱吉爾**（Winston Churchill）
1949年在麻省理工學院20世紀中期大會議（MIT Mid-Century Convocation）上的致詞

若馬爾薩斯的人口擺盪論正確，而且在人類史的絕大部分時期，大自然以種種方式限制人類社群的成長與規模，為何他的名字現在會被廣泛視為貶義詞呢？因為工業革命改變一切。尤其是在他發表《人口論》的22年前，一部機器的問世，使得他的大饑荒預測成為有史以來最糟糕的預測之一。

世上最強大的點子

1776年是人類史上極為重大且影響深遠的一年。*這年三月，發明家詹姆斯．瓦特（James Watt）和投資人馬修．波頓（Matthew Boulton）團隊在英格蘭伯明罕市郊的布倫菲德（Bloomfield）煤礦場展示他們新研發出來的蒸汽機。

使用蒸汽機來抽出英格蘭煤礦坑裡的積水並不是什麼新點子，英國人湯瑪斯．紐科門（Thomas Newcomen）發明的蒸汽引擎已經使用幾十年了。事實上，紐科門的蒸汽機幾乎只在這個領域上使用，因為它需要燃燒太多煤了，只有在這種燃料最便宜、最充足的地方（也就是煤礦場上）使用這台蒸汽機才具有經濟效益。瓦特結合他靈光乍現的洞察和多年來的堅持努力，研發出這部明顯有更好效能的新蒸汽機，一蒲式耳的煤產

* 1776年發生的大事還包括《美國獨立宣言》簽署、蘇格蘭經濟學家亞當斯密出版《國富論》（*The Wealth of Nations*，本書後文將提到）。

生的效能是紐科門蒸汽機的兩倍。[1] 瓦特、波頓等人很快就會發現，這部新引擎有較高的效率和動力，適合用在許多用途上。

之前的整個人類史，人們的動力來源只有肌肉（我們的肌肉，以及馴養動物的肌肉）、風與雨水，瓦特的蒸汽機及之後為這個動力清單增添使用化石燃料（例如煤）的種種機器，深深改變我們和地球的關係。工業革命並非全由全新的動力機器驅動，還需要許多其他的創新，包括合股公司、專利與其他類型的智慧財產，以及以往大致上只有權貴才可以取得的科技知識在社會中廣為散播，但是，沒有這些新動力機器，就不會發生稱得上「革命」的事了。威廉·羅森（William Rosen）探索蒸汽動力的著作就取了一個非常貼切的書名：《世上最強大的點子》（*The Most Powerful Idea in the World*）。[2]

從蒸汽到土壤

蒸汽動力究竟如何終結馬爾薩斯的人口擺盪呢？一部能夠把煤炭中的大量化學能轉化成機械能（例如轉動輪子或舉起重物）的引擎，如何終結折磨整個人類史的人口成長與衰滅循環？很多人的第一個猜想可能是蒸汽動力拖拉機使農夫的生產力提高，但這不是事實。十九世紀後期確實製造出一些這樣的拖拉機，但它們太不可靠，而且太笨重了，難以派上用場。它們會深陷泥淖，而農田是泥濘之地。蒸汽引擎不是藉由幫助犁田來改變人類的生活，而是用來幫助施肥。

幾千年前，農夫就已經知道許多礦物質是好肥料，十九世紀初，智利的阿塔卡馬沙漠（Atacama Desert）發現富藏硝酸鈉礦（硝石），這個消息令英國的農業家和想要供應硝酸鈉礦的企業家很振奮，因為鹽是許多肥料的重要成分。同樣令人振奮的還有大量的海鳥糞（guano），這是南美洲外海島嶼上累積幾世紀的海鳥排泄物。

1838年，威廉・惠爾萊特（William Wheelwright）創立一家公司，派遣貨船來往於英格蘭和南美洲西岸。[3] 這些貨船使用的不是風力，而是蒸汽引擎，這些都是相當新近的發展，在15年前才首次出現主要使用蒸汽動力完成的越洋航行。[4]但這些發展已經改變人及貨物在海上航行的方式。惠爾萊特的太平洋蒸汽航運公司（Pacific Steam Navigation Company）一開始的兩艘船分別命名為「智利號」和「祕魯號」，在1840年開始服務。很快就有更多工業時代的貨船加入，從英格蘭載運煤前往南美洲，返程則滿載礦物，把英格蘭的農田變得更肥沃、更有生產力。

被屠宰後的動物骨頭也能製成好肥料，1840年代在英格蘭最南部發現的大量動物糞化石，也是好肥料。[5] 把這些物質轉化成肥料的每個階段都得使用蒸汽動力：首先是運送這些物質，這愈來愈仰賴蒸汽船及火車；把這些物質轉化成肥料的大規模化學反應需要大量能源，煤礦提供這種能源，而供應煤礦的礦坑使用蒸汽動力設備抽水及通風；化學工廠裡的火爐需要通過蒸汽動力產生助燃的空氣；蒸汽火車把肥料從工廠運送至農業地區。一言以蔽之，在肥料製程中，我們看見土壤和蒸汽在十九世紀變得緊密相關。

使用工業時代肥料的農田生產出更多糧食，餵養更多人，這種現象並非只發生在英國。英國是工業革命的起源地，但受惠於工業革命的並非只有英國。蒸汽船、蒸汽火車、量產的肥料，以及許多工業新產物快速流傳至其他地區，因為它們比以往可取得及使用的東西好太多了。

強大技術的快速散播導致長久的緊張關係加劇，因為歐洲大陸一些地區能夠比英國用更低成本生產作物，英國擁有土地的貴族哪能放任這種情況繼續發展下去，他們有夠強大的政治力量採取行動，於是，自1815年起，他們制定並實行一系列名為「穀物法」（Corn Laws）的措施，限制進口穀物的銷售。[6]

英國多數團體痛恨「穀物法」，因為這些法令導致糧食更昂貴。在國會裡奮戰多年後，「穀物法」於1846年廢除*，自由貿易暴露英國農業的弱點，到了1870年，英國的耕地總面積開始縮減，因為缺乏競爭力的農田休耕了。

---

* 反對「穀物法」的領頭者是倡導自由貿易的政治人物詹姆斯·威爾森（James Wilson），他也是《經濟學人》（*The Economist*）的創辦人，至今仍繼續出版的《經濟學人》是我最喜歡的雜誌之一（雖然，它自稱為報紙）。

進步、細菌、三餐

所幸，自由貿易也暴露英國在製造業及礦業的優越性，英國成為全球貿易強國，它的經濟快速成長並變得多樣化。* 1750年時，英國的鐵礦產量只占歐洲總產量8%；大約超過一個世紀後，這個比重已經將近60%。[8] 十九世紀中期，人口占全球人口不到2%的英國，棉紡織品產量占全球總產量的一半，煤礦產量占全球產量的比重超過65%。[9] 1825年之前，英國沒有商業運轉的蒸汽火車頭，但到了1850年，蒸汽火車鐵道總長度已經高達6000英里。[10] 1850年前的100年間，英國核發的專利數量增加20倍。[11]

隨著工業時代的推進，英國的新階級，如瓦特和波頓等發

---

* 縱使英國在農業和製造業的生產力都比歐洲大陸高，英國仍然應該專注於製造業，這是基於反直覺的「相對優勢」（comparative advantage）概念：縱使A國在生產兩種產品上都比B國更有效率，最好還是只生產其中一項產品；A國生產在生產效率有相對優勢的產品，然後和B國貿易另一項產品，這種安排對兩國都最有利。相對優勢理論最早由英國政治經濟學家大衛・李嘉圖（David Ricardo）於1817年提出，有別於亞當斯密提出的「絕對優勢」（absolute advantage）理論。諾貝爾經濟學獎得主保羅．薩謬爾森（Paul Samuelson）在一篇文章中講述一個故事，他說，數學家史丹尼斯勞．烏拉姆（Stanislaw Ulam）曾要他：「告訴我一個社會科學領域中既正確（true）、又非顯然（non trivial）的論點。」薩謬爾森幾年後才想出答案：相對優勢理論。他在這篇文章中寫道：「這個理論的邏輯正確性，在數學家面前無需辯論；但許多重要而聰明的人士卻從沒能理解這個學說，或是向他們解釋之後，他們仍然不相信，由此可見它的非顯然性。」[7]

明人與企業家賺得可觀的財富，生活變得富裕。那麼，其餘的英國百姓呢？他們的生活情況如何？為了回答這個問題，我們可以把葛雷格利．克拉克繪製的總人口與實質工資比對圖做個延伸。如上一章所述，從這個比對圖可以明顯看出，1800年以前，貧困匱乏導致馬爾薩斯描述的總人口振盪。那麼1800年以後呢？

情形變得截然不同。由於差異太大了，我們必須把這張圖的兩軸（分別代表總人口和平均實質工資）加以延伸，以呈現所有資料。如圖2-1所示，1800年以後，呈現的是以往從未見過的發展軌跡，人口與平均繁榮程度（用工資來衡量）的比對曲線持續向右上方延伸至十九世紀之初，這條軌跡極少再有改變，英格蘭的馬爾薩斯振盪消失在過往的一個小角落。

一般英國勞工的實質工資究竟從何時開始提高，研究工業革命影響力的經濟史學家對此有所爭論，有些人（例如葛雷格利．克拉克）的研究認為這發生在十九世紀的開端，但其他人認為發生在邁入十九世紀的幾十年後，也就是勞工對雇主的工資談判力量提高後。這數十年被稱為「恩格斯停頓」（Engels Pause），以腓特烈．恩格斯（Friedrich Engels）命名。恩格斯是德國哲學家（父親是曼徹斯特一家紡織廠的業主），他認為，在工業時代的資本主義下，勞工受到非常大的苦難。恩格斯在1845年完成第一本著作《英國工人階級的境況》（*The Condition of the Working Class in England*），後來在1848年和馬

圖2-1 1200-1800年英國的人口與繁榮狀況[12]

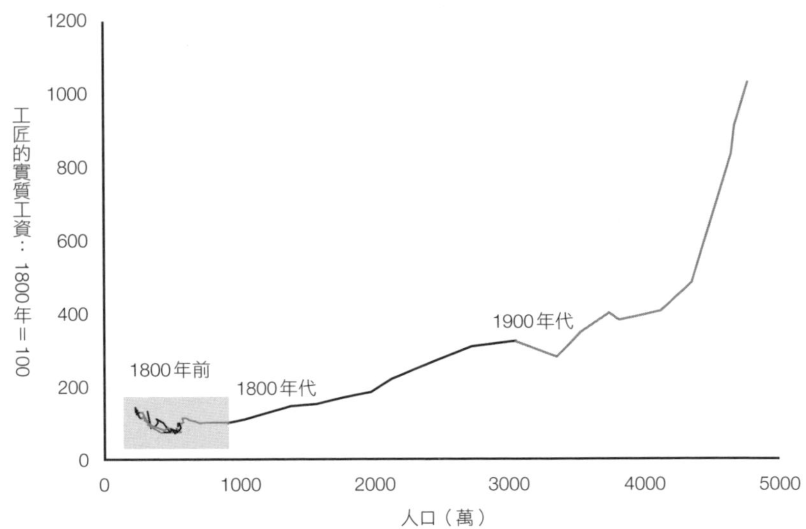

克思合著《共產黨宣言》（*The Communist Manifesto*）。

不管「恩格斯停頓」有多真實、有多長，在《共產黨宣言》發表前就已經結束了。馬克思在1867年出版的《資本論》（*Das Kapital*）中寫道：「伴隨資本的累積，工人（不論工資高低）的情況必定變得更糟。」[13]但實際情況證明這句話很久以來都錯得離譜。*資本持續累積，經濟也空前的繼續成長，但工人的情況非但沒有變得更糟，反而是空前得到改善。**

自我療癒的城市

所得並不能描繪全貌，購買力雖然很重要，但一個人的生活水準並非只取決於購買力。我們全都關心自己的健康，一般普遍認為，工業革命一開始的幾十年對人們的健康非常有害，我們常聽說，工業化把英國的城鎮變成人口密集、充滿疾病與悲慘的汙穢之地。

這對當時的情況是滿正確的敘述，但對於產生的原因，說法並不正確。在工業革命開始之前，城市的環境本來就比鄉村地區不健康得多，英國的城鎮早在蒸汽動力工廠林立之前就已經人口密集，衛生狀況很糟，有許多不健康的措施。可以取得的證據顯示，隨著工業時代的推進，城市在許多方面其實是變得更健康，而非更不健康。[15]這是因為，城市雖然助長許多疾病的蔓延，但城市也幫助流行病學的研究並有效干預。

關於這點，我最喜歡的一個證明是倫敦對抗霍亂的成功經歷。當患者的排泄物汙染飲水時，這種細菌引起的可怕疾病便會蔓延得很快。霍亂的首次大流行是在印度恆河三角洲

---

* 我模糊的記得馬克思也寫道：「資本主義的機器是拿工人的血來上油。」不過，我追查後發現，這句話出自卡通人物荷馬．辛普森（Homer Simpson）。[14]

** 馬克思認為，縱使工人獲得高工資，他們的情況也會很糟糕，因為物價會漲得更高。換言之，他認為他們的實質工資不升反降。但克拉克的統計圖顯示實際情況並非如此。

爆發，[16]在1832年蔓延至倫敦後，兩次的大流行導致超過1萬5000人死亡。[17]英國人驚恐的把霍亂稱為「霍亂王」（King Cholera），這種恐懼部分是因為不知道疾病的根源，許多疾病是微生物導致的概念，在當時尚未被廣為認識與接受，多數科學家跟民眾一樣，認為霍亂是透過腐敗的蔬菜及作物所產生的瘴氣而傳播。

第三次霍亂大流行在1854年爆發，兩週內就導致倫敦蘇活區（Soho）超過500人死亡，眼看著就要在整個倫敦市引起大恐慌，最終是英國內科醫生約翰·史諾（John Snow）的研究與建議發揮遏止作用。史諾把所有霍亂病例標示在一張地圖上，發現這些病例集中於布勞德街（Broad Street）的公共抽水機附近，那裡的水已經被汙染了。[18]史諾說服當地政府卸除抽水機的把柄，讓大家無法從這裡取水，結果，霍亂流行很快就停止了。全市鋪設供應乾淨用水的管線，去除汙水，再加上微生物學之父路易·巴斯德（Louis Pasteur）以令人信服的方式證明霍亂之類的疾病是細菌導致的，使得倫敦之後再也沒爆發「霍亂王」。

霍亂的爆發暗示一個重要的事實：在工業時代初期，在健康層面上就已經發生類似「恩格斯停頓」的事情。[19] 改善並非立即可見，舉例而言，1800年後的數十年間，城市的嬰兒死亡率提高，直到十九世紀末才開始下滑。[20*] 我們將在下一章看到，這有部分是因為汙染，城市的空氣髒到足以終結年幼的生命，阻礙發育。但情況在後來明顯改善。到了1970年，英國已經是平均身高最高的國家之一。[23]

是的！我們吃到一些香蕉

工業時代帶給平民生活最大的一個改變是營養及飲食改善，[24]但這些改善同樣是在工業革命後的「停頓期」後才被廣為感受到。維多利亞女王的前廚師查爾斯・埃爾梅・弗朗卡特利（Charles Elmé Francatelli）在1852年出版《為工人階級而寫的平易食譜》（*A Plain Cookery Book for the Working Classes*），裡頭的食譜結合平淡的食材與極度的節儉。早餐是把牛奶煮滾，加入一匙麵粉和少許鹽巴，或許再加上麵包或一顆馬鈴薯。蔬菜或豆子煮滾後留下「整鍋的湯」，拌入燕麥。弗朗卡特利祝福讀者：「希望你們或許偶爾能吃得起一隻老母雞或火雞」。[25]

最終，他們吃得起雞肉了。英國社會改革家席波姆・朗特里（B. Seebohm Rowntree）的研究發現，1935年時，英國約克郡（York）工人階級吃的三餐跟他們的雇主吃的三餐大致相同，這跟他在1899年時所做的調查發現大不相同。[26] 朗特里還觀察到，縱使在大蕭條最嚴重的時期，貧窮家庭每週也吃得起

---

* 十九世紀時，英國的城市及全國非常不健康，例如，平均每1000名新生兒中有100至200人死亡。[21] 2016年時，英國的嬰兒死亡率是每1000名新生兒中有3.8人死亡。[22]

一餐烤牛肉和魚，另外有兩餐吃香腸或攝取其他動物蛋白質。

此時，這些家庭大概也吃得到香蕉，這在以前可是難以想像的奢侈呢。因為香蕉產地離英格蘭很遠，採收後很快就腐爛了。邁入工業時代很久之後，英國人都還不知道香蕉這種水果。狄更斯（Charles Dickens）1843年出版的《小氣財神》（*A Christmas Carol*）提到蘋果、梨子、橘子、檸檬，就是沒提到香蕉。有冷藏設備的蒸汽船終於縮短熱帶農產地和北方歐洲的時間與距離。1898年，加那利群島（Canary Islands）出口超過65萬串香蕉至英國，每一串有多達百條香蕉。[27]

所以，整體來說，工業革命帶來的改變到底有多大呢？歷史學家伊安．摩里斯（Ian Morris）提供一個有根據的回答，他建構一個指數，用來量化一個文明的社會發展水準，這個指數的計算衡量一個文明的四項特徵：人均能源取得量、資訊技術、作戰能力、組織。[28]

從這指數來看（見圖2-2），改變非常驚人。摩里斯寫道：「自冰河時期的狩獵採集、在凍原帶覓食，一直到1776年，西方社會*的發展指數只上升到45分；但接下來的100年間，這個指數激增100分。[29]這樣的轉變令人難以置信，徹底翻轉整個世界。」

---

* 摩里斯定義的東方及西方，是指接近上一次冰河時期結束時，以歐亞大陸極東和極西的兩個核心分別馴化發展出來的社會。

圖2-2　西元前2000年至西元1900年西方社會發展水準[30]

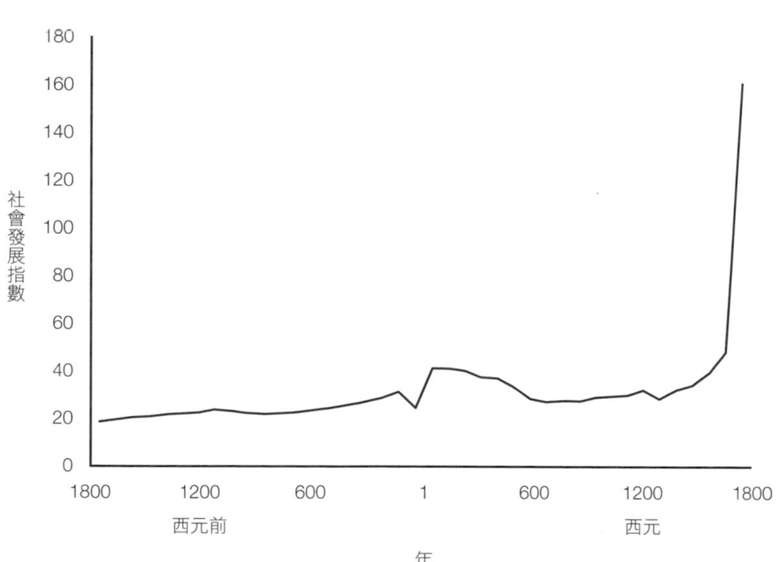

電氣化、易燃的第二個世紀

但接下來100年的轉變更大。在西方，1900年前的百年間爬升120分而達到170分後，摩里斯的社會發展指數接著在2000年之前的百年間激增736分，見圖2-3。*

這些巨大的進步，有很大部分得力於額外增加三項改變世界的技術：內燃機、電力、自來水。前兩項技術增加蒸汽機帶

---

*　從更低分起步的東方社會，同個時期的社會發展指數成長2300%。

圖2-3　西元前2000年至西元2000年西方與東方社會發展水準[31]

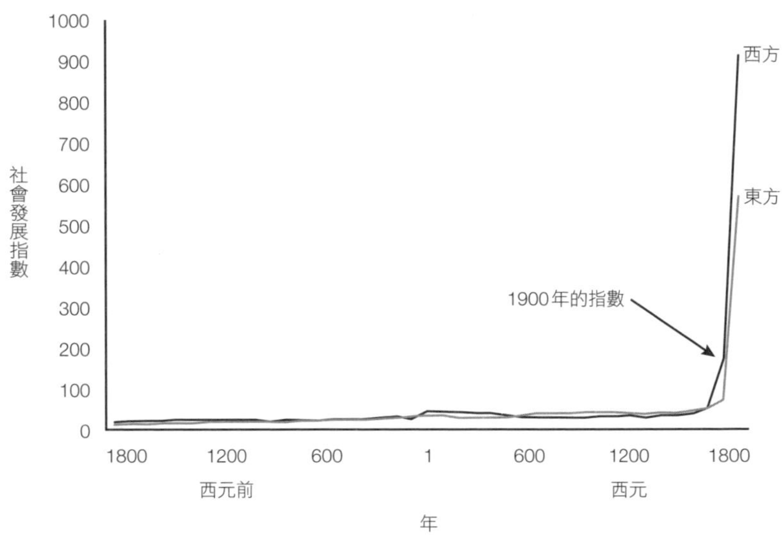

給我們的動力，讓我們能產生並有效操縱龐大的動力；第三項技術幫助倫敦戰勝霍亂，使人們活得更久、更健康，尤其是在全世界愈來愈普遍的人口密集城市。

內燃機與電力帶來更多動力

蒸汽船藉由水的浮力來承載引擎及煤炭燃料的龐大重量，蒸汽火車頭則是靠著在鐵道上行駛來支撐載重，但除了這些用途，蒸汽動力不能移動。德國的製槍工匠高特里・戴姆勒（Gottlieb Daimler）研究早期的內燃機，認為這些新奇的東西可能很適合用在運輸上，這些引擎不僅較輕，也燃燒汽油等富含能源的燃料。1885年，戴姆勒和他的同事威廉·梅巴赫（Wilhelm Maybach）展示他們共同打造的「汽油車」（Petroleum Reitwagen），這部笨重、像摩托車的機器被公認為世界上第一輛使用內燃機的車子。他們後來又打造出更多輛車，其中有不少是由戴姆勒賓士（Daimler-Benz）前身的公司所打造，這是後來打造出賓士車（Mercedes）的公司。

電力的發展從小開始，漸漸壯大，但後來又萎縮。1837年，佛蒙特州的鐵匠湯瑪斯·戴文波特（Thomas Davenport）取得「使用磁力和電磁推動機器的改進」（Improvement in Propelling Machinery by Magnetism and Electro-Magnetism）的美國專利，[32]我們現在稱這類推動機器的設備為**馬達**。不過，戴文波特生不逢時，當時的電池太原始粗糙了，無法供應他的設備需要的電能，當時也還沒有輸電線、電力公司與輸電網。戴文波特在1851年去世時，顯然已經破產了。

戴文波特取得專利的半世紀後，愛迪生（Thomas Edison）、尼古拉·特斯拉（Nikola Tesla）及其他人反向使用電動馬達：把落下的水或蒸汽從機械能轉換成電能，這麼一來，馬達就變成**發電機**，就能用線材把電傳輸至遠處的一部或多部馬達。

這聽起來似乎缺乏效率，其實不然，學者指出，把1891

年工廠使用的蒸汽動力和電力拿來比較時：「我們必須把電力視為一種把動力從一點傳輸至另一點的方法，這種方法非常強大、方便且簡單，過程中損失的能量很少。」[33] 從此，工業的電氣化勢不可當。

起初，工廠的電氣化只是用一部大的電動馬達取代一部大的蒸汽引擎，跟以往的動力一樣，透過繁雜且常故障（也往往不安全）的機軸、滑輪組與皮帶，把新動力連結至工廠裡的所有機器。這些皮帶通常是用動物皮革製成，工廠需要的皮帶太多了，以至於到1850年時，皮革製造業成為美國第五大產業。[34]

以不同思維來思考工廠的人認知到，其實不需要用這麼彎彎曲曲的設備來輸送電力，他們開始使用較小的馬達來驅動較小組的機器，而不是用一部大馬達來驅動工廠裡的所有機器。隨著二十世紀持續推進，他們最終讓每一部機器使用一具馬達；在1900年時，這個概念在大多數產業人士看來可以說是荒唐可笑。[35]

電力影響的不只是製造業。電力照亮住家、人行道、街道；它為吸塵器、洗衣機、洗碗機、烘乾機提供動力，節省勞力；它藉由電冰箱讓食物保鮮；它藉由提供動力給摩天大樓的電梯，讓城市得以向上垂直發展；它還促成其他多樣的轉變。內燃機帶來的影響絕對不只在摩托車，把石油產品轉化為機械能的引擎很快的被用在汽車、飛機、船、拖拉機、鏈鋸等工具上。

自來水

有些人可能會覺得，自來水不像電力及內燃機是影響深遠的創新，沖水馬桶與開水龍頭取水固然便利，但它們對二十世紀的成長有那麼重要嗎？有，它們是絕對必要的東西。健康研究人員大衛．卡勒（David Cutler）和格蘭特．米勒（Grant Miller）估計，美國在1900年至1936年間的死亡率降低，有一半得歸因於可以取得乾淨水，而嬰兒死亡率降低，也有75%可以歸因於同樣的原因。[36] 歷史學家哈維．葛林（Harvey Green）說，乾淨水普及技術「堪稱二十世紀最重要的公共衛生干預」。[37]

不論在鄉村地區或是城市，自來水都非常重要。在有自來水之前，農村的家務非常累人，每天從遠處取用足夠的井水提供家用是非常辛苦的工作，這些工作通常落在婦女和孩子身上，因為男人通常整天都在外面幹活。舉例而言，在德州丘陵地區（Texas Hill Country）的水井通常座落在離住家非常遠的地方，取用井水的工作一年得花超過500小時的勞力，走1750英里。*

---

* 詹森總統（Lyndon Johnson）推動的內政計畫把電氣化幫浦帶到德州丘陵地區，那裡是他的故鄉。羅伯特．卡羅（Robert Caro）為他撰寫傳記時，曾前往當地研究，並寫道：「該市的一位受訪談者突然想到，丘陵地區較年長世代的婦女明顯比城市裡同年齡的婦女更駝背……有駝背的丘陵地區農村婦人不只一次說：『你注意到我的肩膀明顯前彎嗎？哎，那都是取水導致的……我的駝背都是取水造成的，我從很年輕時就開始駝背了。』」[38]

電力和自來水免除這種固定的辛勞，1930年代一名田納西州農夫如此總結工業時代第二個世紀的技術所帶來的巨大價值：「這個世界上最棒的事是你心中有上帝的愛，第二棒的事是你家裡有電。」[39]

工業時代第一個世紀（1770年代至1780年代）發生的轉變徹底翻轉世界。十八世紀末期以前的數千年間，不論從經濟成長、人口或社會發展來衡量的人類進步統計圖線近乎平坦，* 此後就如同火箭發射般一飛沖天。

工業時代第二個世紀的驚人事實是，火箭持續飛升中。如此具開創性的蒸汽引擎及相關工具所啟動的進步能夠持續下去，已經很了不起了，但電力、內燃機與自來水的功效顯然遠遠不只這樣。

餵養這個世界

特別是，它們能夠持續養活指數成長的人口。肥料的創新再度扮演重要的角色，工業時代的第一個世紀，養活愈來愈多人的肥料來自土地，但1898年時，當時擔任英國科學促進協會（British Association for the Advancement of Science）會長的化學家威廉·克魯克斯（William Crookes）提出警告，他說：

---

* 一些馬爾薩斯的振盪除外。

「世界上吃麵包的人口」數量不斷增加，很快就會耗盡南美洲供應的海鳥糞和矽酸鹽。克魯克斯預測，除非科技想出拯救方法，否則小麥將出現全球性的「普遍匱乏」。[40]

科技界的確找出拯救方法，這得感謝兩位德國的化學家，誠如德國物理學家馬克斯・馮勞厄（Max von Laue）的話，他們讓世人能夠「從空氣中做出麵包」。[41]這兩位德國化學家研究出「固定」（fix）氮氣的更好方法，因而「解決」（fix）一個巨大的問題。

我們人類總是只注意到氧氣，因為如果缺氧，哪怕只是很短的時間，都會令我們很難受；但其實，氮氣才是地球上最重要的生命要素，很多最根本、最必要的東西，例如蛋白質、DNA和葉綠素，都不能沒有氮。[42]大氣中的氮含量很高，我們吸入的空氣中有近80%是氮，不過，空氣中的氮對地球上的多數生命沒什麼用處，因為氮的化學惰性很高，不容易和其他原子結合，產生化學作用。因此，必須把氮「固定」於其他化學元素（例如氫），才能變成肥料，幫助植物生長。

到了二十世紀初，化學家已經證明能固定空氣裡的氮，產生氨（阿摩尼亞，由一個氮和三個氫合成的原子，對我們有毒，但對植物是很棒的肥料）。但是，這些實驗室裡演示的合成法規模太小，而且太昂貴，不具實用性。德國化學家弗里茨・哈伯（Fritz Haber）投身這項挑戰，想找出大規模合成氨的方法。

哈伯開始和當時最大的化學公司巴斯夫（BASF）合作，使他的研究得到很大的幫助。[43]1909年，他的實驗室裡，一個不到三英尺高的實驗模型持續五小時生成氨水。另一個重大助力則是巴斯夫公司指派卡爾・博施（Carl Bosch）協助哈伯加快研究工作。

那次展示後，不到五年，巴斯夫的一座工廠就開始量產肥料了。哈伯在1918年因為發明氨的工業合成法，榮獲諾貝爾化學獎；博施和他的同事腓特烈・伯吉尤斯（Friedrich Bergius）因為研發出「高壓化學方法」，在1931年共同榮獲諾貝爾化學獎。現在，生產肥料的哈伯-博施製程（Haber-Bosch process）對企業而言太重要了，根據能源分析師暨作家拉梅茲・納姆（Ramez Naam）分析，這個製程使用的能源數量約占全球工業能源用量的1%。[44]

耗用這些能源值不值得呢？太值得了。傑出的人類與地球關係研究學者瓦克雷夫・史密爾（Vaclav Smil）估計，全球45%人口的主要食物仰賴哈伯-博施製程。[45]作家查爾斯・曼恩（Charles Mann）寫道：「超過30億的男人、女人與小孩壟罩在夢想、恐懼、探索交織成的巨大烏雲下，他們的存活得感謝二十世紀初的兩位德國化學家。」[46]

充沛的能源帶給我們現代肥料，這些肥料使我們擺脫工業時代以前折磨社會、殘酷的馬爾薩斯振盪。為了持續擺脫這樣的振盪，我們也需要其他的突破，例如美國農學家諾曼・布勞格（Norman Borlaug）驅動的綠色革命（Green Revolution）。布勞格的方法結合農田裡的辛勞實作和實驗室裡的苦心研究，發展新的作物品種，他在墨西哥培育的小麥新品種展示了可能性，激發類似的突破，最著名的是總部設於菲律賓的國際稻米研究所（International Rice Research Institute）的突破與貢獻。布勞格在1970年獲得諾貝爾和平獎。

我們成為領域的主宰者

工業時代的技術、科學、制度，以及知識突破，促成人口與繁榮具增的良性循環，歷經二十多萬年，全球人口才達到10億。[47]接下來，只花了125年就再增加10億，這是1928年達到的一個里程碑。之後，花費的時間持續縮短，每增加10億人口只分別花了31年、15年、12年，以及7年。

拜更好的營養與健康之賜，人們活得更久；1770年時，全球人類平均壽命不到29歲，200年後增加到60歲。[48]全球各地的人們也變得更富裕，享受更高的生活水準。舉例而言，1970年之前的100年間，西歐及拉丁美洲的人均實質GDP提高500%以上，中東及北非提高400%，東亞提高250%。[49]

「工業時代的進步使人類成為地球的完全主宰者」這種說法並不正確，我們仍然無法左右天氣或控制閃電、颶風、火山、地震或潮汐，地殼重量比全人類總重量多4.7兆倍。[50]而且，地球的板塊會移動，這是我們左右不了的，所以，我們並不是地球的主宰者。但是，當我們試圖依靠土地維生時，我們不再任憑環境的馬爾薩斯論擺布。

事實上，情況已經扭轉，現在是我們帶給大自然影響及壓力，而非反過來。或許，最能清楚看出這種扭轉的方式是檢視哺乳動物的生物量（biomass，有機體的全球總質量）變化。基督時代，全人類總量大約只有北美野牛總量的三分之二左右，或是不到非洲大象總量的八分之一。

但是在工業時代，人口爆炸性成長，我們宰殺的北美野牛及大象數量多得可怕，結果，整個平衡大大改變。現在，我們人類的總量比北美野牛和大象總量多350倍，比地球上的所有野生哺乳動物多10倍。若把我們馴養的所有哺乳動物（牛、羊、豬、馬等等）加進來，這樣的比較就變得更可笑了：現在，我們人類和我們馴養的動物占了地球上哺乳動物總生物量的97%。

這樣的比較顯示一個事實：工業時代，我們非但不再被環境限制，還學會為了我們的目的而改造環境。這些作為是否都更為明智呢？在許多方面，我們做得並不明智。

第三章

犯下的大錯

你們可能認為是造物主派你們來到這裡，

隨你們之意來處置我們。

如果我認為你們是造物主派來的，

我或許會認為你們有權處置我。

別誤解我，請從我對土地的感情的角度來充分了解我，

我從未說土地是我的，任由我選擇如何處置它。

只有土地的創造者有權處置它。

——山雷（Hinmaton-Talaktit，人稱約瑟夫酋長〔Chief Joseph〕

1876年對美國政府代表的談話

工業時代的轉變並非都很好，凡是花時間研究這個時期的人，至少可以羅列一大張過錯、愚行、道德缺失的清單，許多這類清單上必定會有的項目是奴隸制度、童工、殖民主義、汙染，以及幾種動物的滅絕。

花些時間討論這些問題是有必要的，理由有二。第一，這是一種誠實的態度，我們不能把工業時代描繪成對每個人或環境都有益。上一章說的沒錯，工業時代確實有巨大的進步，但這不是完整的面貌，我們也必須討論這段人類史上空前重要時代的黑暗面。

第二，工業時代的錯誤與缺失引起一些至今仍被廣為抱持的思想，這些思想的核心論點是：人類不會適當的照顧彼此或照顧我們生活的這個星球；我們使用蒸汽引擎及電力這類極強大的工具來支配他人，以及掠奪和汙染地球。

如同本章談到的，工業時代史為這個觀點提供很多證明，但有趣的問題是，這個觀點仍然合理嗎？我們很快就會探討這個問題。首先，我們來檢視是什麼事件及行動導致那麼多人認為：工業化，這個資本主義與技術進步結合所定義的時代，是一股非常有害的力量。

我們已經在前面看到，工業時代明顯與之前的時代不同，因為人類變得更善於生產東西，更善於把投入要素轉化成產出。看待這個時代的道德缺失，有一種觀點是認為，他們被扭曲成有欲望想要生產更多東西。我們犯的大錯是：迫使人們變成生產機器的一部分（奴隸與童工）；剝奪人們的土地和資源作為生產的投入要素（殖民主義）；太放縱的使用動物作為生產投入要素，以至於使動物滅絕或近乎滅絕；太不關注工業生產的副作用（嚴重汙染）。

如此檢視工業時代犯下的大錯，可以看出一個有趣的型態。伴隨工業化國家的進步與繁榮，它們先是開始更善待人們，停止使用奴隸或童工，最終歸還在海外的殖民地。接著是更善待動物，但有些動物來不及挽救。最後則是更善待地球，自工業革命開始後的近200年間，我們持續漫不經心的掠奪及汙染地球。

下面會更深入檢視這種犯錯與修正的型態。

把人當成資產

整個人類史上，許多社會接受人們把其他人當成他們的資產，尤其是如果這些人來自不同的種族、信仰或部落的話。認知科學家史蒂芬·平克（Steven Pinker）指出，對奴隸制的觀點在1700年代末期開始出現改變，當時，人道主義興起，或是相信：「一個人受苦與興旺的能力……需要我們發自道德的關心。」[1] 平克在《新啟蒙運動》（*Enlightenment Now*）中寫道：「啟蒙運動也被稱為人道主義革命，因為它促使數千年來普遍見諸於各人類文明的野蠻做法（例如奴隸制度）被廢除。」[2] 這種人道主義革命非常成功，現在，世界各地絕大多數人相信亞伯拉罕・林肯（Abraham Lincoln）在1864年寫的一封信中所言：「若奴隸制度不是錯事，那就沒有什麼事情是錯的事了。」[3]

當時，人們對奴隸制度的反感太強烈、太普遍了，以至於縱使在工業時代加快發展之際，廢除奴隸制度運動仍然獲得加速推進的動能。工業時代需要大量勞力（如後文所述，勞力需求有時由童工滿足），但許多人及政府仍然認為買賣及擁有其他人來滿足這種需求，是不能被接受的實務做法。

在英國，廢奴主義運動是1787年在一家英國書店暨印刷廠的一場12人集會開始。如今回頭來看，這個運動達成目標的速度著實驚人。1807年通過的「廢除奴隸交易法」（Abolition of Slave Trade Act）明訂，在整個大英帝國，買賣奴隸是非法行為。1838年8月1日起，擁有奴隸也是違法行為，這使得全世界大約80萬人獲得自由，在牙買加，人們埋葬裝了鞭子和鎖鏈的盒子，藉此慶祝奴隸制度的終結。

其他歐洲及拉丁美洲國家約莫和英國同時廢除奴隸制度，美國則花了較長的時間。美國南方龐大的棉花產業仰賴奴隸勞力，農場主人及他們選出的議員不願意改變現狀，最終得靠美國內戰（迄今仍是美國史上最血腥的戰爭）[4]來終結奴隸制度。林肯總統在內戰仍打得火熱的1863年公告「解放奴隸宣言」（Emancipation Proclamation），並於1865年12月通過美國憲法第十三條修正案：「美國境內或受美國管轄的任何地方，不得存在奴隸制度或非自願性勞役……」

童工

孩童做有貢獻的工作，這種情形存在人類社會已久，但工業時代帶來一種怪誕的新現象：快速成長經濟體中的工廠及礦場使用大量苦役童工。貧窮家庭，尤其是那些失去養家活口成年人的家庭，最可能把孩童送去工作，此外，英國「教區學徒」（parish apprentice）制度的小孩也沒有其他選擇，這些人通常是受政府監護的孤兒。[5]

對於使用童工，許多企業家並不會覺得良心不安。舉例而言，1788年在英格蘭及蘇格蘭進行的一項調查發現，在近150家棉織廠裡，有近三分之二的員工是孩童。[6] 1815年，英國議會委員會舉行的聽證會上，一群女性說她們從六歲起就每天工作13小時，工作繁重到足以使她們的身體變形。

在對這類實務做法的憤怒日益增長下，英國在十九世紀前葉通過一系列立法，把工廠可以合法使用的童工年齡提高。[7] 1833年通過的「工廠法」（The Factory Act）禁止雇用不滿九歲的少年，並限制少年勞工每天工作時數不得超過14小時。1842年通過的「礦場法」（The Mines Act）禁止雇用未滿十歲的少年。以現代標準來看，這些限制根本不適當，但這些立法在當時的確對於改變現況有所幫助。維多利亞女王辭世的1901年之前，義務教育、法律、輿論，以及工廠自動化與標準化程度的提高等綜合結果，已經大大降低產業界對童工的需求。

這片土地現在是我的了

後啟蒙時代，人們對於把其他人視為自己資產而加以奴隸的思想與做法心生義憤，但這種義憤顯然沒有延伸至占有其他人土地及物產的行為上。工業時代對資源的大胃口是許多歐洲國家殖民主義擴張的原因，它們到世界各地對已經有住民、社會及政府的領土主張所有權，或至少控管那些地區。

美國和多數中南美洲國家在1800年代中期時已經取得獨立，但其他國家在十九世紀失去獨立地位，南亞及東南亞大部分地區變成殖民地，南太平洋上的許多島嶼也是。歐洲人也加入「瓜分非洲」（Scramble for Africa）的行動，到了二十世紀初，超過90%的非洲大陸被法國人、英國人、西班牙人、葡萄牙人、德國人與義大利人瓜分。比利時國王利奧波德二世（King Leopold II）甚至沒以自己國家的政府當作殖民工具，他反而自立為「剛果自由邦」（Congo Free State）的業主，這一大片土地涵蓋廣大的非洲中部，大約是現今的剛果民主共和國。

西班牙天主教修士巴托洛梅・德拉斯・卡薩斯（Bartolomé

de las Casas）是最早移民美洲的歐洲人之一，他在1542年寫下《西印度毀滅述略》（*A Short Account of the Destruction of the Indies*），敘述截至當時為止的殖民主義黑暗史，並控訴西班牙人在當地的殘暴行為。他在這本書中寫道：「西班牙人入侵這些地方，屠殺原住民，蹂躪他們的土地……使用的藉口是為了彰顯當地是西班牙國王的轄地……每當原住民不放下一切，不立刻公開承認這些荒謬無理的主張時……他們就會被冠上反叛者的罪名，視為反叛國王陛下……這個新世界的所有治理者都無視法律與政府首要奉為神聖的真理：如非臣民，就無所謂的反叛。」[8]

400年後，奧地利經濟學家路德維希·馮米塞斯（Ludwig von Mises）詳細闡述殖民者的世界觀，他在1944年寫道：「殖民地的征服，最現代的藉口可以精煉成一個口號：原物料。希特勒及墨索里尼為了使他們的侵略計畫合理化，提出的藉口是地球上的資源分布不公平，因為沒有資源，所以他們急切要從那些擁有超過應有份額資源的國家，奪取自認為應得的份額。」[9]

第二次世界大戰後，殖民主義時代終於落幕。戰後的數十年間，全球絕大多數國家陸續獨立，到了2018年，聯合國認為只剩下16個「非自治領土」：一個是被稱為西撒哈拉（Western Sahara）的爭議地區，以及15個列島。[10]

只剩下陰暗的天空

燃燒煤炭會產生煙霧、煤灰、二氧化硫，以及許多形式的汙染物。在工業時代，使用蒸汽引擎的工廠加入原本就已經燒煤的家戶行列，導致空氣汙染和健康問題更嚴重。英國作家暨畫家威廉．布雷克（William Blake）在1804年寫的一首詩中形容「黑暗的撒旦工廠」（dark Satanic Mills）[11]令人印象深刻，因為工廠的確造成天空變得灰黑陰暗。

由於二十世紀之前並未監測英格蘭的空氣汙染程度，[12]因此難以直接衡量工業時代早期汙染的影響。不過，現代的研究人員已經發展出估計這些影響的聰明方法，他們估計出這些汙染影響很大。經濟學家布萊恩．畢齊（Brian Beach）和華克．韓隆（W. Walker Hanlon）根據全國的工業活動來估計用煤量，發現用煤量每增加1%會導致平均每100名新生兒中多1名嬰兒死亡。他們在研究報告中寫道：「1851年至1860年間，都市死亡率大約有三分之一是因為工業用煤造成的汙染。」[13]另外有研究發現，1890年代出生的英國男性中，在用煤量最多地區成長的男性，成年後的平均身高比在空氣最乾淨地區成長的成年男子平均身高矮了近一英寸，白領階級家庭的孩子和勞工階級家庭的孩子之間的身高差距，則是這個差距的兩倍。[14]

汙染在整個二十世紀持續，汙染導致的傷害達到直接而無法忽視的地步。賓州多諾拉鎮（Donora）座落於濱河谷地，

1948年時人口約1萬4000人，是鋼鐵工廠及鋅工廠林立的工業城鎮，這些工廠燃燒當地產的煤，排放充滿汙染物的廢氣和煙塵。那年十月底，濃厚煙霧籠罩多諾拉鎮，持續多日不散，當時的「大氣逆溫」(atmospheric inversion) 就像蓋子般，阻礙氣流的擴散，導致汙染物在接近地面的地方滯留，並且持續累積。[15]

那幾天的霧霾濃厚到連在白天開著車燈都看不清楚，行車很危險，呼吸更不安全。[16]在天氣改變、煙霧及汙染物消散之前，已經有20人死亡，數千人出現嚴重症狀而送醫。許多倖存者因為在那幾天吸入汙染物質，導致餘生疾病纏身，而且壽命縮短。

這是極端事件，但不是個案。隨著工業時代持續發展，人們注意到，工業城鎮和充滿汽車的城鎮出現新型天氣：經常有段時間的能見度會降低，人們眼睛發癢，喉嚨酸痛。有些人原本稱它為「倫敦之霧」(London fog)，這個名稱在1900年代初期被「smokc」(煙) 和「fog」(霧) 拼湊而成的「smog」(霧霾) 取代，在smog進入我們體內的同時，它也成為我們使用的詞彙。[17]

不快樂的獵場

伴隨蒸汽引擎、電力與內燃機的使用量增加，人類對動物肌力的依賴度降低，但我們仍然吃牠們，並把牠們身體的一些部位變成產品。工業時代出現一個清楚的特徵：我們馴養的動物種類及數量大增，但我們獵捕的許多動物種類數量縮減。

若某個物種的目標是讓數量變得更多，把基因繁衍至後代，那麼，綿羊、豬、牛、山羊、雞，以及其他被人類馴養的動物非常成功的達成這個目標。如第二章所述，現在我們人類和我們馴養的動物占地球上哺乳動物總生物量的97%。*

另一方面，工業時代人類在數量和技術上的成功，對許多野生動物構成嚴重危害，有時甚至是終極性的危害。人類導致的動物物種滅絕中，最著名的應該是旅鴿（passenger pigeon），這件事在二十世紀初讓美國人震驚，因為旅鴿的滅絕顯示，一個物種就算有龐大的數量，也無法保證這個物種可以永久存續。

過去，大群旅鴿飛越天空是美國常見的景象，博物學家約翰・詹姆斯・奧杜邦（John James Audubon）在1813年時目睹一大群密集到足以遮蔽正午太陽的旅鴿，這群旅鴿花了三天的時間才完全越過他所在地區的上空。但十九世紀後葉開始，砍伐森林和大規模獵捕導致旅鴿數量銳減，終至滅絕。

---

* 一個物種的成功絕對不等同於個別成員的生活水準，誠如史學家哈拉瑞（Yuval Harari）所述：「瀕臨絕種的一頭稀有野生犀牛，可能比一頭在小柵欄裡度過短暫一生、被養肥宰殺後供應多汁牛排的牛過得更幸福⋯⋯牛這個物種在數量上的成功，無法為個別牛隻承受的痛苦提供任何慰藉。」[18]

美國快速成長的人口迫切需要廉價的蛋白質，電力和蒸汽引擎幫助供應旅鴿，藉此滿足成長人口的需求：美國的電報系統可以通報龐大的旅鴿群落腳何處，接著火車會把獵人載往這些地點，讓他們盡情捕殺更多的旅鴿，這不僅可以養活自己的家人，還可以透過火車將旅鴿運往城市的市集。[19]

大肆獵捕使無盡的鳥群滅絕，1900年時，最後一隻野生旅鴿在俄亥俄州被射了下來；最後一隻確認存活的旅鴿則是一隻名為「瑪莎」（Martha）的雌鴿，1914年死在辛辛那提動物園，旅鴿就此滅絕。

我們人類無止盡的獵捕動物，不僅是為了食物，也為了裝飾品。自十八世紀末起，北美西岸的海獺因為濃密的皮毛而被獵捕，*主要獵捕者是俄羅斯和美國的船隻。到了1885年，海獺數量已經大量銳減，以至於倫敦毛皮市場上供應的毛皮總量直線下滑。[21] 1911年時，據估計，從墨西哥到亞洲的堪察加半島（Kamchatka Peninsula），只剩下13個海獺群。

還有很多擁有誘人皮毛或肉質的動物也被獵捕至瀕臨絕種。記者詹姆斯．史特巴（Jim Sterba）在《大自然之戰》（*Nature Wars*）中寫道：「美國東部面積最大的野生林區紐約州阿德朗達克山脈（Adirondack Mountains）到了1894年時只剩下5隻河狸。」史特巴描述，野生火雞、白尾鹿及黑熊的情

---

* 一隻海獺身體上每一平方英寸覆蓋的皮毛量比一般人的頭髮量還要多。[20]

況也大致相同。[22] 工業時代初期，這些動物在北美的數量都還相當多，但很快全都瀕臨滅絕。

大草原上的大屠殺

北美野牛（bison）和鯨魚最能代表人類在工業時代貪婪、近乎無止盡的胃口。根據估計，1800年時，北美大草原上約有3000萬頭北美野牛，* 夏季時大批野牛聚集交配，之後分成小群體覓食來度過冬季。在100年間，北美野牛的數量縮減到只剩下約1000頭。

牠們瀕臨絕種的故事有兩個階段，蒸汽動力都在其中扮演重要角色。首先，北美野牛的最大屠殺者是美國原住民，十九世紀初，北美大草原上的許多原住民部族都是游牧者，終年騎馬獵殺獸群。這些部族的男性是優異的獵人，開始使用連發步槍取代弓箭後，他們變得更凶猛。

自1830年代起，當皮毛公司的蒸汽船開始在密蘇里河和其他河流出現之後，這些獵人為他們獵殺北美野牛的技能發現一個新市場。北美野牛皮毯開始在美國東部流行起來，美國原住民獵人和歐裔美國交易商結合起來滿足這項需求。歷史學

---

* 雖然這些動物也常被稱為buffalo，但嚴格來說，這個名詞只適用於同科的亞洲及非洲大型水牛。

家安德魯·艾森柏格（Andrew Isenberg）寫道：「1840年代，西部草原的原住民游牧部族每年帶給蒸汽船超過10萬張野牛皮。」[23] 美國原住民原本每年就為了自身需求獵殺約50萬頭北美野牛，為了供應牛皮市場而新增的獵殺數量超過10萬頭，這對北美野牛的數量構成很大的壓力，尤其是為了供應牛皮而進行的獵殺還集中在正值繁殖黃金期的年輕雌性野牛，因為牠們的皮毛最柔軟。

十九世紀後葉，美國的蒸汽動力製造業成長，北美野牛皮市場需求大大擴展至皮毯以外。還記得前文提到，當時的工廠需要大量皮帶，多到使得皮革製造業在1850年成為美國第五大產業，由於野牛皮革非常耐用，遂成為工廠設備青睞的材料。因此，伴隨美國製造業的成長，被獵殺的北美野牛也增加，但此時的大宗獵殺者不是美國原住民游牧部族了，而是為了謀利的歐裔美國人。

他們攜帶新式的.50口徑步槍，能夠在數百碼外精準射殺大型目標，就地剝皮，用火車運送至美東。在1870年代初期，鐵路已經鋪設至大草原區了。

為了取得皮革而進行的獵殺行動很快達到大規模且毀滅性的影響。艾森柏格描述：「美國陸軍上校理查·艾爾文·道奇（Colonel Richard Irving Dodge）記錄，1872年時，道奇市（Dodge City）附近的區域有很多北美野牛，但到了1873年秋天：『上一年滿是野牛的地方，現在滿是獸屍，空氣中瀰漫令人作嘔的惡臭味，12個月前還充滿動物生命的廣大草原，如今變成死寂、荒涼、惡臭沖天的荒野。』」[24] 道奇上校估計，1872年至1874年間，有將近140萬張牛皮經由三條鐵路運往美東，由於必須計入被狼啃蝕和剝皮技術不佳所造成的損失，每一張牛皮實際上代表五頭野牛的死亡。*

北美野牛數量在十九世紀後葉完全崩潰。為了躲避殘酷獵殺而在1872年設立的黃石國家公園只不過是官樣文章，實際上，公園內的獵殺行動依舊猖狂。到了1894年，黃石公園裡只剩下25頭北美野牛。

「你砸碎了海怪的頭」**

在人類舉著鯨叉出現之前的5000萬年間，鯨魚極少遭遇掠奪者，由於這些鯨類沒什麼需要害怕的對象，因此，許多鯨類進化成體積龐大，游速緩慢。*** 牠們也因此大量存在於世界各大海洋中。

---

* 野牛的最終工業產品是肥料，1880年代，遍布大草原上的數百萬頭野牛骸骨被撿起來運送至美東製成骨粉。1886年時，堪薩斯州道奇市火車站附近的一堆野牛骸骨綿延四分之一英里長，高約至少一層樓。

** 譯注：早年《聖經》中譯本把Leviathan譯為「鱷魚」，現代中譯本譯為「海怪」。

*** 這一小節的標題取自《舊約聖經．詩篇》第74章第14節，顯示人們對鯨魚的畏懼，只有神夠強大而能殺死牠們。

最早以鯨叉捕鯨的人是維京人（Viking）和巴斯克人（Basques）[25]，英國人、荷蘭人、美國人，以及許多國家的人跟進，他們改良捕鯨的技術與方法，但直到十九世紀後期，捕鯨仍然沒有工業化。他們仰賴風力與肌力，承受高度危險，舉例而言，美國捕鯨船員每趟捕鯨之行至少會有一人死亡。[26]

這些捕鯨行動使用的或許是舊石器時代的技術，但它們累積起來的影響仍然很巨大，導致世界上的抹香鯨、弓頭鯨和白鯨數量銳減。[27] 更糟糕的還在後頭，多數鯨類遭遇的最大威脅不是在航海時代，而是在工業時代。

在捕鯨的工業化中，挪威的兩項發明扮演重要角色。第一項發明是捕鯨砲（harpoon cannon），史溫德．佛恩（Svend Foyn）把它改良後裝在動力船及捕鯨船的船頭，以火藥取代肌力投擲鯨叉，能夠更快、更可靠的射中目標。第二項發明是捕鯨船船長佩特．索勒（Petter Sørlle）設計的加工船，直接在船上解剖捕獲的鯨魚。這兩項技術使得獵捕藍鯨、長鬚鯨、座頭鯨之類的鬚鯨科變得更容易、獲利更高。

使用非工業方法很難獵捕鬚鯨科，因為牠們的游速快，而且死了之後往往會下沉。捕鯨砲、快速捕鯨船（先是使用蒸汽引擎，後來使用內燃柴油引擎），以及船上解剖作業克服這些障礙，使許多國家大規模獵捕世界各地的鯨群，可以預期到會有毀滅性的後果。1900年時，南大洋可能有多達25萬頭藍鯨，到了1989年，只剩下約500頭。[28] 同個時期，長鬚鯨的數量減少約90%。這些動物主要是用來製造人造奶油、肥皂、潤滑油，以及炸藥（鯨脂中的甘油可用來製造硝化甘油），這些產品全都可以很容易的使用其他成分來製造。

傑文斯的憂慮：煤炭問題

下一章將談到，我們也察覺到工業時代發展近200年後伴隨而來另一個嚴重的潛在問題，這個問題其實很簡單：我們用以維持生活水準（其實就是維生）所需使用的自然資源可能用罄。這個問題大約在1970年的第一屆世界地球日引起大眾注意，但實際上，它已經存在超過一個世紀，源於十九世紀英國經濟學家威廉·傑文斯（William Jevons）和阿佛列德·馬歇爾（Alfred Marshall）的理論。這兩人的洞察匯集起來，似乎預測出一個無可避免的可怕未來。

傑文斯在1865年出版《煤炭問題》（*The Coal Question*），這是一本馬爾薩斯風格的著作，它的理論不僅像馬爾薩斯的《人口論》那樣有純數學的支持，還有一百多年的世界史證據。

傑文斯清楚看出，英國的物質繁榮程度大大提升，是因為這個國家有豐富的煤礦蘊藏，以及擅長使用蒸汽動力，他也看出這種力量的應用幾乎沒有極限。他在書中寫道：「煤炭是這個國家的物質能源，是我們做一切事情的要素……不論什麼化學或機械運轉，我們大概都能做到。」[29]

1865年時，英國人沒有煤炭短缺的問題，如同《煤炭問題》所言：「我們愈來愈繁榮富裕，這仰賴的是一種產量顯然還沒隨著需求增加而減少的資源。」但是，傑文斯接下來的論點再一次證明何以經濟學被稱為「悲觀的科學」。他警告，這種滿足狀態將不會持久：「我必須指出一個麻煩的事實，當我們的煤炭消耗量超過煤炭總供給量後，這種成長率將不再出現。」[30]

他指出的事實其實就是：煤炭不是一種無限資源或可再生資源。他分析煤炭消耗量如何快速成長的資料，估計英國還能開採的煤礦總蘊藏量。他得出結論：英國的煤礦將在100年內用罄。

這可真是個壞消息，因為煤炭驅動整個英國經濟。更糟的是，這個問題沒有解方，尤其是，發展使用更少煤炭的蒸汽引擎並無助於解決問題。在針對人力、技術與環境的辯論，傑文斯帶來最持久的貢獻是以下的論點：提高自然資源的使用效率，並**不會**促使自然資源的總使用量減少。

傑文斯指出，這是因為當使用效率提高後，我們不會期望用更少的資源（煤）去獲得相同數量的產出（蒸汽引擎），我們會想要更多的產出，因而使用更多的資源。當蒸汽引擎被改良得更有效率時，也就是當它們能夠以更少的煤炭產生相同的動力時，就會有更多用途找上它們，蒸汽引擎將不再只用於礦場和大型製造廠，船隻、火車頭、小型製造廠也會使用它們。

這些增加的用途將使煤炭的總消耗量增加，傑文斯說：「認為更有效率的使用燃料就等於減少燃料的使用量，這是完全混淆的概念。事實正好相反⋯⋯任何技術把煤炭的使用效率提高，並降低使用的成本後，將直接使得蒸汽引擎的價值提高，因而擴展應用的領域。」

現代經濟學家會說，傑文斯的這番論點其實就是在討論能源的**需求價格彈性**（price elasticity of demand，在這個例子中，能源儲存於煤炭裡），這個聽起來有點嚇人的名詞其實只是在陳述當一個產品（例如能源）的價格變化時，總需求會如何改變。就多數產品而言，價格下滑，總需求量增加，傑文斯說，這樣的道理也適用於煤炭能源，但他也說到其他事情：總需求增加的比例將比價格下滑的比例還大。傑文斯的論點隱含的是，1865年及可預見的未來，英國煤炭能源的需求價格彈性大於1。*

《煤炭問題》的核心是一個簡單的推論：英國的煤礦蘊藏量有限，總需求量將在100年內用盡，提高蒸汽引擎的效率並不能阻止煤炭耗竭。但是，如果**總**需求減少，不僅對煤炭的總需求減少，對所有商品及勞務的總需求也減少呢？如果英國人繁榮到心滿意足，不再覺得需要年復一年的持續消費更多了

* 更正確地說，這個彈性是小於-1：因為價格下跌，需求會上升，價格與數量呈反向關係。

呢？畢竟，他們的肚子能裝下的食物有限（縱使包括香蕉之類的新食物），穿不了過多的衣服，住不了那麼多房子，旅行也有個止盡。總消費有沒有可能減少呢？

需求與欲望永無止盡

阿佛列德·馬歇爾說，不會，這種情形不會發生，因為**人類**基本上不是這樣的生物。馬歇爾是經濟學界的巨人，他在1890年出版的《經濟學原理》（*Principles of Economics*）使這門學科擴大，變得更側重分析、更嚴謹，並釐清許多重要的概念。他的這本書把傑文斯的需求價格彈性概念加以鞏固，但這不是在這裡談到馬歇爾的原因，這裡要談的是他在這本書中提出與需求本質有關的論點。

以下是馬歇爾的著名論述：「人類的需求及欲望在數量上是無窮的，而且形形色色……未開化的人類需求及欲望其實不比野獸多多少；但每發展一步，他的需求種類就會增加，用來滿足這些需求的方法類型也增加。他想要的不只是獲得更多原本已經習慣消費的東西，也想要品質更好的東西；他想要更多的選擇，以及能滿足他在內心新生成的欲望的東西。」[31]

馬歇爾不談正經八百的經濟成長率，他提出與人性有關的深刻洞察：我們想要更多。我們不會在任何程度的富足或消費上感到滿足，縱使我們變得更富裕了，我們仍然繼續想要更多。我們甚至可能不知道自己接下來想要什麼，這些是我們「內心新生成的欲望」，但一些聰明的創新者或企業家會幫助我們發現這些欲望，並以一個價格供應它們，來滿足這些欲望。在這種情形下可以合理的推論，地球上有些有限的資源將被用罄。

傑文斯和馬歇爾的理論匯集起來，得出一個嚴峻的未來。我們人類想要的愈來愈多，永無止盡，但地球的資源有限，所以我們會用罄資源。把資源轉化成商品與勞務的技術效率提高，並不會幫助我們節約資源，只會使我們使用更高的效率去創造更多的商品及勞務，導致資源的總消耗量提高。

這種困境有沒有出路呢？抑或是說，工業時代發展出來的種種非凡技術，只是導致我們陷入有史以來最嚴重的馬爾薩斯崩潰論？

第四章

世界地球日的爭論

到處都有愈來愈多人意識到，
人類絕對不是萬物的主宰者，
人類也是大自然的一部分，
同樣受制於主宰其他生命的宇宙力量。
人類的未來福祉、甚至生存，
有賴於他們學習如何和這些力量和諧共存，
而非對抗這些力量。

——瑞秋．卡森（Rachel Carson）
〈生物科學論〉（Essay on the Biological Sciences），1958年

美國在1970年4月22日舉行第一屆世界地球日，全國各地有數千場活動，許多活動在大學校園裡舉行，一些城市還有大規模遊行。這是《紐約時報》（*The New York Times*）的頭條新聞，是一整節《CBS瓦特・克朗凱晚間新聞》（*The CBS Evening News with Walter Cronkite*）的唯一主題。它的影響程度大到被稱為「現代環保運動的誕生」。[1]

多年來，在許多思想、活動以及媒體指為「世界地球日」的靈感來源中，最美的一個是「地出」（Earthrise），這是一張絕美照片的名稱，照片上的藍色地球有一半在月球地平面上升起，另一半還被黑雲蓋住。這是太空人威廉・安德斯（William Anders）在執行阿波羅8號任務時，在1968年12月24日拍攝的照片。

照片一出，馬上轟動全球。照片上地球的鮮明生動和無生命的月球地面形成強烈對比，它使得許多人更加關注我們生活的這個世界，誠如作家羅伯・普爾（Robert Poole）所言：「『地出』這張照片是一個引爆點，那一刻，太空時代的概念翻轉，從對太空的意義變成對地球的意義。」[2]

阿波羅8號把地出的照片傳回地球後的第二天，詩人阿奇博德・麥雷許（Archibald MacLeish）在《紐約時報》發表一篇文章，他寫道：「看到地球的真實模樣，渺小、蔚藍、美麗，漂浮於永恆寂靜中，就如同看到我們是這永恆寒冷中那明亮美麗的地球上同行的兄弟。」[3] 這張照片幫助我們認知到，人類的情況和我們全體生活的這個地球密不可分。

汙染是問題嗎？

隔年發生的兩件事，充分顯示我們並未好好照顧我們這個「明亮美麗的地球」。1969年1月，聯合石油公司（Union Oil Company）位於加州聖塔芭芭拉外海的鑽油平台發生噴井漏油事故，導致一個月內有300萬加侖的原油漏到海中，並流到海邊。同年6月，凱霍加河（Cuyahoga River）位於俄亥俄州克利夫蘭市中心的河段著火了，這條河流長久以來被排放廢油及其他工業排放物，嚴重到河水非但無法滅火，還時不時會自燃。*

在環境問題漸趨嚴重下，這些事件引發高度關注。從二十世紀初到第一屆世界地球日開始，工業國家的空氣汙染問題持續惡化。舉例而言，1900年至1970年間，美國空氣中的二氧化硫濃度（因為燃燒含硫燃料而產生的汙染物質）提高超過一倍。[5]

雖然現在聽起來會覺得不可思議，但在二十世紀中期，

* 這場火災並沒有被拍下照片，《時代》（*Time*）雜誌在一個月後刊登的照片其實是1952年時在同一條河流上發生火災的照片。[4] 顯然，到了1969年，凱霍加河火災事故早已成為家常便飯，已經沒有什麼新聞價值值得花工夫去拍照了。

「空氣汙染並非只是惱人小事」的概念並不普及。導致許多人死亡的賓州多諾拉鎮煙霧事件開始改變這種情形，這個事件促使當時的美國公共衛生局局長說：「我們必須拋棄一個觀念，認為煙霧只不過是討人厭的東西。」[6]而且要成立一個委員會負責調查空氣汙染和人體健康之間的關連性。這個委員會在1949年發表調查結果，確立「工業區的空氣汙染真的可能導致嚴重傷病」。[7]

人口過多

第一屆世界地球日之前，也出現一種擔憂：雖然汙染很糟糕，也愈來愈嚴重，但這可能不是我們人類面臨最嚴重的環境問題。汙染是人類活動的副作用，1960年代一些觀察家的結論認為，地球面臨最嚴重的威脅是人口太多，而且人類從事太多活動。

生物學家保羅．艾立克（Paul R. Ehrlich）在1968年出版的暢銷書《人口炸彈》（*The Population Bomb*）中預言的黯淡情境，使馬爾薩斯相形之下變成開朗樂觀者。這本書早期的版本一開頭寫道：「養活全人類的戰鬥已經結束了，縱使現在展開任何行動，也阻止不了1970年代將有幾億人餓死，現在已經太遲了，沒有什麼方法可以阻止全球死亡率大增。」[8]

農業學家威廉．派達克（William Paddock）和外交人員保羅・派達克（Paul Paddock）這兩位兄弟檔也認為來不及阻止大規模饑饉了，他們在1967年出版的合著《饑荒1975！美國的抉擇：誰將生存？》（*Famine 1975!America's Decision: Who Will Servive?*）*中認為，美國等食物充裕的國家無法餵飽全球飢餓人口，因此必須做出生死抉擇。派達克兄弟把開發中國家區分為三類：「無法救援的國家」；「仍能行走的傷者」，或許可以在沒有外援下生存；以及可以、而且應該獲得外援的國家。[9]

認為世界可能朝大規模馬爾薩斯災難前進的並非只有生態學家和環境學家，美國政府也認真看待這個問題。美國國家安全會議一份1974年的機密報告〈世界人口成長對美國國家安全及海外利益的影響〉〔Implications of Worldwide Population Growth for U.S. Security and Overseas Interests，又名〈季辛吉報告〉（The Kissinger Report）〕中寫道：「短程與中程最嚴重的後果是，世界上某些地區可能發生大饑荒，尤其是最貧窮的地區。」[10]

耗盡蘊藏的資源

也有人強調，就如同我們將用光地球上的食物產能（所有土地及水）一樣，我們也將耗盡地球的其他物產。工業時代用

* 我不確定書名有沒有必要放驚嘆號。

技術來汲取地球資源，藉此增加人口與繁榮的習慣，絕對會帶來這個結果。

如圖4-1所示，第一屆世界地球日之前的數十年間，我們的資源（例如肥料、金屬）消耗量急劇增加，一如傑文斯在100年前發現的煤炭消耗情形。許多時候，資源消耗量的成長比總體經濟的成長還要快。因此，地球這些資源的有限存量終將耗竭，這似乎是很合理的推論，是無可避免的結果，唯一的疑問是何時會發生？

約莫第一屆世界地球日左右，由生物物理學家唐妮拉·梅鐸斯（Donella Meadows）領導的一群麻省理工學院電腦模

圖4-1　1900-1970年美國實質GDP及資源消耗量[11]

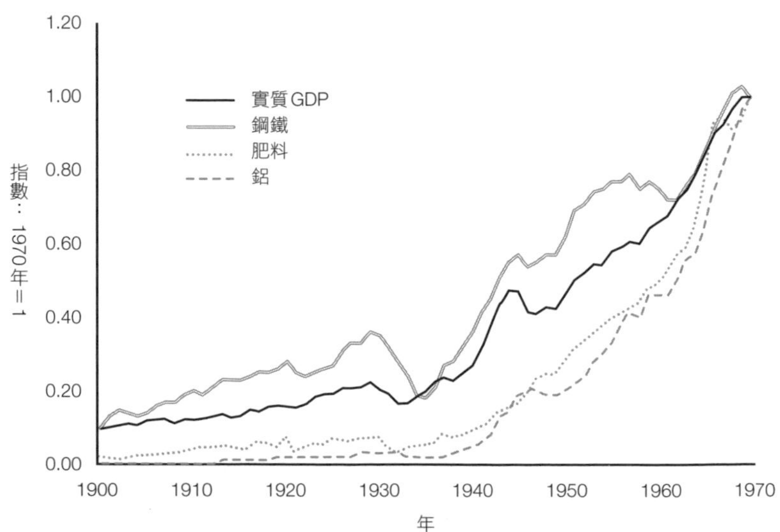

型研究人員試圖回答這個疑問。他們建造一個全球經濟的電腦模擬，使用的核心變數有五個：人口、食物產量、工業化、汙染，以及非再生自然資源的消耗量。在模擬中，這些變數彼此作用，而且大幅增加，一如真實世界中發生的情形。

這支麻省理工學院的團隊在1972年出版的暢銷書《成長的極限》（*The Limits of Growth*）中討論他們的研究結果。他們發現，縱使在最樂觀的資源充沛情境下，若人口和經濟都不受限的成長，已知的鋁、銅、天然氣、石油與黃金等資源的全球蘊藏量，全都將在55年內耗盡。[12] 他們的模型顯示，若不加以限制，在二十一世紀結束前，隨著資源的耗盡，以及全球各地經濟的停擺，全球人口將突然銳減。

用罄能源

能源是經濟體最重要的一項資源，一些觀察家認為，《成長的極限》對於能源蘊藏量的估計太過樂觀了。生態學家肯尼斯．瓦特（Kenneth Watt）在1970年預測：「若以目前耗用原油的速度趨勢持續下去，我們到2000年時就會沒有原油可以使用了，屆時你去加油站說：『幫我加滿汽油。』對方會回答：『很抱歉，沒油了。』」[13]

不過也有人覺得，我們人類其實應該很慶幸能源不是太充沛，要不然，我們會用它來持續讓人口成長，更加速耗盡地球的資源。美國總統艾森豪（Dwight Eisenhower）1953年時在聯合國紐約總部發表〈原子能的和平用途〉（Atoms for Peace）演說，他促請各國別只是把原子能技術用於發展武器，應該用於「人類的和平事業，動員專家把原子能應用在農業、醫療，以及其他和平活動的需求上。其中一個特殊用途是，在全球電力匱乏的地區，供應充沛的電能」。[14]

這場演說在聯合國獲得如雷的掌聲，但有些人覺得「原子能的和平用途」是糟糕的點子。「找到乾淨、便宜、充沛的能源簡直就是禍害。」物理學家埃默里．羅文斯（Amory Lovins）1977年說：「因為想想我們會拿它來做些什麼啊！」[15] 保羅．艾立克也贊同這個觀點，他在1975年發表的一篇報告中寫道：「此時為社會提供便宜、充沛的能源，在道德上等同於給一個白癡小孩一把手槍。有了便宜、充沛的能源，社會一定會用來鋪路、開發、工業化，而且用盡地球上的一切資源。」[16]

關於能源的論辯，凸顯能源對經濟成長的重要程度。圖4-2是1800年至1970年間（幾乎等同於工業革命到第一屆世界地球日期間）美國經濟和能源消耗量的成長圖，如圖所示，兩者在150年間基本上是同步上升。

經濟規模和能源使用量之間的密切關係，使許多研究人員認為兩者基本上相同：如果你能衡量一個社會的能源使用量，就能八九不離十的推測這個社會的經濟規模與繁榮程度。這個研究起點是從《科學人》（*Scientific American*）雜誌在1971年

圖4-2　1800-1970年美國實質GDP及總能源消耗量[17]

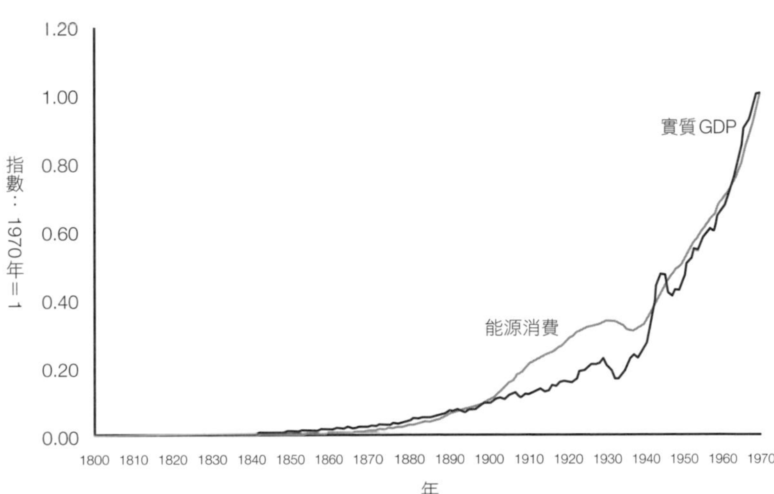

刊登的一系列文章開始，其中包括地質學家厄爾．庫克（Earl Cook）的〈一個工業社會的能源用量〉（Flow of Energy in an Industrial Society）。[18*]

跟一百多年前的傑文斯一樣，庫克記錄能源消費量和經濟規模的持續快速成長，他也跟傑文斯一樣發出兩者無法無止盡成長的警告，他的文章做出結論：「跟人口一樣，能源消費根本不可能無限成長。」不過，對於我們能否抑制這樣的成長，

*　第二章提到伊安．摩里斯建構的社會發展指數使用四個指標來衡量一個社會的發展進步水準，其中一個指標就是人均能源取得量。

庫克並不樂觀，「要做出改變，需要艱難的政治決策⋯⋯」他在文章中寫道：「但是，民主社會並不善於以長期的目標來做決策。」

緊急呼籲

不只有庫克感到悲觀。我很難向第一屆世界地球日以後出生的人描繪當時對這些問題的憂心有多麼深切。在當時，關於地球前景的主流討論，調性是介於危言聳聽和世界末日預言之間。現今對於氣候變遷的談論有時也是這個調性，只是情境大不相同。我們現在憂心的是氣候變遷下二十一世紀末可能出現的情況，反觀在第一屆世界地球日前後，那些言論彷彿我們可能活不過二十世紀。

為了讓你對第一屆地球日當時主流環保運動的普遍氛圍、看法，以及預測有一些概念，下文節錄我認為1970年頗具代表性的一些言論。* 閱讀這些言論的時候，我感覺它們像是一個陷入恐慌症的社會發出的新聞稿。

---

* 這些引文取材自科學通訊記者隆納德．貝利（Ronald Bailey）2000年在《理性》（*Reason*）雜誌上撰寫的一篇文章，以及經濟學家馬克．裴利（Mark Perry）2018年在美國企業研究所（American Enterprise Institute）的部落格撰寫的一篇文章。這兩篇文章都很保守，但這並不意味著它們扭曲第一屆世界地球日時的氛圍。

- 參議員蓋洛·尼爾森（Gaylord Nelson）在《展望》（*Look*）雜誌上寫道：「史密森學會（Smithsonian Institution）祕書長西德尼·里普利（Sidney Dillon Ripley）認為，再過25年，現今存活的所有動物中有75%至80%將滅絕。」[19]
- 北德州州立大學教授比提·甘特（Pete Gunter）寫道：「人口統計學家幾乎一致贊同以下嚴峻的時間表：到了1975年，印度將開始大範圍的饑荒；到了1990年，這些饑荒將蔓延至整個印度、巴基斯坦、中國、近東地區，以及非洲。到了2000年，甚至更早，中南美洲將處於饑荒狀態……也就是說30年後的2000年，整個世界除了西歐、北美與澳洲，全都將鬧饑荒。」[20]
- 《生活》（*Life*）雜誌報導：「科學家有可靠的實驗及理論證據支持……以下的預測：不出10年，城市居民就必須戴上氧氣罩，才能在空氣汙染下存活……到了1985年，空氣汙染會使地球獲得的陽光照射量減半。」[21]
- 生物學家暨諾貝爾獎得主喬治·沃爾德（George Wald）估計，除非立刻採取行動，解決人類面對的問題，否則，人類文明將在15年至30年間終結。[22]
- 在《時代》雜誌的環境議題特刊上，山巒協會（Sierra Club）總監馬丁·利頓（Martin Litton）發出警告：「我們靠著最後僅剩的資源而繁榮，耗用非再生資源的速度比我們找到新再生資源的速度快上很多倍。」[23]

- 第一屆世界地球日的隔日，《紐約時報》社論警告：「人類必須停止汙染，保護資源，這不僅僅是為了幫助生存，也是為了避免人類陷入嚴重退化及可能的滅絕。」

1971年，保羅・艾立克和物理學家約翰・賀倫（John Holdren）在《科學》（*Science*）期刊上提出一個公式「I＝P×F」，I代表一個社會對環境造成的總負面影響（total negative impact），P代表人口數（population），F代表人均因子（per-person factor）。後來以富裕程度（affluence，亦即人均GDP）和科技水準（technology，以各種方式衡量）取代F，得出公式：I＝P ×A×T，名為IPAT模型。這個模型的論點是：人口數及富裕程度對環境永遠有害；科技可能有益（例如太陽能），或有害（例如更多的燃煤工廠），但當科技有益時，「它往往速度慢、成本高、規模不足。」艾立克和賀倫這麼說。[24]

IPAT把一個公式套在地球日對世界狀態及其前景的主流悲觀之上，雖然它被批評為一種「數學宣傳」，[25]但它一直被當成估計環境影響的一種模型，也被拿來作為因應措施的指引。

CRIB，不然就是死亡

饑荒、致命汙染、資源耗竭、人口銳減與社會崩潰，這些問題的嚴重性促成新興環保運動得出共識，認為必須採取行動，而且應該採取哪些行動。我閱讀第一屆世界地球日前後出現的主流提案與建議，腦海中浮現「CRIB」這個首字母縮寫字，它們告訴我們，地球問題的解決方法是：減少消費（Consume less）、回收利用（Recycle）、施加限制（Impose limits）與回歸農村（go Back to the land）。

前兩項解決方法，目的是要解決馬歇爾指出的消費無窮增加問題，也就是IPAT公式中的A；最後一項解決方法，針對的是傑文斯指出技術愈來愈進步所造成的社會潛在危險，至於施加限制，則是部分希望藉由保持較少數量人口（IPAT公式中的P），幫助解決馬歇爾和傑文斯指出的問題。

C：減少消費

資源耗竭及汙染問題最顯然的解決方法是減少生產與消費，一個國家的經濟主要是由人民的消費決策所創造出來，因此，或許他們意識到生態問題跟無止盡的經濟成長有關時，他們會減少消費，以減輕他們在地球上的足跡。也許對環境的關切會證明馬歇爾的論點是錯的。也許我們會集體做出結論，認為我們的地球資源並非無限，因此我們的欲望也不能無窮。

不過，為此我們可能得去除工業時代的許多基本假設與實務，丟棄馬歇爾界定的市場導向經濟思想。

奧地利裔法國哲學家安德烈・高茲（André Gorz）在1972年提出「去成長」（degrowth）的概念，他提出疑問：「地球的平衡，必要條件是物質生產為零成長、甚至去成長，試問，這和資本主義制度的生存相容嗎？」你大概也猜得到，高茲認為這個問題的答案是：不。[26]

高茲在1975年出版的《生態政治學》（*Ecology as Politics*）中清楚指出，消費成長減緩並不夠，我們必須積極減少消費：「縱使消費零成長，我們持續耗用稀有資源，無可避免會導致它們耗竭，因此，重點不是克制愈來愈多的消費，而是要使消費愈來愈少，除此之外，要保留資源給未來世代沒有其他的方法。」[27]

高茲幫助啟動的「去成長」運動固然在達成目的上會遭遇阻礙，但有其單純且顯然的道理：如果我們全都減少消費，確實會耗用比較少的資源。

而且，也許我們只需要減少**某些**東西的消費。生物學家貝利・康門納（Barry Commoner）在1971年出版的暢銷書《封閉的循環》（*The Closing Circle*）中贊同：「現行的生產制度是一種自我毀滅的制度，人類文明目前的軌跡是一種自殺行為。」[28]但是他認為，我們不需要完全拋棄富足，我們只需要停止在產生汙染的大工廠裡製造充滿化學物的產品。IPAT公式中的T（技術）是問題所在，如果我們的生產方法變得規模較小、更接近自然、更有機，它們就會變得更永續（「永續」是康門納幫忙普及的一個概念）。他在書中寫道：「我們可以在不大幅減少日前實用產品的數量下，推行我們需要的生產改革。」

R：回收利用

除了減少消費，材料回收利用顯然是解決資源耗竭的另一個方法。報紙、紙箱、塑膠及玻璃瓶、鋁罐等等都可以回收，作為先前製造出它們的製程的投入要素，這樣，我們就能在不使用更多材料的情況下製造出更多東西。

為了促進回收利用運動，經濟學家肯尼斯．博爾丁（Kenneth Boulding）在1966年提出「地球號太空船」（Spaceship Earth）這個生動意象，這是一艘在宇宙中長途旅行、資源有限的太空船。他寫道，為了這趟旅行的成功：「人類必須在一個能夠讓材料持續再生的循環生態系中，扮演好自己的角色。」[29] 長久以來，人們重複使用工具、衣服，以及許多物品，因為這麼做可以省錢。地球號太空船風格的回收利用與省錢不同，它的出發動機不是自利，而是為了妥善照顧地球。

「減少使用、物盡其用，再次利用」（Reduce, Reuse, Recycle）這句座右銘在1970年代中期進入美國詞彙，紐澤西州伍柏里郡（Woodbury）的費城市郊在1980年成為美國第一個實行路邊資源回收的社區，垃圾車後面掛了一個拖車，專門收集家庭可回收的廢物。這個點子快速推廣，到了1995年，美國所有市鎮的固體廢棄物有近25%被回收利用。[30]

I：施加限制

環保運動中最具爭議的建議是施加限制，而這些限制中最具爭議的是限制人們能夠生養的小孩數目，但包括保羅．艾立克在內的一些人認為，這是別無選擇而必須施加的限制，因為馬爾薩斯人口論的數學太清楚了。艾立克在《人口炸彈》中寫道：「我們必須趕快控制世界人口，把人口成長率降低至零，最終得變成負成長。我們必須自覺到對人口數量做出限制。」[31]

在《成長的極限》中，麻省理工學院電腦模型研究人員不僅談到對人口的限制，也討論到對產業界的設限，他們指出，如果追求賺錢的企業在創造及滿足顧客需求的過程中耗盡世界的資源，就必須阻止它們，或至少改造它們。我們可以透過強制的法律，或巧妙推動課稅及補貼，促使公司停止挖掘新礦、建設更多工廠，或是供應重度使用資源的產品，例如重量超過5600磅、1972年份凱迪拉克75系列車款（Cadillac 75）的四門房車。

《成長的極限》的作者們知道，這些建議不會受到美國與其他自豪**非**中央規劃經濟制度的國家歡迎，但他們認為別無選擇。他們在書中寫道：「透過任何可能的方法來降低生育率，把資本從重度使用材料的產品轉向其他產品，這類政策似乎不自然且難以想像……若我們覺得目前無限制的成長型態可以永續，那就沒有必要討論在現代社會的運轉中做出這類根本改變了。」[32] 但是，他們的模擬清楚顯示，無限制的成長型態將無法永續，他們書中的電腦模型，提出自由市場經濟和地球上人類社會的長期健康之間的強烈消長選擇，看起來似乎是一個不需要怎麼考慮就能做出的選擇。

另一種施加限制的方法，不是限制公司能夠進入的市場，而是限制他們產生汙染這種糟糕副作用的活動。賓州多諾拉鎮及其他受嚴重汙染的地方，有證據使得許多人相信汙染遠非只是「討人厭的東西」，它會危害人們的生命。

尼克森總統1970年成立美國環保署，一系列立法賦予它和其他聯邦機構用更大的權力，去對許多種類的汙染設定限制與執行。美國也在1970年大舉修訂與強化「空氣清淨法」（Clean Air Act，1977年及1990年再度修訂），其他汙染防制法包括：1972年通過「淨水法」（Clean Water Act），1974年通過「安全飲水法」（Safe Drinking Water Act），1976年通過「有毒物質管理法」（Toxic Substances Control Act）等等。[33]

有人認為，試圖減少汙染的行動會導致經濟成長減緩，前美國眾議員保羅．羅傑斯（Paul Rogers）在1990年時回憶：「眾議院針對修訂『空氣清淨法』進行辯論時，我的一個同事引述一位小鎮鎮長的意見（表達以往的傳統智慧，認為環保和經濟成長不相容），那位鎮長說：『如果你想要這個鎮成長，它就得忍受髒臭。』」[34] 不過，大眾很快就不能忍受遭受汙染的地方，美國國會在1980年設立一個「超級基金」，用來清理美國多數受到汙染的地方。

B：回歸農村

這是避免環境及社會浩劫的最後一個策略：CRIB中的B，就是讓個人、家庭與社區遠離工業時代，回歸農村。這個方法的倡議者非常認真看待傑文斯的論點：若技術進步導致總資源用量大增，那麼，別用這些進步技術，使用傳統技術與方法就意味著可以使用較少的資源，在地球上留下較淺的足跡。

回歸農村運動在1960和1970年代盛行，成員都是較富裕且高教育程度的份子，出身都市或市郊，在回歸農村之前，鮮少有農耕或其他形式的農村自給自足經驗。這群人如果想在農場上成功生存，就需要知識與工具。

諷刺作家、創業家暨活動發起人史都華．布蘭德（Stewart Brand）決定提供這些知識與工具，他在1968年把一輛道奇（Dodge）卡車命名為「全地球卡車商店」（Whole Earth Truck Store），展開巡迴之旅，去教導回歸農村者播種、鑽井與其他重要工作最好的工具與方法。布蘭德也開始製作一本名為《全地球目錄》(*Whole Earth Catalog*)的目錄期刊，第一期的封面是「地出」照片。這個期刊很快就引發轟動，有幾期的厚度超過一英寸，並在1971年贏得美國國家圖書獎(National Book Award)「當代事件類」的獎項。[35]

狐火(Foxfire)系列書籍也同樣大賣。這是最早起源於喬治亞州一所高中的計畫，學生去訪談較年長的鄰居及親戚，請他們講述阿帕拉契山脈農村相關的傳統及手藝。這些訪談內容變成雜誌文章，後來編纂成一本書，在1972年出版。*第一本狐火系列書籍賣了超過900萬冊。[36]顯然很多人嚮往一種更簡單、更好的生活，那是和大自然更和諧相融、而非剝削大自然的生活方式。

情況真有那麼糟嗎？

儘管與環境相關的主流議論變得更加恐慌急迫，仍然有一群不同的聲音出現，他們當中至少有一些人質疑情況可能沒有那麼悲慘。這些較樂觀的人中有許多是經濟學家，他們根據證據提出兩點觀察，以及一個信念的陳述。

第一個有根據的論點是，環保運動自信滿滿的預言許多悲慘情境：經常性的食物短缺與饑荒、無法逆轉的生態崩潰、大

* 「狐火」指的是腐爛木材中菌類生物發出的光。

規模的物種滅絕、自然資源的嚴重匱乏等等，這些情境遲遲沒有發生，反倒是一些原本預期會變得更糟的情況，正在持續變得更好。

世界各地一年比一年有更多人取得更多食物，雖然仍有饑餓者（在有憐憫心的人看來是嚴重饑餓），但營養不足的問題大致上是減輕了。誠如經濟學家阿瑪蒂亞．沈恩（Amartya Sen）在1981年出版的《貧窮與饑荒》（*Poverty and Famines*）提到，隨著工業時代的發展推進，發生饑荒的主要原因並不是食物產量減少，而是政治與社會動盪，剝奪人們取得食物的「權利」，或是無法以正常手段取得食物。第一屆世界地球日前後的那些年，也沒有發生因為汙染而導致大規模魚類死亡、為搶奪水或其他資源而爆發的戰爭、匱乏引發的難民危機，或是環保運動人士預測的其他災難。

誠如經濟學家朱利安．賽門（Julian Simon）在1981年出版的《終極資源》（*The Ultimate Resource*）提到：「你可以在水晶球裡看到你喜歡的任何東西，但幾乎毫無例外的，最佳資料……顯示實際情況正好與那些預測相反。」[37] 賽門並非一直以來都抱持這種觀點，1960年代末期，他也跟保羅．艾立克一樣，論述人口無限制成長的危險性。但是，人類生活水準的持續改善，以及並未出現環境大災難，促使他改變觀點。

賽門最終成為一個強烈的樂觀主義者，這是因為他有信念，不是對天意的信念，而是對人類聰明才智的信念。人口與經濟成長帶來挑戰，但賽門認為，人類非常擅長應付挑戰，我們透過科學來了解世界，發明新工具與技術，創造民主與法治之類的制度，以及許多其他的東西，幫助我們解決問題，創造更好的未來。

賽門和其他樂觀者非常清楚傑文斯和馬歇爾描述的現象，但不認為那些現象會導致大災難。他們說，我們人類會找到方法去應付人口與經濟成長帶來的挑戰。第一屆世界地球日前後的許多顯著論點認為，人類的成長與創新把人類及地球帶向可怕的危險境地，但樂觀派認為，我們的成長與創新將帶我們**走出**危機。

賽門的信念有證據支持，那些是他和其他人蒐集與整個工業時代人類繁榮與健康持續進步的相關證據。賽門也發現第二個證據，這些證據的說服力強大到使他願意公開對它下重注。

對地球下重注

賽門檢視可取得自然資源的證據，結論認為，我們其實並沒有很快就會用罄它們的危機。他的推論始於一個經濟學中最基本的事實：稀缺會促使價格上升。當肥料、金屬、煤炭或其他資源變得更稀少時，它們就會變得更昂貴。

但賽門認為，這不是故事的盡頭，接下來還有故事：價格上升激發人們的貪欲，並結合人類的聰明才智。這種自利和創造力的結合促成兩件事：廣泛尋找更多的資源，以及對於替代品的需求有同樣的熱切。賽門認為，當其中一件事有所進展，或兩件事都成功進展時，原來的稀缺就會減輕，資源的價格就會回跌。

在極端且極有趣的情況下，根本不需要什麼資源替代品。建築師暨發明家巴克敏斯特．富勒（Buckminster Fuller）在1968年出版的《烏托邦或灰飛煙滅》（*Utopia or Oblivion*）中寫道：「我做過許多思考推測，愈來愈明顯看出我們可以用極少的東西做極多的事，使我們或許能夠照料所有世人。1927年時，我稱這整個過程為『蜉蝣化』（Ephemeralization）。」[38] 富勒的意思是，滿足人類消費欲望的同時，使用物質世界的資源更少，簡而言之，就是使用更少的分子。

以富勒命名、並因為他而普及的網格穹頂建築，就是這種現象的好例子：比起相同規模的傳統建築，它們使用較少的材料，重量也遠遠較輕，但能夠負荷的重量更大。富勒寫道：「蜉蝣化……是世人的第一大經濟驚奇。」[39] 在與創新、技術進步和資源使用的相關論述中，這個名詞最終被同義詞「去物質化」（dematerialization）取代。

從大不列顛發現巨量的新煤礦蘊藏，到十九世紀中期住家照明以煤油取代鯨油，賽門看到許多「資源稀缺**並非**永恆條件」的例子，他相信，儘管全球人口及富足程度的增加速度將遠比以往快，第一屆世界地球日後，資源價格普遍下跌的型態仍將持續。

保羅．艾立克則是深信情況會往反方向發展。跟《成長的極限》作者及其他許多人一樣，他相信龐大且快速成長中的地球人口，將導致空前且擋不住的資源需求，這即將到來的匱乏將是永久性的現象，也意味著價格將上漲。

第一屆世界地球日後的10年間，這兩位立場對立的人公開闡述與精煉他們的論點，後來他們決定對各自的論點下賭注。1980年，朱利安．賽門和保羅．艾立克約定史上最著名的一場賭局。

賽門提供以下條件：艾立克可以選擇以任何資源作為這場賭局的標的，也可以選擇這場賭局的結束時間，但至少要一年。在選擇的賭局時間結束時，若對賭的資源實質價格是上漲的，賽門就付給艾立克上漲的金額；反之，若實質價格是下跌的，艾立克就要把下跌的金額付給賽門。

艾立克接受了，他選擇10年期的賭局，並挑選五種資源：銅、鉻、鎳、錫、鎢。他在1980年9月29日虛擬的「購買」這五種金屬，每種金屬都購買200美元，開始等候它們的價格在接下來10年間上漲。

但它們並沒有上漲，到了1990年9月底，這五種金屬的實際價格全都下跌。[40] 鉻只下跌一點點，從每磅3.90美元下跌至每磅3.70美元，但其他四種金屬的價格下跌更多了，例如，錫的價格從每磅8.72美元下跌至3.88美元。艾立克的1000美元資源資產組合總值下滑超過一半，他在1990年10月寄了一張576.06美元的支票給賽門。*

預測仍然悲觀

賽門與艾立克的賭局結果，遠遠無法做出結論說是樂觀派的勝利，這場賭局的一些分析家認為賽門「聰明，但幸運」。投資人暨作家保羅．凱卓斯基（Paul Kedrosky）就這麼說；[41] 聰明指的是賽門洞察到較高的資源價格如何引發後來的價格下跌，至於說他很幸運，是因為艾立克選擇的賭局期間正好是他挑選的那些金屬價格特別陡峭下滑的期間。

換作其他期間，對賽門就未必這麼有利了，凱卓斯基寫道：「若這場賭局是從1980年代任何一年開始，10年中有8年的結果將是賽門獲勝。但如果這場賭局是從1990年代開始的話，有4年是由賽門獲勝，另外6年則是艾立克獲勝……如果這場賭局是從2000年代開始，不論起始年份是哪一年，獲勝者都是艾立克。」在人口與經濟快速成長的世界，並不能保證大宗物資價格會下跌。

顯然也不能保證去物質化。第一屆世界地球日後的多年間，許多產品的確使用較少的材料了，例如1973年阿拉伯石

---

* 這張支票沒有附任何字條。

油禁運後，美國製汽車大致上變得更輕。但是，傑文斯率先在煤炭上注意到的型態仍然一再出現：技術進步帶來較高的效率，並未使得資源的總使用量減少，反而增加。這個型態出現得太一致，因而被取了一個專有名詞：反彈效應（rebound effect）。

研究發現，反彈效應非常普遍。研究技術進步的學者克里斯多福·梅吉（Christopher Magee）和泰沙雷諾·德維薩斯（Tessaleno Devezas）在2017年所做的一項研究發現：「57種案例清楚顯示，技術進步並未促成『自動的』去物質化。」他們預測：「這種型態在未來不太可能反轉。」[42]

看來，傑文斯和馬歇爾提出論點的一百多年後，這些論點仍然是正確的，我們的無窮胃口和傑出技術，促使我們年復一年使用更多地球的贈禮。

第五章

令人驚奇的去物質化

喔，事情改變，我的看法就改變。不然呢？

——保羅・薩謬爾森（Paul Samuelson）

1970年在電視節目《與媒體見面》（*Meet the Press*）上對提問的回答*

* 這句話究竟出自誰，有許多不同版本的說法，最常被指為出自經濟學家約翰・凱因斯（John Maynard Keynes），但是Quote Investigator網站發現，沒有比薩謬爾森更早的參考出處。[1]

與朱利安・賽門和保羅・艾立克不同，環境科學家傑西・奧蘇貝爾（Jesse Ausubel）沒有花太多時間去思考資源**價格**，但當賽門與艾立克的賭局接近結束的那些年，他開始對資源的**數量**非常感興趣：在建造我們的經濟與生活時，各種材料的使用量是多少？

奧蘇貝爾回憶[2]，在1987年的一個晚上，他與友人暨同事、興趣很廣泛的物理學家羅伯・赫曼（Robert Herman）吃晚餐時，友人問了一個問題：「現在的建築物是否變得更輕了？」這麼一個看似簡單的疑問卻引發大量的研究調查，不僅調查建築物的重量，也調查許多東西的「物質強度」（material intensity）。他們和土木工程師西奧麥克・阿迪坎尼（Siamak Ardekani）在1989年合寫的研究報告〈去物質化〉（Dematerialization）中發表初步研究，並提出一個研究議程。這份報告呼籲投入更多研究，探索「是否有力量結合起來……驅動社會朝向物質化或去物質化」。[3]

多數人未察覺到去物質化

接下來多年，奧蘇貝爾持續探究「物質化或去物質化」的疑問，他在2015年發表的文章〈重返大自然：科技如何解救環境〉（The Return of Nature: How Technology Liberates the Environment）中提出他的回答。奧蘇貝爾發現，有顯著的證據顯示，美國不僅人均資源消耗量減少，在一些最重要的經濟基石（鋼鐵、銅、肥料、木材與紙）的總消耗量也減少。在第一屆世界地球日之前的那些年，美國每年在這些東西上的總消耗量快速增加，但後來消耗量達到高峰後則持續減少。

這種情況真是出人意料之外，奧蘇貝爾寫道：「一些材料的使用量反轉，開始減少，令我太吃驚了，所以，伊多·沃尼克（Iddo Wernick）、保羅·瓦格納（Paul Waggoner）和我又詳細研究美國在1900年至2010年間的100種大宗物資使用量……我們發現，這100種大宗物資中，36種的絕對使用量已經過了高峰……另外有53種大宗商品的絕對使用量雖然還沒有達到高峰，但相對於經濟規模的使用量已經過了高峰。它們現在大多要開始下滑。」[4]

作家暨環境與能源議題研究者克里斯·古德（Chris Goodall）早在幾年前就已經注意到英國有類似現象，他在英國的材料流量帳（Material Flow Accounts）中發現一個有趣型態。誠如《衛報》（*The Guardian*）所言，材料流量帳是「國家統計局每年發布的一組數據，枯燥乏味，少有人注意」，[5]但古德研究這些資料後得到重要發現，他將他的觀察摘要記錄在2011年發表的一份研究報告〈高峰：英國的材料資源使用量是否在這十年的最初幾年達到最大量？〉（Peak Stuff: Did the UK Reach a Maximum Use of Material Resources in the Early Part of the Last Decades?）。[6]

古德回答了自己的提問，給出肯定的答案：

> 這份報告中提出的證據支持以下假說：這十年的最初幾年，早在經濟開始趨緩的2008年之前，英國的有形資源消耗量就已經開始減少。這個結論適用於廣泛的有形產品，例如水、建築材料、紙，也包含進口品的影響。進入經濟體系的貨物，以及最終成為廢物的總量，大概在2001年至2003年間的某個時候就已經開始減少。

古德清楚說明美國及英國去物質化的重要性：「如果這個發現是正確的話，那很重要，因為這顯示，成熟經濟體的經濟成長未必對世界的自然資源蘊藏量及自然環境增加壓力，先進國家或許能把經濟成長和大宗商品的消費量增加脫鉤，一個永續的經濟未必得是一個沒有成長的經濟。」

我贊同古德的論點：經濟體系普遍的去物質化很重要，尤其因為英國和美國是工業時代的領先經濟體。我們已經看到，工業時代空前增加自然資源的使用，以及對其他環境的剝削，若這兩個國家能夠反轉，做到顯著的去物質化，將是很棒且帶來希望的發展。

這也將是令人驚訝的發展，因為這意味著與經濟成長有關的主流思想中有一些根本觀點是不正確的。我們多數人對於經濟成長的觀點，顯然或隱含的結合馬歇爾和傑文斯的思想，這樣的觀點認為，我們人類總是想要消費更多，為了滿足這些欲望，使用的資源數量將一年比一年增加，而那些讓我們能更有效率使用資源的技術將無法使我們節約資源，因為我們會使用那些技術來讓我們消費更多，導致總資源使用量繼續增加。這是從馬歇爾和傑文斯時代一直到第一屆世界地球日時的明顯型態，什麼可能導致這種型態改變呢？

我認為這是一個很好的疑問，因此決定加入奧蘇貝爾、古德等人的行列，探索去物質化。如果去物質化真的是確鑿且持久的現象，我想辨識出其中的原因、探討其中的含義、對去物質化的未來提出可供檢驗的預測，並建議有助於加速與推廣去物質化的干預行動，也就是個人、社區與政府可以做出怎麼樣的改變。

大反轉

對於去物質化感興趣的人來說，幸運的是，在美國，有大量高品質、與資源消耗有關的歷史資料。這些資料中有很多來自美國地質調查局（US Geological Survey），這是1879年成立的聯邦機構，國會賦予的職責是「對公有地進行分類，以及對國家領土的地質結構、礦物資源及商品進行調查。」

「礦物資源……進行調查」對去物質化感興趣的人來說真是有用，因為美國地質調查局自二十世紀初就開始蒐集美國在經濟上最重要的礦物使用資料，特別重要而引人興趣的是，這項調查每年都會估計每種礦物的「表面消耗量」(apparent consumption)。

表面消耗量不僅計算國內資源產量，也考量進口量和出口量，例如，在計算2015年美國的銅表面消耗量時，美國地質調查局把那年的國內銅產量加上總進口量，減去總出口量。*

這些調查資料描繪一個動人的故事。我們首先來看金屬的消耗量，對任何經濟體而言，金屬是最重要的材料，圖5-1是美國在1900年至2015年最重要的五種金屬每年的總消耗量。**在此註明，這不是人均年消耗量，而是所有美國人每年的總消耗量（總噸數）。

在美國，這五種金屬的消耗量全都已經過了高峰，也就是說在多年之前，美國每種金屬的消耗量已經達到最大量，然後大致上呈現下滑。去物質化的程度頗大。2015年時（這是從美國地質調查局取得最新資料的年份），美國的鋼鐵消耗量比2000年高峰消耗量減少超過15%，鋁消耗量減少超過32%，

---

* 美國地質調查局並不追蹤內含資源的最終產品進口量或出口量，因此，2015年的銅表面消耗量並未計入該年進口至美國的電腦及智慧型手機內含的銅。縱使能夠追蹤進出口最終產品中的銅及其他資源含量，也不會改變去物質化的整體結論，因為重度使用資源的最終產品淨進口只占美國總體經濟的一小部分，大約不到4%。

** 所謂「最重要」的金屬，定義是美國在2000年至2015年間花最多錢的金屬。

圖5-1　1900-2015年美國金屬消耗量[7]

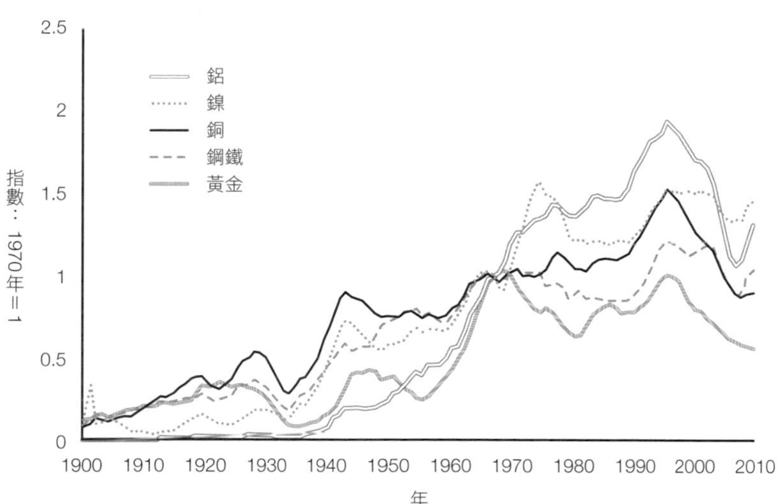

銅減少40%。

把這些資源消耗量拿來和美國的經濟成長比對，去物質化的現象更明顯。圖5-2是把圖5-1加上「美國實質GDP」這條線。

從圖5-2可以明顯看出發生巨大的脫鉤。第一屆世界地球日之前的整個二十世紀，美國的金屬消耗量成長和總體經濟成長差不多同步；第一屆世界地球日之後，經濟相當穩定的持續成長，但金屬消耗量開始反轉下滑，年復一年的使用更少的金屬來獲得更多的經濟成長。我們會看到許多資源的使用量也呈現類似的大反轉。

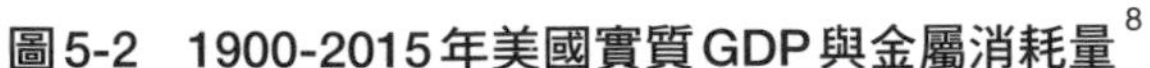

圖5-2 1900-2015年美國實質GDP與金屬消耗量[8]

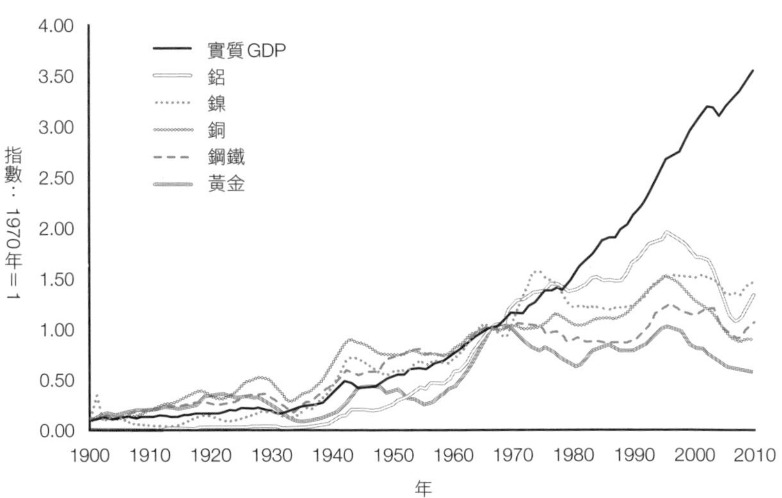

美國是農業重鎮，大豆及玉米產量位居世界第一，小麥產量排名全球第四，而肥料是農作物生長的要素。圖5-3呈現美國在1955年至2015年間的肥料、水與農田總使用量，並以美國農作物總產量噸數來取代經濟成長率數字。

圖5-3顯示，產出（農作物總產量）曾經和投入要素（水及肥料）密切正相關，但這種同步關係後來改變了，用更少的投入要素獲得更多產出。肥料使用量比1999年高峰下滑近25％，2014年時的灌溉水使用量比1984年高峰減少超過22%，農田使用的總面積也呈現下滑趨勢，下滑至上世紀時的最低點。

圖5-3 1955-2015年美國農作物總產量及農業投入要素消耗量[9]

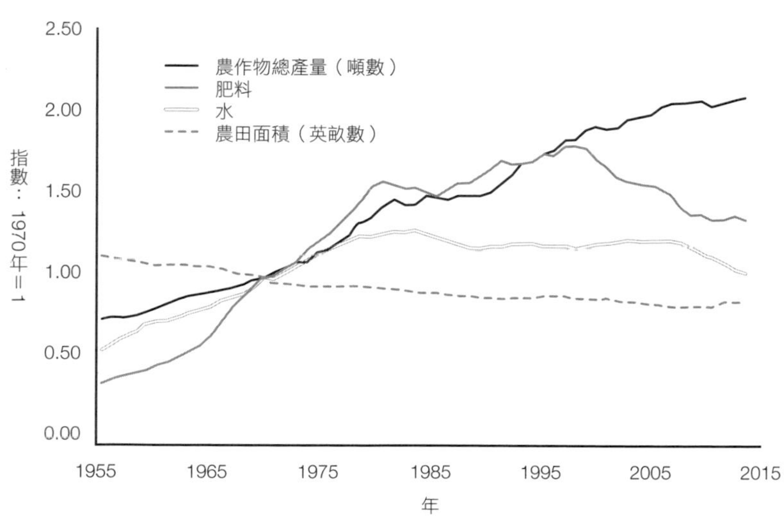

建築物和基礎設施需要使用大量資源，因此，我們也來看看根據美國地質調查局統計最重要建築材料的總消耗量，並把美國農業部調查的木材使用量資料包含在內，紙的消耗量也納入其中，因為跟木材一樣，紙也是林木產品。

我從圖5-4看到兩種不同的情境。首先是建築材料，包括水泥、砂及砂礫與石材。這些材料的總消耗量在2007年達到高峰，之後急劇下滑，但這樣的驟減當然是因為2008年金融危機後的經濟大衰退，建築業受創特別嚴重。伴隨建築業復甦，我們或許會發現這些材料並非處於後高峰期。但我預測，木材及紙的消耗量已經永遠過了高峰期，自1990年的高峰

圖5-4　1900-2015年GDP與建築材料及木材消耗量[10]

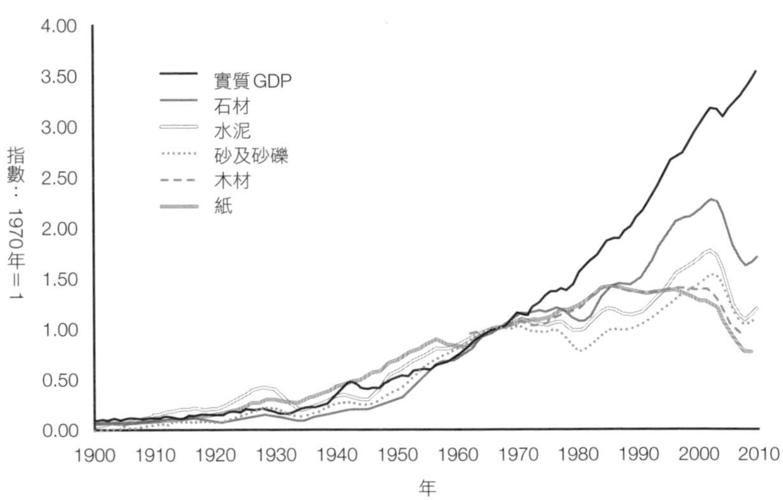

後，木材總消耗量減少三分之一，紙的消耗量減少將近一半。

這些圖表是否代表整個美國經濟的變化趨勢呢？是的。從鋁、銻、蛭石（Vermiculite）到鋅，在美國地質調查局追蹤的72種資源當中，只有6種資源的消耗量還沒有到達高峰。*其中我們消費最多的是寶石，美國人顯然對珠光寶氣有無窮的欲望。若把裝飾用的閃亮石頭排除在外，美國2015年消耗的資源中有超過90%都是過了消耗高峰的物質。

---

* 美國一年比一年消費更多的6種資源是矽藻土（藻類殘骸化石）、工業用石榴石（矽藻土及工業用石榴石都被用於製造研磨和過濾）、寶石、鹽、銀、釩（與鋼鐵合金後，可以製造切割工具、核子反應爐等等）。

在整個去物質化趨勢中，美國地質調查局沒有追蹤的塑膠消耗量是個例外，除了經濟衰退時期以外，美國的塑膠使用量持續年年增加。塑膠製成品琳瑯滿目，包括垃圾袋、水瓶、食品包裝、玩具、戶外傢俱，以及其他無數的產品。不過近年來，塑膠用量已經出現重要的成長減緩趨勢。

根據塑膠業貿易協會（Plastics Industry Trade Association）的資料顯示，1970年至經濟大衰退開始的2007年間，美國的塑膠消耗量每年平均成長率約為5.2%，比同時期的美國經濟成長率快上超過60%。但是，大衰退結束後，出現很不一樣的型態，塑膠消耗量的成長率顯著減緩，2009年至2015年間，平均年成長率降低至不到2.0%，這比同個時期的經濟成長率慢了近14%。因此，美國的塑膠使用量雖然還沒有達到高峰，也正在快速接近高峰後期開始下滑的里程碑。

最後來看看能源總消耗量及溫室效應氣體排放量（見圖5-5），這些是化石燃料產生能源下最有害的副作用。*

我很驚訝得知美國2017年的能源總消耗量比2008年的高峰減少近2%，尤其是美國2017年的經濟比2008年的經濟成長超過15%。我一直抱持一個未經檢視過的假說，認為成長中的經濟必定會耗費愈來愈多的能源，但這顯然不再是定律，這是

---

* 圖5-5中的二氧化碳排放量是全球碳計畫（Global Carbon Project）計算出來的數據，把在美國境內消費、但在美國境外（中國及其他國家）生產的產品在生產過程中的二氧化碳排放量計算在內。[11]

圖5-5　1800-2017年美國實質GDP與能源總消耗量[12]

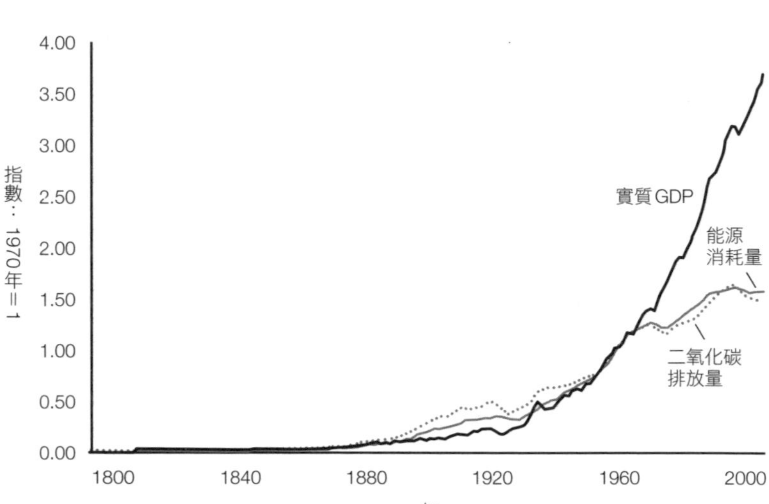

很重大的改變。如上一章所述，自1800年至1970年，美國的能源使用量成長和經濟成長已經同步超過一個半世紀，然後，縱使經濟持續成長，能源使用量的成長還是在減緩，繼而轉變為負成長。過去10年間，美國用更少的能源創造更多的經濟產出。

溫室氣體排放量降低的速度比能源總消耗量減少的速度更快，這主要是因為美國近年來在發電上使用較少的煤，並且使用較多的天然氣（第七章將討論這種轉變），使用天然氣產生每一度電的碳排放量比使用煤炭的碳排放量少了50％至60％。[13]

這些圖得出的結論很清楚：我們的工業時代習慣正在發生大反轉，美國經濟現在正經歷又深又廣的絕對去物質化。那麼，整個世界是否也在經歷去物質化呢？這是個難以確切回答的問題，因為除了美國，其他國家並沒有像美國地質調查局有詳細且全面的資料。不過，證據顯示，其他先進工業國家現在也使用更少的資源創造更多產出。如本章前文所述，克里斯．古德發現，英國現在已經過了材料資源使用量的「高峰」。歐盟統計局（Eurostat）的資料顯示，包括德國、法國及義大利等國家，近年來在金屬、化學材料與肥料總消耗量大致上呈現零成長或負成長。

開發中國家，尤其是印度及中國這些快速成長的國家，或許還沒有開始去物質化，但我預測，在不是太遠的未來，它們至少會開始以更少的資源創造更多產出。我會在後面章節解釋為何我相信這點，也說明美國及其他富裕國家如何及為何已經發生大規模的去物質化。但在此之前，我們先重返1970年第一屆世界地球日當時發展出來的拯救地球策略，並且檢視這些策略的成效。

第六章

CRIB策略

人類的每一個問題都有一個眾所周知的解方：
俐落、看似有理，可惜是錯的。

——亨利・孟肯（Henry L. Mencken）
〈神聖的靈感〉（The Divine Afflatus），1917年

美國經濟廣泛而深入的去物質化，背後動力是什麼？為什麼那麼多種類的資源消耗量已經過了高峰？我將在後面的章節解釋去物質化的原因，但我想先扼要解釋去物質化不是由哪些動力促成的，尤其是，我想說明第一屆世界地球日前後出現及倡導要減輕我們在地球上足跡的CRIB策略，也就是減少消費、回收利用、施加限制，以及回歸農村策略，並**不是**促成我們看到的去物質化現象的重要貢獻因素。

自第一屆世界地球日以後，我們並沒有顯著減少消費，也沒有大量的人回歸農村，我們回收利用很多資源，但這跟去物質化無關，因為回收利用跟去物質化是不同的現象。遠比回收利用來得更加相關的是我們在一些領域施加的限制，這些施加限制的歷史具有教育作用，因為它幫助我們區別好方法（限制汙染及獵殺動物），以及糟糕的方法（限制家庭規模）。

消費仍然繼續成長

CRIB策略中的C，也就是呼籲我們為了地球而減少消費，大致上被置若罔聞。我們不妨來看看美國的實質GDP變化。[1]第二次世界大戰後到第一屆世界地球日的這段期間，平均年成長率3.2%，1971年至2017年間的平均年成長率2.8%。戰後嬰兒潮之後，美國人口成長也減緩，但仍然維持正成長率，1946年至1970年間的平均年成長率為1.5%，1971年至

2016年間的平均年成長率為1％。[2] 因此，成長速度雖然減緩，但我們並沒有擁抱人口及消費的去成長。

不過，第一屆世界地球日之後，美國經濟確實已經明顯變化，變得比較不那麼製造導向，從理髮、保險到音樂會，服務業現在占美國經濟的比重遠大於1970年時的比重，美國個人的服務消費占GDP的比重從1970年時的30％，提高到2017年時的47％。[3] 所以，資源使用量的減少，是因為我們製造或消費的產品比以往減少了嗎？

錯。雖然產品相對於服務的比重下滑（亦即製造業占GDP的比重下滑），但是，以絕對數字而言，我們的產品總消費仍然是增加的，我們的工業產量（亦即美國製造的東西總量）也增加。此外，美國近年來也沒有脫離「重」製造業，一如以往，我們仍然製造大量的汽車、機器，以及其他高價商品。[4]

但是，我們製造它們的方式不同於以往，我們現在使用較少的資源來製造它們，這可以從圖6-1看出。這張圖是以圖5-2的美國實質GDP與金屬消耗量，加入美國工業產量。圖6-1清楚顯示，美國並未停止製造產品，但美國製造商學會使用較少的金屬來製造更多產品。

因此，總結而言，一些東西的消費成長在近年來減緩，但資源使用量遠非只是成長減緩而已，實際上已經出現反轉，現在大致上是負成長。我們的社會並未擁抱去成長，但我們做到更神奇、意義深遠的事：我們把消費、繁榮與經濟的成長和資

圖6-1　1900-2015年美國實質GDP、工業產量與金屬消耗量[5]

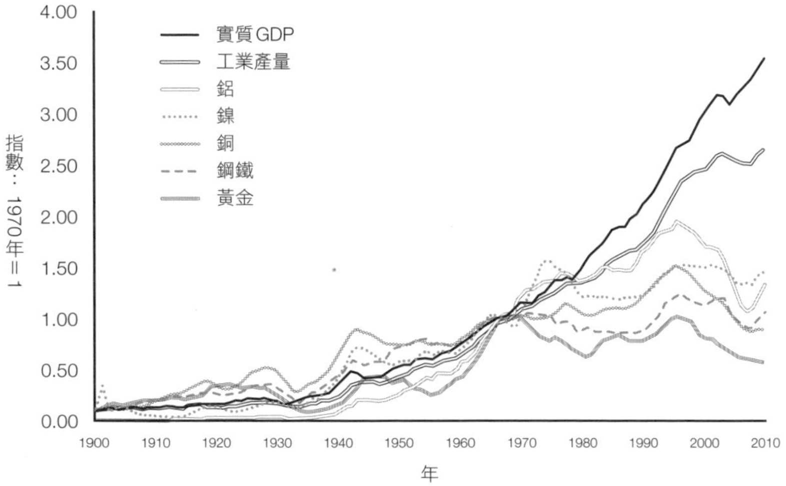

源使用量脫鉤了。

工業時代早期的1835年，法國外交官亞歷西斯．迪托克維爾（Alexis de Tocqueville）出版《美國的民主》（*Democracy in America*），這是針對當時還很年輕的這個國家特性所做的第一個廣泛而深入的探索與研究，而且迄今仍是最好的著作之一。* 迪托克維爾在近兩世紀前觀察到，美國人喜歡他們的東西：「在美國，人們普遍熱中於物質福祉……心思普遍聚焦在

---

* 一條未明載的規則說，探討與論述美國的「認真」著作，必須包含引述迪托克維爾的一個觀察，而我在這裡引述了兩個。

滿足身體的所有需求和照料生活中的小舒適。」[6] 現在不過是加入一個新發展：現在，為了滿足我們的需求及舒適，需要使用的物質減少了，而不是需要更多。

回收利用很多，但跟去物質化無關

資源回收利用可是個大事業：2015年，美國的鋁、銅、鉛與鋼鐵的消耗總噸數中分別有47％、33％、48％與49％來自資源回收利用的廢棄金屬，而非新開採的礦。[7] 同樣，近65％的紙類產品使用的是回收報紙、披薩盒等再利用，而非使用新砍伐樹木後製造的紙漿。[8]

但是，資源回收利用跟去物質化無關。怎麼說呢？回收利用與製造廠在何處取得它們的**投入要素**有關，而去物質化是與它們的**產出**對投入要素的總需求有關。

舉例而言，造紙廠的原料有兩個來源：資源回收中心和森林。美國對所有造紙廠總產出的消耗量自1990年達到高峰後開始下滑，這樣的下滑純粹是與紙的總需求量有關，跟資源回收量沒有直接關係。

但有沒有間接關係呢？如果沒有做資源回收利用，我們對紙或鋼鐵的總消耗量會改變多少？這個問題不可能有確切的答案。但我直覺地認為，若沒有資源回收利用，我們對鋁、銅、鋼鐵等資源的總消耗量將減少得更快速。

這聽起來似乎違反直覺，這個結論是根據一個簡單的推理。回收利用金屬有經濟效益，因為把廢金屬熔化和再利用，比挖礦及冶煉更便宜。在其他條件不變下，如果沒有再利用廢金屬，一噸金屬的成本可能更高，當成本很高時，我們用得就會很少，這是通則。

所以，我認為，熱中回收利用廢金屬的真實經濟情況，相較於沒有資源回收的經濟假設下，後者使我們的金屬總消耗量反而更少。這並不是說我認為金屬回收利用是壞事，我認為這是好事，因為這為我們提供更便宜的金屬產品，又降低溫室效應氣體的總排放量（因為從廢料中取得金屬所需耗用的能源遠比採礦冶煉所需耗用的能源還少）。但是，不論回收利用有什麼優點，它跟去物質化是無關的，去物質化是不同的故事。

回歸農村對土地是壞事

在美國環保主義史上，回歸農村運動是迷人的一章，但大體上是無足輕重的一章，小規模自耕農和遠離現代科技生活而回歸農村的人口，從沒有多到足以產生影響。話說回來，這對環境其實是好事。

傑弗瑞．雅各（Jeffrey Jacob）在《新拓荒者》（*New Pioneers*）中記錄，美國的回歸農村運動從1960年代中期開始，一直持續至1970年代，根據一項估計，截至1970年代末期，有多達100萬北美人回歸農村。[9] 但與都市成長這股大潮相比，回歸農村只堪稱小水流；1970年至1980年間，美國都市居民數增加超過1700萬人。[10] 回歸農村運動或許被廣為談論，但實踐者相對稀少。

我們其實應該感謝這點，因為小規模農耕對環境並非好事，理由有二。第一，小規模農耕在資源使用上的效率比大規模產業化、機械化農業還低，為了獲得相同數量的收成，自耕農使用的土地、水及肥料比「工廠式農夫」（factory farmers）還要多。舉例而言，面積低於100英畝的農田，每英畝的玉米產量比面積大於1000英畝的農田產量少了15%。[11] 而且，面積愈大的農田，效率提升得愈快，1982年至2012年間，面積低於100英畝的農田總要素生產力（total factor productivity）成長15%，面積大於1000英畝的農田則成長51%。[12] 所以，愈多的小規模自耕農，就意味愈多土地被耕種，就會使用更多的水及肥料等等。

第二，其實比起城市或市郊生活，農村生活對環境更不友善。城市居民生活在高密集、能源效率較高的公寓，平時只為了工作或辦事而短程移動，經常使用大眾運輸工具，但這些在鄉村生活都沒有。誠如經濟學家愛德華．葛雷瑟（Edward Glaeser）所言：「如果你想對環境友善的話，那就離它遠一點，搬去高樓層、被水泥圍住的公寓居住……住在鄉村並不是照顧地球的正確方式。為了照顧地球，我們能採取最好的行動就是興建更多摩天大樓。」[13]

若小型自耕農決定不聽葛雷瑟的建議，甚至還要更進一步遠離現代的東西，用煤炭或木材生火，那對環境的傷害就更大了。燒煤的住家火爐造成大量空氣汙染，比其他種類燃料生成的汙染遠多得多。例如，現今歐洲燒煤炭的住家總數當中，波蘭占了80%，歐洲大陸汙染情況最嚴重的50個城市當中，波蘭就囊括33個。[14] 燒木材就得砍樹，得砍很多樹，我們幾乎可以確定，英國家庭之所以在十六世紀中改成燒煤炭，就是因為他們砍伐樹木的比例太高，以至於木材價格後來高漲。[15]

所以，如果我們關心環境的話，或許應該慶幸回歸農村運動熄火，以及產業規模、高收成的農業成為典範。《自然永續》（*Nature Sustainability*）期刊在2018年刊登一篇綜合評論如此結論：「資料並沒有顯示高收成農耕模式的環境成本更大……反而是高收成、土地效率高的農耕模式在其他層面上的成本也較低，這種模式的好處顯然更普遍。」[16]

施加限制有好有壞

在CRIB的四個策略中，施加限制具有最多變的歷史，它有傷害最大的策略，也有帶來最多幫助的策略。

人口限制

中國政府在1979年宣布新的家庭計畫政策，這個政策很快被稱為「一胎化政策」，儘管整個1970年代中國的出生率穩定下滑，政府仍然決定實行這個政策。在閱讀《成長的極限》、《生存藍圖》（*A Blueprint for Survival*）等描繪不節制人口成長所逼近的危險的書籍後，中國飛彈科學家宋健認為，縱使中國的出生率已經在穩定下滑中，仍然需要更快速的降低出生率。[17]宋健成為新政策的設計者，新政策主要是限制漢族家庭只能生一個小孩，這個限制只有少數例外，包括一些夫婦如果生育的第一個小孩是女孩，可以生第二胎，但一胎化政策很快就成為中國家庭生活的核心事件。

實在很難找到正面角度去看待這項政策。當中國政府在2015年正式宣布廢止一胎化政策後，美國記者芭芭拉·德米克（Barbara Demick）為了這項政策撰寫一篇不客氣的訃聞：「這個家庭計畫變成一個強大顢頇的官僚制度，官員威嚇父母，要搗毀及燒毀違反家庭計畫限制者的房子，把超生的女嬰從母親手中奪走，送去孤兒院，再把這些嬰兒轉讓出去，向收養人收取每個嬰兒3000美元的『捐款』。」[18]中國政府官方估計，一胎化政策使中國少生育4億人，但這可能是個太高估的數字，誠如經濟學家阿瑪蒂亞·沈恩指出：「我們根本無從確知中國強制降低出生率帶來的附加貢獻，因為這項強制政策是高壓施加於一個出生率原本就已經在下滑中的社會。」[19]

中國人口學家顧寶昌、王豐及蔡泳在2012年共同發表一篇文章〈歷史將如何評價中國的一胎化政策？〉（How Will History Judge China's One-Child Policy?）[20]，他們在文中把這項政策拿來和二十世紀另外兩個中國大災難（文化大革命及大躍進）相較，認為一胎化政策比這兩項政策還糟。三位作者寫道：「雖然這兩個致命的錯誤導致數千萬人死亡，但它們的傷害相對較為短暫，事後修正比較快。反觀一胎化政策的影響遠比它們還要深遠，這項政策創造出一個家庭與家族結構被嚴重侵蝕的社會，並且嚴重危及一整個未來老人世代及他們孩子的福祉。」一言以蔽之，歷史將會嚴厲批判這個政府強制施加的家庭規模限制。*

理性限制

不論從實用面或道德面來看，對家庭規模施加限制都是個糟糕的點子。但是對汙染施加限制，以及對獵捕一些動物和販售來自牠們身體的產品施加限制，那就是很棒的點子了，這類

---

* 但是，這個大規模且大致上並不必要的政府強制手段，包含無數的強迫墮胎、絕育，以及其他對待女性的殘暴行為，仍然獲得一些人的支持，至少在西方國家有支持者。當中國政府2015年末正式宣布廢止一胎化政策時，保羅．艾立克發出推文回應：「中國終結一胎化政策，實施二孩政策……語無倫次的蠢蛋，這群擁抱無窮成長的幫派。」[21]

限制已經在美國及其他國家產生保育及環保運動的大勝利。

第一屆世界地球日的1970年，美國成立聯邦機構環保署，並對1963年的「空氣清淨法」做出重大修法，因此開啟一連串旨在減輕汙染及其他環境傷害的法規。這些行動產生極大的成效，例如，美國空氣中的二氧化硫濃度降低到二十世紀初以來首見的水準，其他種類的空氣汙染也顯著降低，從1980年至2015年，6種主要的空氣汙染物總排放量減少65%。[22]

當禁止在油漆和汽油中添加鉛之後，小孩血液中的鉛濃度在1976年至1999年間降低超過80%，由於鉛會導致年幼時期的腦部發育遲緩，這些血液中鉛濃度的降低極為重要。根據一項研究，1999年時，美國孩童的平均智商比他們維持1970年時血液中鉛濃度的智商高出2.2至4.7分。[23]當然，需要做出的努力還有很多，但拜限制汙染之賜，美國的土壤、空氣及水都遠比第一屆世界地球日時乾淨多了。

二十世紀初，憂心獵捕過多動物造成傷害的那些天然資源保護論者是世界地球日環保人士的前輩，旅鴿的滅絕促使他們採取行動。數量如此龐大的鳥類竟然會滅絕，震驚了許多人，也催生限制交易動物產品的新立法，這類立法的第一部是美國國會在1900年通過的「雷斯法案」（Lacey Act），以提案人、愛荷華州共和黨眾議員約翰．雷斯（John Lacey）命名。為這項法案辯論時，雷斯說：「以往數百萬成群聚集的野鴿已經從地表完全消失，我們示範可怕的屠殺與消滅，或許可以作為對全體人類的一種警告。讓我們現在就做出明智的示範，示範如何保護剩餘的大自然賜予。」[24]

「雷斯法案」與後續其他類似的立法對獵捕及消費動物施加三種限制，其一，完全禁止獵捕某些種類的動物，受保護的動物包括：海獺，受到1911年簽定的禁止捕捉國際協定保護；雪鷺，曾經因為美麗的羽毛而遭到大肆獵捕，直到1913通過「威克斯-麥克林法案」（Weeks-McLean Act）加以保護[25]；海豚及海牛，受到1972年通過的「海洋哺乳類動物保護法」（Marine Mammal Protection Act）保護。

其二，關於何時及何處可以獵捕動物的許多限制。例如，在絕大多數國家公園裡，運動及食物型打獵是非法的，鴨、熊、鹿，以及許多動物有明確規定的打獵季節。其三，禁止許多動物產品的商業交易，其中影響最廣的應該是全國禁止販售獵殺後的動物肉品，你可能在美國的肉販攤子或餐廳菜單上看到鹿肉或野牛肉，那些都是來自飼養的牧場，不是來自獵人。

這些施加限制已經使得許多代表性的美國動物擺脫瀕臨絕種的危險，例如，北美現在有超過50萬頭北美野牛，[26]超過3000隻的海獺居住北加州海岸。[27]一些先前受到威脅的動物，現在數量已經多到被大家認為造成麻煩，現在，許多美國社區居民覺得白尾鹿、加拿大雁與河狸的數量實在太多了。

除了限制汙染及獵捕動物的優異點子，去物質化的故事並不是遵循CRIB策略的故事，這些策略被忽視（我們不擁抱去成長及停止消費）、放棄（我們不再回歸農村）、不重要（回收利用和去物質化無關），或是誤入歧途（中國試圖限制家庭規模是嚴重的錯誤）。那麼，我們最終是如何走上用更少資源創造更多產出的呢？我們如何讓那麼多種類的資源使用越過高峰？接下來三章將回答這個重要疑問。

第七章

資本主義與技術進步

工藝成就推進文明理想的速度，

將比最熱心提倡的人期望的還要快。

——**查爾斯．巴貝奇**（Charles Babbage）

《1851年博覽會》（*The Exposition of 1851*）；

或《綜觀工業、科學、及英國政府》

（*Views of the Industry, the Science, and the Government of England*），

1851年

如果第一屆世界地球日後發生在美國經濟的去物質化並非CRIB策略所促成，那究竟是什麼促成的呢？我們如何達到用更少的資源創造更多產出的情況呢？我認為有四股主要力量，把它們分成兩組來思考與探討更有助於了解，本章探討第一組力量，第九章將探討第二組力量。

驅動去物質化的第一組力量是**資本主義**和**技術進步**。這種說法很多人會很訝異，但這有很好的理由，畢竟，就是資本主義與技術進步的結合，導致在整個工業時代的資源消耗量大增。如第三章所述，威廉・傑文斯和阿佛列德・馬歇爾的思想指出這個讓人苦惱的結論：資本主義和技術進步總是促使我們使用更多資源來創造更多產出：產生更多的經濟成長，但也耗用更多資源。

所以，究竟發生什麼改變？為何資本主義和技術進步使我們現在能夠使用更少的資源創造更多產出？為了回答這些重要的疑問，我們先看看一些近期去物質化的例子。

農場生產力提高

長久以來，美國一直是個農業強國。1982年，在歷經超過10年的穩定擴張（這樣的擴張有部分是因為穀物價格持續上漲），美國的農田總面積達到近3.8億英畝。[1]但在接下來10年，這些增加的農田面積幾乎全部反轉，太多農田被農夫放棄而回歸大自然，以至於到了1992年，美國農田總面積幾乎回到25年前的數量。有幾個原因導致這樣的減少，包括穀物價格下跌、嚴重的經濟衰退、農民負債累累，與國際競爭加劇。

不過，最後一個原因是，同樣的農田面積、數量相同的肥料及農藥，以及數量相同的水能夠產出更多的玉米、小麥、大豆，以及其他作物。如第五章所述，美國農業的物質生產力在近幾十年大幅提升，1982年至2015年間，有相當於整個華盛頓州面積（約4500英畝）的農田回歸大自然。[2]同個時期，鉀、磷酸鹽及氮（三種主要肥料）的絕對使用量全都減少。在此同時，美國的穀物總產量卻增加超過35%。

這樣的發展固然驚人，但與美國乳牛的生產力提升相比，那可就小巫見大巫了。1950年時，美國的2200萬頭乳牛產出1170億磅牛奶；2015年時，美國的900萬乳牛產出2090億磅牛奶。這段期間，平均每頭乳牛的生產力提高超過330%。[3]

罐子變輕薄

錫罐其實是鐵鍍了一層錫，以提升防腐蝕功能。人們自十九世紀開始使用錫罐來儲存食物，自1930年代起，錫罐也被用來裝啤酒及清涼飲料。*

---

* 最早的飲料用錫罐而不是易開罐，需要使用開罐器。

酷爾斯啤酒公司（Coors）在1959年率先使用鋁製啤酒罐，鋁比鐵更輕、防腐蝕功能更好，5年後，皇冠可樂（Royal Crown Cola）跟進推出鋁罐裝汽水。人類與地球關係研究學者瓦克雷夫．史密爾就描述：「10年後，鐵罐已經開始步入歷史，自1994年起，已經沒有鐵罐裝啤酒了，自1996年起，也沒有鐵罐裝的清涼飲料了……最早的鋁罐約85克，相當重；到了1972年，兩片罐（two-piece can）*的重量降低至不到21克，1988年時減輕至不到16克，10年後，鋁罐的平均重量約為13.6克，到了2011年再減輕至12.75克。」[4]

製造商減輕重量的方法是把鋁罐的殼打得更薄，用一張金屬片拉伸出一體的罐身及罐底，這樣就只需要一個相對較重的接縫（罐蓋和一體的罐身與罐底相接縫）。史密爾指出，若2010年使用的所有飲料罐重量都跟1980年時相同的話，需要多使用58萬噸的鋁。鋁罐可以持續變得更輕薄，2012年，飲料及食品容器製造商波爾公司（Ball Corporation）在歐洲市場推出一種容量比美國標準少7.5%的330毫升鋁罐，但這個鋁罐重量僅9.5克，比之前的鋁罐輕25%。

* 譯注：罐身及罐底是一片鋁片，罐蓋則是另一片鋁片。

小型電子設備不見了

紐約州水牛城作家、已退休的電台新聞工作者史帝夫·齊宏（Steve Cichon）在2014年用3美元買下一大疊1991年頭幾個月的《水牛城新聞報》(*Buffalo News*）舊報紙，1991年2月16日星期六那份報紙的背頁有電子產品連鎖零售店睿俠（Radio Shack）刊登的一幅廣告。齊宏從這個廣告中獲得一個驚人洞察：「這份廣告中有15種小型電子設備類商品……15種中有13種現在一直在你的口袋裡。」[5]

這些「小型電子設備類商品」已經消失而融入齊宏口袋裡的iPhone中，包括：計算機、攝影機、鬧鐘收音機、行動電話、錄音機等等。雖然這幅廣告裡並沒有包含羅盤、相機、氣壓計、高度計、加速儀或全球定位系統設備，但這些商品也全都消失而融入iPhone及其他智慧型手機裡頭。無數的地圖集和光碟也被裝進智慧型手機裡了。

iPhone的成功完全出乎意料之外，2007年11月的《富比士》(*Forbes*）雜誌封面故事吹捧芬蘭手機製造商諾基亞（Nokia）在全球已經有超過10億的顧客，並問：「有誰能趕上這個手機之王呢？」[6]

但是，蘋果在2007年6月推出iPhone後的10年內就賣出超過10億支，並成為史上市值最高的上市公司。諾基亞在2013年以72億美元把行動電話事業賣給微軟，這筆買賣成交的當時，諾基亞的執行長史蒂芬·埃洛普（Stephen Elop）說，這是為了取得「更大的結合力量，為消費者提供重大突破」。[7]

不過這個策略顯然沒能成功。微軟在2016年5月以3.5億美元把剩餘的諾基亞行動電話事業及品牌賣給台灣富士康集團旗下子公司富智康集團（FIH Mobile Limited）。[8] 睿俠在2015年申請破產，2017年再次申請破產。[9]

從石油高峰到……石油高峰

美國2007年的煤炭消耗量創下11億2800萬短噸（short ton）*的新高，其中超過90%用於發電[10]，自1990年以來，總用煤量已經成長超過35%。[11]美國能源資訊管理局（US Energy Information Administration，美國政府的官方能源統計機構）預測，在2030年之前，還會再成長65%。[12]

美國政府責任署（US Government Accountability Office，被視為「監督國會」的聯邦機構）也在2007年發布一份報告，報告名稱已經給了充分解釋：〈原油：未來石油供給的不確定性使開發因應石油產量高峰與下滑的策略變得很重要〉（Crude Oil: Uncertainty about Future Oil Supply Makes It

* 譯注：美噸，等於907.185公斤。

Important to Develop a Strategy for Addressing a Peak and Decline in Oil Production）。[13] 這份報告嚴肅看待「石油高峰」（peak oil），這是殼牌石油公司（Shell Oil）地質學家馬里昂・金・哈柏特（Marion King Hubbert）在1956年創造的一個名詞，意指為了人類需求，我們每年能夠生產最大的石油量。

最早被開採的油井，多是油藏最靠近地表或最容易開採的地方，當那些油井枯竭後，我們就必須鑽採陸地或海底更深的油藏。伴隨世界經濟持續成長，石油總需求也持續成長，石油的開採也愈來愈困難。根據「石油高峰」的概念，縱使我們盡最大的努力，有充足的誘因，石油產量終究會達到一個頂峰，過了那個頂峰，我們能夠從地球開採出來的石油將逐年減少。美國政府責任署的這份報告中提到的多數估計認為，2040年之前就會出現石油生產高峰。

這份報告中沒有提到「壓裂技術」（fracking），事後回顧，這看起來是嚴重的疏漏。壓裂技術是「水力壓裂技術」（hydraulic fracturing）的簡稱，這是一種開採地下深層岩層的石油及天然氣的方法，使用高壓水柱把岩層壓裂，讓石油及天然氣流動，進而被開採出來。

美國及其他國家深層岩層（通常稱為頁岩層）富藏碳氫化合物，一些公司從二十世紀中期就開始實驗壓裂技術開採方法，但進展極為有限。2000年時，壓裂技術生產的石油只占美國石油生產的2%。[14]

約莫美國政府責任署發表這份報告的時候，這個數字開始快速提高，並不是因為有任何突破，而是因為有利可圖的壓裂開採技術所需要的工具及方法，全都有足夠的改進。頁岩油一噴出，天然氣就隨之而來。

拜壓裂開採技術之賜，美國在2007年至2017年間的原油產量增加近一倍，接近每日產出1000萬桶的標竿。到了2018年9月，美國已經超越沙烏地阿拉伯，成為全球最大產油國。[15] 美國的天然氣產量自1970年代中期以來基本上幾乎零成長，但在2007年至2017年間，成長近43%。[16]

因為壓裂開採技術帶來的產量激增，美國歷經的不是石油生產高峰，而是煤炭高峰（peak coal），只是這裡的煤炭高峰指的不是年供給量達到高峰，而是需求量達到高峰。壓裂開採技術使得天然氣變得夠便宜，因而大量取代煤炭成為發電燃料，到了2017年，美國的總煤炭消耗量已經比2007年的高峰下滑了36%。[17]

「石油高峰」這個名詞仍然存在，但跟煤炭的情形一樣，它通常不再指供給量的高峰，誠如2017年時《彭博新聞》（*Bloomberg*）上的一個標題所言：「還記得石油高峰嗎？需求量可能搶在供給量之前登頂後下滑。」[18] 儘管壓裂開採技術帶來更多供給量，促使石油及天然氣價格下跌，不過許多觀察家現在相信，太陽能、風能、核能等其他類型的能源更快的變得更便宜，也變得更普及了，這樣的發展情勢相當明顯，以至於《財星》（*Fortune*）雜誌2018年刊登的一篇文章對石油的未來提出以下假設：「這將不會是另一個油價循環，不是我們熟悉的那種雲霄飛車，每次下滑後，接著是攀升。這將是石油時代（Oil Age）開始長達數十年的價格下跌，那是一個未知的世界……油價可能『永遠維持低價』。」[19] 殼牌石油公司（「石油高峰」的發源地）的分析師現在估計，全球石油需求的高峰最快可能在2028年到來。

盤點鐵路車輛

我的朋友波．卡特（Bo Cutter）在1968年展開職涯，任職西北工業公司（Northwest Industries），這是一個集團企業，旗下擁有芝加哥與西北鐵路公司（Chicago and North Western Railway，簡稱CNW）。[20]他最早被派任的工作是去幫助一支團隊，解決一個現今聽起來感覺很奇怪的問題：弄清楚火車車廂在哪裡？

這些火車車廂是龐大的金屬組裝配件，每輛重達30噸以上。1960年代末期，芝加哥與西北鐵路公司擁有數千輛車廂，這代表投入龐大的物質與金錢。在鐵路產業，當時的概算法是，在任何一天，公司的車廂約有5%在運行，這並不是說其餘95%的車廂需要休息，而是因為它們的老闆不知道它們在哪裡。

芝加哥與西北鐵路公司在各地擁有的軌道線路有幾千英里，遍及芝加哥、北達科他州、懷俄明州等地，它的火車（火車頭和車廂的總稱）可能也行駛在其他鐵路公司擁有的軌道線路上，因此，這些資產可能遍布在全美各個地方。

當車廂沒有運行時，它們會停在調車場。卡特開始工作的時候，調車場沒有對閒置的火車車廂做最新的記錄，因為在數位電腦、感應器與網路還不普及的那個年代，沒有符合成本效益的方法可以得知或溝通每個車廂的所在位置，芝加哥與西北鐵路或其他鐵路公司不可能有系統的追蹤記錄他們最重要的存貨，儘管這麼做將對公司的財務績效極有助益。舉例而言，卡特所屬的團隊知道，若他們可以把每天運行的車廂從5%提高至10%，公司就只需擁有半數車廂就夠了。縱使運行的車廂只增加1%，也能創造很大的財務效益。

卡特開始這項指派的工作時，芝加哥與西北鐵路公司和其他鐵路公司雇用查察員，他們走訪調車場，觀察通過的火車，拍電報把他們的發現傳回總部。其他鐵路公司把類似的資訊傳送給芝加哥與西北鐵路公司，對每輛行駛在軌道上及停放在調車場上的車廂收取滯留費。卡特的團隊改善這些方法，把它們變得更有條理、更有效率，他們建立更好的車廂位置稽查原則，雇用更多查察員，對芝加哥與西北鐵路公司的車廂漆上不同顏色，以便更容易辨識。他們也研究善加使用數位電腦這種新工具的方法。

這項工具及類似的工具如今已經在鐵路產業普及。舉例而言，1990年代初期，鐵路公司開始在每輛火車頭和車廂裝上無線射頻辨識標籤，鐵道旁的感應器可以讀取這些標籤，把查察工作自動化。[21] 現在，全美鐵路系統每天生成及傳送超過500萬則車廂狀態及所在位置的相關訊息。[22] 全美超過450家鐵路公司幾乎可以即時知道所有鐵路車廂的狀況。

稀土恐慌

2010年9月，一艘中國漁船在東海一群無人島附近和日本巡邏艇相撞（中國及日本都宣稱擁有這些無人島的主權），日本政府拘押漁船船長，中國的回應則是禁止出口稀土元素（稀土金屬）給日本。[23]

雖然日本幾乎立即放軟姿態，並釋放船長，但已經引發全球恐慌，這是因為稀土是「化學作用中的維他命」。美國地質調查局科學家丹尼爾·廓迪爾（Daniel Cordier）這麼形容：「它們幫助提升種種性能，它們有自己的特性，尤其是在磁力、耐熱性與耐腐蝕性方面。」[24]

2010年，中國的稀土金屬產量占全球總產量超過90%，中國在上述海上事件後採取的行動，使許多人相信它能夠、也會採取片面行動控制這些重要物質的數量與流向，因此馬上引發恐慌性搶購。2010年初價格不到1萬美元的許多稀土金屬，到了2011年4月已經飆漲到超過4萬2000美元。[25] 同年9月，美國眾議院舉行一場聽證會，名為「中國對稀土的壟斷：對美國外交與國安政策的含義」。

中國幾乎壟斷稀土金屬，並不是因為它擁有全球稀土90％的蘊藏量。其實稀土並不稀有（例如，鈽這項稀土金屬在地殼元素的豐沛度排名跟銅相當），[26]但從稀土礦中萃取出稀土金屬相當困難，需要使用大量的強酸去精煉，而且開採過程會產生大量的鹽、碎岩與土方。多數國家不想承擔這種重度開採與精煉過程造成的環境傷害，才會把市場留給中國。

但中國禁止對日本輸出稀土金屬引發許多人認為，讓中國在市場上擁有壟斷力似乎很糟糕。美國眾議院布萊德·薛曼（Brad Sherman）在國會聽證會上說：「中國人掌控稀土金屬，讓他們多了一個向中國叩頭的理由。」[27] 但實際上並未發生多少叩頭事件，因為在舉行那場聽證會前，稀土金屬的價格已經暴跌了。

為什麼？中國對稀土金屬的高度箝制力發生什麼變化嗎？幾項因素促使中國鬆手，包括有其他供給來源，以及禁運的執行不周全，但誠如公眾事務教授尤金·哥爾茲（Eugene Gholz）2014年對這項「危機」發表的一篇分析報告中所言，稀土金屬的許多使用者找到新出路。哥爾茲在這篇報告中寫道：「一些公司，例如生產稀土磁鐵的日立金屬株式會社（Hitachi Metals）〔及位於北卡羅萊納州的子公司〕找到方法，使用合金中較少量的稀土來生產出等量的磁鐵……另一方面，一些使用者意識到他們其實並不需要專業稀土磁鐵的高性能，他們之所以使用稀土磁鐵，只不過是因為在2010年事件之前，稀土磁鐵不貴，而且方便。」[28]

總之，使用稀土金屬的公司找到許多不昂貴且方便的替代方法。到了2017年年底，那些在2011年價格飆漲到超過4萬2000美元的稀土金屬，大約1000美元就能買到了。

怎麼回事？

去物質化的例子很多，我在本章選擇這些例子，是因為它們顯示出商業、經濟、創新及我們對地球的影響交會之下的一些基本原理。這些基本原理如下。

我們總是想要更多，
但我們不想持續不斷使用更多資源

阿佛列德・馬歇爾說的對，但威廉・傑文斯錯了。我們的需求及欲望持續增加，顯然無窮無盡，因此，我們的經濟也持續成長，但我們使用的地球資源數量並沒有持續不斷的增加。我們想要更多飲料選擇，但我們不想持續不斷的使用更多鋁來製造飲料罐。我們想要通訊、電腦運算與聽音樂，但我們不想

要一大堆小型電子設備，擁有一支智慧型手機我們就很滿意了。伴隨人口成長，我們需要更多食物，但我們不想消費更多肥料或使用更多土地來種植作物。

傑文斯當年提出的論述並沒有錯，縱使蒸汽引擎變得更有效率，我們對煤炭的需求仍然持續增加。換言之，他說的沒錯，1860年代時，燃煤發電的需求價格彈性大於1，但他說這種情形是永久性的，這個結論錯了。基於幾個理由，需求價格彈性可能會隨時間改變，其中最根本的理由是技術改變，煤炭就是一個明顯的例子。當壓裂法使天然氣變得更便宜後，美國的煤炭總需求量顯著下滑，縱使煤炭價格下跌，也阻擋不了這種下滑的趨勢。*

在創新及新技術的幫助下，美國及其他富裕國家的經濟成長（人們在所有欲望和需求上的消費支出成長）已經和資源消耗量脫鉤，這是新近的發展，也是重要且影響深遠的發展。

使用資源得花錢，
在市場上競爭的公司會想盡辦法降低或去除成本

傑文斯的錯誤根源很簡單：使用資源得花錢，他當然知

---

* 例如，在2018年之前的10年間，阿帕拉契亞中部地區的煤炭價格下跌超過一半。[29]

道這點，但他認知不足的一點是，在市場上競爭的公司有多麼想要減少在資源上的支出（或其他支出），藉此多擠出一點利潤，畢竟，多省一分錢就是多賺一分錢。

壟斷廠商可以把成本轉嫁給消費者，但有很多競爭對手的公司無法這麼做。因此，相互競爭的美國農夫（他們也愈來愈面臨其他國家的強大競爭者）急切想要降低在土地、水與肥料上的支出；啤酒及汽水公司想降低在鋁上的支出；稀土金屬價格開始飆漲時，磁鐵及高科技設備製造商就想盡辦法要甩掉它們；美國在1980年通過「史塔格斯鐵路法」（Staggers Act），廢除政府對貨運鐵路公司的補貼，迫使它們競爭及降低成本，使它們更急切的避免昂貴的車廂閒置。[30]無數例子一再顯示，競爭驅動了去物質化。

去物質化的途徑有四條：減量、替代、優化、蒸發

渴望賺錢的公司尋求使用更少的資源，它們可以訴諸的途徑主要有四條。第一，它們可以設法減少某項原料的使用量。飲料公司和為它們供應鋁罐的製造商合作，希望減少鋁的用量；美國農夫在減少土地、水與肥料用量下提高收成；磁鐵製造商看到中國可能減少稀土金屬供給量時，找到使用更少稀土金屬的創新方法。

第二，往往有可能以一種資源取代另一種資源。美國的煤

炭總消耗量在2007年以後開始下滑，因為壓裂法使天然氣變得對發電廠更具吸引力。若核動力在美國變得更盛行（我們將在第十五章探討這個主題），我們將減少使用煤炭和天然氣來發電，改用更少量的物質來發電。一公斤的鈾-235燃料內含的能量，約為同量的煤或石油內含能量的200萬至300萬倍。[31]根據一項估計，只需要7000噸的鈾燃料就能供應全球人口一年消耗的總能源量。[32]

第三，公司可以對已經擁有的物質做出更好的使用，以減少總分子用量。把芝加哥與西北鐵路公司的車廂利用率從5%提高至10%，公司需要的30噸車廂數量就可以減半。擁有昂貴實體資產的公司，通常都非常熱中在對實體資產做出最大利用，這是基於明顯且強而有力的財務理由。舉例而言，全球的商業航空公司都已經改善承載率（load factor），承載率基本上就是班機座位載客率（乘客數／座位數），從1971年的56%[33]提高至2018年的超過81%。[34]

第四，一些物質被取代而消失。當電話機、攝影機和錄音機是個別的設備時，需要三個麥克風；當它們整合在一支智慧型手機上時，只需要一個麥克風，這支智慧型手機也不需要使用錄音帶、錄影帶、光碟片，或是相機底片。iPhone和後繼問市的其他智慧型手機是去物質化的世界冠軍，它們使用的金屬、塑膠、玻璃與矽，遠比被它們取代的設備所使用的材料來得少，而且也不需要紙、磁碟、磁帶或底片之類的媒介。

如果我們使用更多再生能源，將用更多的太陽能、風力及水力來取代煤、天然氣、石油及鈾。太陽能、風力及水力也是去物質化的上選，因為一旦裝設完成，開始運轉，基本上就不會使用到資源了。

我把去物質化的這四條途徑稱為：**減量（slim）**、**替代（swap）**、**優化（optimize）**、**蒸發（evaporate）**。它們並不互斥，公司可以同時訴諸這四條途徑（確實有這麼做的公司），這四條途徑全都有明顯行進的形式，也有微妙難察的發展形式。

創新難以預料，多數創新只是將已存在的東西重組

壓裂法帶來的革命，或是iPhone的推出造成改變世界的影響，這些在事前都沒有被充分了解，縱使在它們推出後，也有一段期間持續被低估。iPhone在2007年6月問市，蘋果公司和賈伯斯（Steve Jobs）都大大吹捧，但幾個月後，《富比士》雜誌的封面故事仍然問：有誰能趕上諾基亞呢？

創新不像月球軌跡或定存單累積的利息那樣穩定而可預料，創新本質上是多變的、不平坦的、無規則的。如同艾瑞克．布林優夫森（Erik Brynjolfsson）和我的合著《第二次機器時代》（*The Second Machine Age*）中所言，創新也有組合的特性，多數新技術及其他創新是已存在的元素組合或重組。

iPhone「只」不過是一支行動電話加上一堆感應設備，加上一個觸控螢幕，加上一套作業系統，再加上許多程式或應用程式，這些元素早在2007年以前就存在了，憑藉賈伯斯的洞察力，看出把它們組合起來能夠變成什麼東西。壓裂法是多種能力的組合：能夠「看出」地下深層岩層可以在哪裡找到碳氫化合物；能夠注入壓裂液把岩層壓裂；能夠把裂開後釋出的石油和天然氣抽取出來等等。這些全都不是新技術，它們有效組合起來，才改變世界的能源狀態。

艾瑞克和我在《第二次機器時代》中敘述不少這樣的例子：富有創造力的人用已經存在的創新和技術為基石，把它們組合或重組成實用的新結構，這些新結構成為更多的基石，讓後來的創新者可以使用。組合式創新（combinatorial innovation）令人興奮，因為它無法輕易預料何時及何處將出現傑出的新組合，或是誰將得出這些新組合。但是，隨著這些基石和創新者的數量增加，我們應該可以有信心的預期，未來會出現更多像壓裂法及智慧型手機這樣的突破。創新是高度分散的，不協調的，是複雜的，而且與相關的社會、技術和經濟體系交互作用下的產物，因此，創新會持續帶來驚奇。

隨著第二次機器時代的演進，去物質化將會加速

艾瑞克和我創造「第二次機器時代」一詞，用來和工業時代對比。工業時代使我們克服肌力限制而促成的大轉變，而現代所有和電腦運算有關的大進步，則使我們克服智力限制，並帶來不同的轉變：讓我們得以反轉工業時代年年使用更多地球資源的壞習慣。

電腦輔助設計工具幫助包裝公司的工程師，設計出一代比一代更輕薄的鋁罐。壓裂法開始盛行，有部分是因為石油及天然氣探勘公司學會建立地下深層岩層的準確電腦模型，這些模型預測可以找到碳氫化合物的確切位置。

智慧型手機取代許多設備，此外，它們也被用來作為GPS設備，這使我們大大減少印刷地圖，對紙張的消耗量減少做出貢獻。看看幾代的電腦用紙，從1960年代的打孔卡，到1980年代的11英寸乘17英寸折疊式報表紙，就很容易得出結論：第二次機器時代使我們砍伐的樹木減少了。不過，美國的紙消耗量高峰出現在1990年，隨著我們的設備變得更加能幹且能互連，永遠開啟並時時處在我們身邊，我們已經大大擺脫紙張，全球的紙消耗量大約在2013年達到高峰。[35]

上述的例子顯示，電腦及相關工具幫助我們透過這四條途徑去物質化，硬體、軟體與網路幫助我們減量、替代、優化、

蒸發，我認為這些工具是最棒的發明，用來幫助我們在地球上踩踏得更輕。

這些結合技術進步和資本主義的原理，是驅動去物質化的第一組力量。

技術：人類和物質世界的介面

關於技術，我最喜歡的一個定義來自哲學家艾曼紐·梅斯汀（Emmanuel Mesthene）：「為達成實用目的而組織知識。」[36] 有時候，這個知識被具體化成為產品，例如鎚子和iPhone；有時候，它以技術的形式存在，例如壓裂法或精準農業（precision agriculture）。

跟知識一樣，技術也會累積，我們沒忘記第一次機器時代的槓桿、犁或蒸汽引擎，我們不需要為了使用雲端運算或無人機而丟棄它們。跟創新一樣，技術是組合性質的，多數技術是把已經存在的東西組合起來或重組，這隱含的是潛在的強大新技術數量將隨著時間而增加，因為可以使用的基石增加了。

這些事實幫助我理解，為何我們沒有更早開始去物質化？很可能只是因為我們沒有適當的技術或足夠的基石，無法做到大規模的去物質化。第一次機器時代時，我們有技術可以藉由使用愈來愈多的地球資源（金屬、燃料、水及肥料等等）來創造成長，但我們沒有用愈來愈少的資源創造成長的技術；到了第二次機器時代，這種情形改變了。

關於技術，我最喜歡的另一個定義來自傑出科幻小說作家娥蘇拉．勒瑰恩（Ursula K. Le Guin）：「技術是人類和物質世界的活介面，技術是一個社會應付物理世界的方法：人們如何取得、保存及烹飪食物；他們如何製造衣服；他們的動力來源是什麼（動物？人？水？風？電？其他？）；他們用什麼東西來建造什麼東西；以及他們的醫學等等。遠離塵世的人或許對這些庸俗、物質的東西不感興趣，但我對它們很著迷。」[37] 我也是，因為這些「庸俗的東西」兩度改造世界：第一次是在工業時代，技術進步使我們藉由取用更多的地球資源而繁榮，第二次是現在的第二次機器時代，我們終於學會用更少的地球資源來創造繁榮。

資本主義：生產的方法

資本主義和宗教是最多人參與討論的兩個主題，人們對於這兩個主題往往都有非常堅定的觀點，不論向他們提出什麼證據及論點，極少人會改變看法。但是，儘管明顯有這些不妥協的歷史，許多思想家及作家仍然在這兩個主題上試圖向其他人倡導他們的觀點，不過多數人都失敗了。

我將加入這漫長悲傷的旅程，為資本主義辯護。在此之前，我想先定義我要談的內容。比起技術，對資本主義的明確定義更為重要，因為它是一個非常容易引發激烈反應的名詞。心理學家強納生．海特（Jonathan Haidt）指出，有些人把資本主義視為「解放」的同義詞，其他人則把它視為「剝削」。[38]

姑且撇開同義詞典，讓我先打開字典，提供資本主義的定義，再來談它是什麼模樣。以我們的目的來說，資本主義是一種推出商品及勞務、把它們遞送給人們的方法。每一個不想讓人們挨餓或死於寒凍曝曬的社會，都必須完成這項工作；資本主義只是做這件事的一種方法，這種方法的重要特色如下。

追求獲利的公司

在資本主義制度下，商品及勞務由營利的公司生產，不是由非營利組織、政府或個人所生產。公司可能只是幾個人所擁有（例如律師事務所合夥人），或是很多人擁有（公開上市公司有世界各地的股東），假定公司會永續經營，不會有一個事先訂定的結束日期。

自由進入市場與競爭

公司可以追逐彼此的市場與顧客，縱使有受保護的獨占者，實際上也非常少。完全抄襲競爭者的專利產品可能是違法的，但試圖推出相似而且更好的產品則完全合法。用經濟學家的說法，自由市場是「競爭市場」。同樣的，人們可以把他們的技能從一個市場帶到另一個市場，他們不會被局限在單一地區或工作上。

有牢固的產權及契約履行義務

專利是智慧財產的一種形式，跟其他種類的財產（土地、房子、車子等等）一樣，它們可以被買賣。法律及法院確保這類財產不被竊取或毀壞，縱使是億萬富豪、巨型公司或政府之類強大的單位也不能這麼做。同樣的，如果一家小公司和一家大公司簽訂共同合作的契約，任何一方都不能片面不履行這項契約，因此不用擔心會被告上法院。

沒有中央規劃、控管及訂定價格

不是由政府決定人們需要什麼商品及勞務，或是應該允許哪些公司生產它們，沒有一個中央機構決定市場上是否有「足夠」數量及種類的智慧型手機、含咖啡因飲料、鋼樑等等。絕大多數商品及勞務的價格被允許隨供需平衡的數量來決定，而非由任何中央權威機構事先訂定或調整。

絕大多數的東西都是由私人擁有

智慧型手機、咖啡、鋼樑，以及絕大多數產品由買進的個人或公司擁有，生產這些東西的公司也由人們（股東）擁有，蘋果公司、星巴克、美國鋼鐵公司（US Steel）與其他上市公司的許多股份持有人是共同基金、退休基金與避險基金，但這些基金最終也是由個人擁有。大多數房屋、車輛、土地、黃金、比特幣與其他資產也是由人們擁有，非政府擁有。

自願性交易

和資本主義最密切相關的名詞是「自願性交易」（voluntary exchange）。人們不被強迫去購買特定產品、從事特定工作、或遷居其他地方；公司若不想出售，就無需出售，它們也不會被迫必須生產特定產品、不能生產別的產品，或是被迫繼續留在特定市場。鬆餅屋連鎖餐廳（Waffle House）在我居住的麻州沒有開設早餐餐廳，但這不是因為立法當局禁止，而是波士頓立法當局並沒有這種權力。

資本主義的實務差異

我想在此凸顯這個定義的幾個重點。第一，資本主義並非不受監管，政府在訂定法規及化解爭議方面扮演重要角色，更別提訂定稅率、控管貨幣供給，以及其他對經濟攸關至要的事務。我們將在接下來兩章看到，每一個理智的資本主義擁護者也很清楚，自願性交易和自由進入市場雖然很好，但無法創造烏托邦的世界，一些重要的「市場失靈」必須由政府採取行動修正。

第二，根據這個定義，現今所有富裕國家全都是資本主義國家。這並非指所有資本主義國家都類似。丹麥、南韓與美國是非常不同的地方，它們有不同的貿易政策、稅制、社會安全網、產業結構等等，但它們全都有前述的特徵，本質上全都是資本主義國家。丹麥的經濟並非由哥本哈根當局規劃與控管，南韓人民擁有自己的房子及傢俱*，在美國，契約普遍受到尊重及履行。

強烈對比下，現今較貧窮的國家不具有上述全部的特徵。在富裕國家，航空公司和電信公司由民間部門經營，在這些較貧窮的國家則是由它們的政府經營。在這些較貧窮的國家，創立公司通常非常困難，因此，自由進入市場和競爭受到限制。根據世界銀行的調查與統計，2017年時，在美國、丹麥、新加坡、澳洲與加拿大，只要花不到6天就能創立一個事業，反觀在索馬利亞、巴西、柬埔寨，得花上70天以上。全世界創

* 除非他們承租或借用。

業最容易卡關的國家是委內瑞拉（下一章將對這個國家有更多探討），平均得花上230天。[39] 在較貧窮的國家，所有權往往也不明確，在富裕國家被視為理所當然的東西，例如明確的地籍、明確的房屋及其他財產產權，在許多開發中國家是不明確且爭議重重的。

富裕國家和貧窮國家的最大差別，可能在於法律的明確與貫徹執行方面，較貧窮的國家不缺法律，它們往往有大量法規，但它們欠缺的是公正司法。官員腐敗；權貴獲得特殊待遇，鮮少打輸官司；警察、監理機構與檢查員可能期望收到賄賂；競爭市場、產權與自願性交易以無數的方式受到阻撓。富裕國家並非完全沒有這類情事，但發生得遠遠較少。

我會在下一章進一步探討資本主義，在這章的最後，我想強調技術進步和資本主義的合作有多好。

克服限制

回顧第四章談到1972年出版的《成長的極限》這本書，非常有助於看出當資本主義和技術進步結合起來時會發生什麼事。這是一本引人入勝的著作，原因有二：第一，這是自馬爾薩斯以後最馬爾薩斯風格的著作之一，遠比傑文斯提出的任何描述都還要看壞前景。這本書背後的團隊對快速成長的未來世界經濟提出一個模型，並且得出結論：「因此，我們可以有一定程度的把握說，假設現行制度沒有重大改變，人口及工業成長最遲必將在二十一世紀停止。體系……的瓦解是因為資源危機。」[40]

第二，這本書記錄1972年時重要資源的已知全球蘊藏量。一項資源的「已知全球蘊藏量」指的是在現有知識與技術水準之下，能夠有利可圖的開採這項資源的蘊藏量。這本書的作者群在書中總括許多資源的已知全球蘊藏量，以便顯示在產出及資源消耗量的快速成長下，它們有多麼不充足。在1970年代初期，這些作者們沒有理由認為產出及資源消耗量的成長將自然止住，我們在第四章看到，第一屆世界地球日之前的整個二十世紀，資源消耗量和總體經濟產出同步成長，少有人會預期這種同步關係將改變，《成長的極限》背後的團隊當然也不會有這種預期。

這本書中對未來可以獲得的資源數量最樂觀的估計是，假設這樣快速成長的消費量持續下去，已知全球蘊藏量比尋常消耗量大5倍，在這些條件下，這個團隊的電腦模型顯示，地球上的金礦將在1972年後的29年內枯竭，銀礦將在42年內枯竭，銅礦及石油將在50年內枯竭，鋁礦將在55年內枯竭。[41]

這些都不是準確的預測。

我們仍然有金和銀，而且還有大量的儲藏。事實上，儘管自1972以後至今又消耗近半個世紀，現在已知的金銀蘊藏量遠比1972年時還多；現今金礦的已知全球蘊藏量比1972年時多了近400%，銀礦的已知全球蘊藏量比1972年時多了超過200%。這麼說大概不會嫌之過早：我們不會像《成長的極限》預測的那麼快就用罄銅、鋁及石油，現今這些資源的已知全球蘊藏量全都比該書出版時遠大得多，現今鋁礦的已知全球蘊藏量是1970年代初期的近25倍。

這些資源可得性的相關預測在當年發表後廣受重視，為何它們會錯得這麼離譜呢？因為《成長的極限》背後的團隊非常明顯的低估去物質化和無止盡的搜尋新儲藏產生的影響，資本主義和技術進步結合起來，驅動這兩種趨勢：使用更少的資源，以及搜尋更多的資源，而且，這兩股驅動力目前都沒有減弱的跡象。因此，我們將繼續創新，追求更大的去物質化，在此同時，我們也繼續尋找更多的資源儲藏。

這條推理得出的反直覺結論是：我們不需要擔心資源匱乏的問題。沒錯，地球是有限的，因此，金和石油之類的資源總量也是有限的；但是，地球也非常、非常大，大到足以支應我們對這些資源及其他資源的需求，我們的需求有多久，就能支應多久。補給非常稀少有限的「地球號太空船」載著我們奔馳航行於宇宙，這個畫面很具說服力，但卻是非常不正確的描繪，我們的星球有充沛補給供應我們的旅程，尤其是因為我們快速減量、替代、優化及蒸發，朝著去物質化邁進。

第二次啟蒙運動

亞伯拉罕·林肯是美國唯一一位本身擁有專利權的總統，* 他對資本主義有一個深刻的洞察，他說專利制度「對『發明與生產新且實用東西的創造力之火』添加利益的燃料」。[43]「創造力之火」(the firc of genius)是技術進步的一個好標籤，用「利益的燃料」(the fuel of interest)來概要描繪資本主義也非常貼切。它們交互作用，形成自我強化和不斷擴展的循環，它們現在結合起來，創造出一個去物質化的世界。

創新者提出全新且實用的技術，他們和創業家合作，或是像詹姆斯·瓦特那樣，自己成為創業者，創建一家公司，投資人(例如投資在蒸汽引擎的金主馬修·波頓)提供初期發展與成長所需要的資本。新創公司進入市場，挑戰在位者(例如紐科門蒸汽引擎)，比較喜歡新技術的顧客可以自由選擇，競爭對手不能逕自抄襲新技術，因為新技術受到專利的保護，他們必須取得授權，或是自己設法創新。新創公司成長興隆，最終變成新的市場在位者，它的成功激發下一輪的創新者、創業家及投資人，他們挑戰在位者，為顧客提供更好的東西。

因為自由進入市場，接下來的創新者和新創事業可能來自任何地方；因為創新是如此分散、動態、也無法預料的活動，

* 林肯的專利是一種把擱淺於沙洲上的河船給脫救出來的浮托系統。[42]

它往往來自預想不到的地方。這不是一個必須規劃的過程，事實上，試圖去規劃這個過程是非常糟糕的做法，任何中央規劃者將忽視許多真正的創新者，或是積極試圖鎮壓他們，以保護規劃者身為既得利益者的現狀。

奧地利經濟學家約瑟夫・熊彼得（Joseph Schumpeter）在二十世紀中漂亮地闡釋這種充滿資本家和技術的「創造性破壞」（creative destruction）循環。但是，自十九世紀末及馬歇爾和傑文斯發表他們的理論以來，我們一直相信這種循環將導致我們使用愈來愈多的地球資源，這的確是工業時代的事實，尤其是在第一屆世界地球日以及現代環保運動誕生的前後。環保運動人士對於資源使用和地球資源枯竭的急迫告誡，其實是源於意識到技術進步和資本主義的交互作用有多強大。

但是，因為本章敘述的這些理由，這種交互作用改變了，技術進步和資本主義持續相互強化，使經濟變得更健全，人們變得更富足，但在此同時並未導致使用更多自然資源，而是激發去物質化，這真的是太陽底下的新鮮事。「電腦革命之火」添加降低成本這把「利益的燃料」，這個世界開始去物質化。

經濟史學家喬爾・莫基爾（Joel Mokyr）認為，啟蒙運動的價值觀驅動工業時代的誕生。這股理性運動起始於十八世紀後葉，西方許多社會擁抱認知科學家史蒂芬・平克點出的四個價值觀：理性、科學、人文主義、進步。莫基爾認為，啟蒙運動創造使資本主義和技術進步得以昌盛的「成長的文化」。[44]

我看到現在發生一種有趣的反轉：若說啟蒙運動促成工業時代，那麼，第二次機器時代促成第二次啟蒙運動（Second Enlightenment），這更加符合字面意義。我們現在減輕（lighten）我們的自然資源消耗量，減輕我們踩踏在地球上的足跡。在美國、英國和其他富裕國家，我們越過「高峰點」，現在的資源使用量一年比一年減少，我們做到這點是因為結合技術進步和資本主義，使我們現在用更少的資源創造更多產出。

完整的第二次啟蒙運動需要的不只有這些，它也需要我們不僅使用更少的資源，也產生更少的汙染，對我們的同伴生物給予更好的照料。技術進步和資本主義的力量雖然強大，但光靠它們無法達成這些目標。為了達成這些目標，我們需要另一組力量，不過，在探討那組力量之前，我們必須再多談談資本主義，因為它太重要、太廣受誤解了。

第八章

略談資本主義

賺錢，追求錢的利得，追求盡可能最大量的錢，
這種強烈欲望跟資本主義無關。這種欲望本來就存在，
服務生、醫生、車夫、藝術家、娼妓、不誠實的官員、士兵、
貴族、十字軍、賭徒、乞丐，全都有這種欲望。
可以說，地球上所有國家，任何時代，任何時候，
只要是存在賺錢客觀可能性或是給予這種可能性的地方，
各行各業，不分貧富貴賤，所有人都有這種欲望。
幼稚園的文化史應該教導，
棄絕把這種欲望和資本主義扯上關係的幼稚思想。

——**馬克斯・韋伯**（Max Weber）
《新教倫理與資本主義精神》
（*The Protestant Ethic and the Spirit of Capitalism*），1905年

資本主義在近年來並不受歡迎，2016年的一項問卷調查中，介於19歲和28歲的多數美國人說他們不支持資本主義，在後續的調查中，只有超過50歲的美國人有多數支持資本主義。[1] 顯然，許多人覺得這個生產商品及勞務的制度不再運作得很好，或者說，它一直以來存在的缺點終於變得不可忽視。

但我的看法非常不同。我在上一章主張，資本主義是驅動我們經濟去物質化的四大動力之一，後面還會提到，我也認為，我們之所以看到全球的富足、健康，以及其他幸福康樂層面達到空前的水準提升，主要理由是資本主義。

所以，我應該解釋為何我抱持這些看法，為此，我將請出十八世紀蘇格蘭經濟學家暨政治理論家亞當斯密為我撐腰。為何要找這麼久遠的人呢？我的理由與諾貝爾經濟學獎得主喬治．史蒂格勒（George Stigler）的理由相同。

史蒂格勒1977年在向來正經的《政治經濟期刊》（*Journal of Political Economy*）上發表一篇文章〈研討會手冊〉（The Conference Handbook），撰寫這篇文章的動機，是他對於經常在經濟研討會上聽到一再討論相同的主題感到不耐煩，因此，他提議將這些重複的言論精簡，把最常聽到的句子給予編號，這樣就能節省與會者很多時間。所以，〈研討會手冊〉列出他最常聽到的經濟學言論，這份清單上的第一點是「亞當斯密說過」。[2]

史蒂格勒的看法有二個：第一，亞當斯密在兩個多世紀以前就搞清楚很多東西；第二，我們一直重複他談過的主題，但通常沒加上什麼新東西。我太贊同史蒂格勒的看法了。雖然亞當斯密從沒有使用過「資本主義」這個詞，但他卻是資本主義的首位傑出分析者。我在上一章提出的資本主義定義，重度仰賴他的洞察。他認知到資本主義的優點和缺點，並且對它們做出詳盡的探討。

對資本主義的批評只對一半

很多對資本主義的批評，讓我覺得這些批評者彷彿從沒有把亞當斯密的思想考慮在內，更別提他的思想在這兩個多世紀裡激發的熱烈辯論、修正與研究，這真令人遺憾。回顧亞當斯密的洞察，可以讓我們了解為何資本主義這個組織經濟活動的制度與模式，在促進繁榮方面做得那麼有成效，也讓我們看出資本主義的隱憂，幫助我們評估反對它的論點。

所以，以亞當斯密為嚮導，我們來看看三個對資本主義的正確批評，以及三個不正確的批評。首先來看正確的批評。

資本主義是自私的

沒錯，資本主義絕對是自私的，但誠如亞當斯密所言，這是好事。他在1776年出版的代表作《國富論》（*The Wealth of Nations*）*最常被引用的內容是：「肉販、釀酒商或麵包師傅並非出於仁慈心為我們供應晚餐，他們是為了謀求己利而供應這些東西。」[3] 營利動機是極強大的誘因，促使人們及公司去創造其他人想購買的商品及勞務，自利並不是資本主義的一個缺點，它是資本主義的一個核心特徵。

在多數社會及宗教傳統中，自私被視為不道德的行為，因此，「營利動機是有益的」這個概念和悠久的傳統及根深柢固的假設背道而馳。舉例而言，《聖經新約》中寫道：「貪財是萬惡之根」**，這種觀念很牢固，研究人員阿米・巴塔查吉（Amit Bhattacharjee）、傑森・達納（Jason Dana）和強納生・巴隆（Jonathan Baron）調查美國人對於營利動機的觀點，他們做了七次調查後，在2017年發表結論：「縱使在歷史上最市場導向的社會，人們仍然懷疑營利產業對社會進步的貢獻。」[4] 但是，在促進社會進步方面，沒有一個制度的成效比資本主義好。誠如亞當斯密所言：「除了乞丐，沒有人會主要仰賴同胞的慈悲。」[5]

* 這本書的完整書名是《探究國家財富的性質與原因》（*An Inquiry into the Nature and Causes of the Wealth of Nations*）。

** 欽定版《聖經・提摩太前書》第6章第10節。

資本主義是超道德的

這也沒錯，這是一個比自私更難駁斥的批評。「會有人買這件東西嗎？」（或者，更糟的情況是：「我們能說服人們買這件東西嗎？」），這是生產者最常問的一個問題，若只問這個問題，那對社會可是壞事，人們會購買兒童色情刊物、瀕臨絕種危機鳥類的羽毛、容易著火的睡衣、贓物，以及許多其他違法、邪惡的東西，這本身是不好的事。其他眾多流行商品及勞務屬於道德灰色地帶，例如糖、脂肪、鹽分含量很高的食物；香菸；向飲水不安全地區的母親銷售的嬰兒配方奶粉；突擊步槍等等，人們也樂意購買這些東西。

資本主義不會主動去辯論這些東西中哪些可以被准許生產，這必要的辯論得發生在社會的其他地方。亞當斯密正確提出我們應該遵循的基本原則：「只有在為了促進消費者利益的前提下，才應該去關注生產者的利益。」[6] 我們不僅必須關注生產者或消費者的利益，也必須關注被生產活動使役、但不想被使役的人們（例如奴隸或孩童）及動物的利益。

資本主義不均等

沒錯，誠如亞當斯密所言：「有巨大財產的地方，就存在巨大的不均。」[7] 土地、採礦權、公司股份，這些全都是資本主義下的財產形式，在多數社會，這些東西的所有權非常不均。第二次世界大戰後的數十年間，美國經濟學家的主流信念是，隨著富足的普及，資本主義國家不均等的情形就會減輕，但現在，這個觀點改變了，目前的趨勢和最新可得的歷史資料顯示，高度不均很可能是常態。

我們會在第十二章及第十三章更進一步探討不均等的源起及其傷害，現在我只想指出，亞當斯密多麼睿智的洞察到不均所帶來最嚴重的一項後果：沒有歸屬感、沒有參與感、感覺被排拒於更大的社群之外。亞當斯密正確強調這個落後層面是很大的問題，他在另一本傑出著作《道德情操論》（*The Theory of Moral Sentiments*）中寫道：「貧窮者進進出出都未受到注意，在群眾之中也同樣像個隱形人，彷彿被關在他自己的茅舍裡。」[8] 我們將在第十三章探討這種脫節孤立感可能造成多大的傷害。

以下則是對資本主義的三個不正確批評，亞當斯密早就做出反駁。

資本主義是裙帶關係

亞當斯密知道，資本主義如果要運作得好，競爭是必要的。他也知道，公司其實不想要真正的競爭，因為那會導致獲利下滑。他的另一個最著名的觀察是：「同一個行業的人很少聚會，就連聚在一起歡樂消遣的情形也很少，不過，一旦他們聚在一起，交談的結果就是共謀對付大眾，或是想辦法抬高價格。」[9] 他認為，政府應該設法確保競爭者不變成密友，一起共謀聯合抬高價格而致富。

我聽到許多對我們現行經濟制度的抱怨，他們並不是對資本主義的抱怨，而是對濫用資本主義的抱怨。狼狽為奸及裙帶資本主義（如上一段中亞當斯密的描述）是危險現象；統合主義（corporatism），也就是政府偏袒大型既有公司，這也是危險的。亞當斯密也提到現今所謂的「監理挾持」（regulatory capture）的危險性：監理當局或民選官員非但沒有照顧大眾利益，反而照顧他們監理的既有公司。他寫道：「一個議員如果支持強化壟斷力的提案，他不僅可以獲得了解這個行業的美名，還能在一個階層中得到人氣及影響力，這個階層的人數及財富對他們而言很重要。」[10]

資本主義無秩序

不，資本主義絕對不是無秩序。這又是亞當斯密另一個著名的觀察，來自他出版《國富論》之前二十多年的一堂講課：「從最低水準的未開化狀態，進步至最高水準的富裕狀態，只需要和平、不苛刻的稅負，以及一個像樣的司法，即可做到，沒有其他必要條件。」[11] 資本主義讓巨大繁榮的花朵綻放，但必須是在一座受到妥適照料的花園裡：有法律和法院保護社會中較弱勢成員的權利、財產與契約；不容許暴力和暴力威脅；稅負雖然不受歡迎，但有其必要性。

課稅必須審慎為之（必須「不苛刻」），因為它可能（而且往往會）扭曲誘因，但課稅是必要的。誠如前美國最高法院大法官小奧立佛・溫德爾・霍姆斯（Oliver Wendell Holmes Jr.）所言：「稅是文明社會的代價。」[12] 我們不僅需要稅收來支應軍隊及法院，如同亞當斯密所言，我們也需要稅收來支應改善生活與經濟的基礎建設，他寫到關於政府的職責：「政府有責任建設與維護一些公共工程及公共機構，這些絕對不是任何個人或一小群人有動機去建立及維護的。」

資本主義是壓迫

對資本主義最不公平、最不正確、最無知的一個批評，大概是這點：它對幫助創造資本主義的勞工有害。馬克思堅決認為，在資本主義下，勞工將被踐踏，變得赤貧，直到他們擺脫枷鎖，擁抱共產主義，但我們已經在第二章看到，這並非實際發生的情形。工業時代儘管有許多缺點，它讓一般人的繁榮及生活水準提升的速度遠比以往還快。我們會在後文中看到，近幾十年間，在資本主義和技術進步已經普及到世界各地的情況下，許多重要領域的進步已經加快。

亞當斯密知道，資本主義的最大價值在於它改善的不只是權貴的生活，還有普通人的生活，他遠比馬克思或馬爾薩斯看得更清楚，只要能夠讓資本主義適當運作，將會邁向怎樣的前景。在他的整個論述中，他關切的是我們現今所謂的社會正義，他深信勞工應該獲得更高且持續提升的生活水準。他在《國富論》中寫道：「那些為整個社會提供食物、衣服與住房的人，應該分得自己勞動產出的一部分，讓他們也能獲得像樣的食物、衣服與住房。」他相信，我也相信，資本主義是達到這個目標的最佳方法。

政治理論的光譜位置

我經常聽到一個對資本主義的批評是：資本主義沒有為每個人提供一個社會安全網。這是事實，但這就像在抱怨一艘船不會飛一樣。就像一個既有船、也有飛機的運輸系統，一個社會可以既有資本主義的全部元素，也有一個社會安全網。如同我在上一章所言，所有符合我對資本主義定義的富裕國家都有包含援助窮人及失業者，以及對一些族群、小孩和老人提供醫療補貼等福利制度。先進的資本主義國家各自有版本非常不同的社會安全網，例如挪威的社會安全網與美國非常不同，但這類國家全都有自己的社會安全網。

這種混淆困惑有很大程度源於一個諷刺。市場基本教義

（market fundamentalism）敘述的思想是，光靠資本主義就足以確保所有社會成員的福祉，社會安全網是浪費且不必要的東西，甚至更糟的是，它們會引發反效果，因為它們降低人們工作的動機。市場基本教義派一詞跟二十世紀中小說家暨政治理論家艾茵．蘭德（Ayn Rand）的作品有關，投資人暨慈善家喬治．索羅斯（George Soros）及其他人用這個名詞來指稱1980年左右美國總統雷根（Donald Regan）及英國首相柴契爾夫人（Margaret Thatcher）推動的政治議程。

但是，雷根和柴契爾夫人雖然明顯致力於縮減及改變國家的福利制度，他們卻從沒有完全去除社會福利制度。市場基本教義只是一個現實中並不存在的理論模式：一個只有資本主義、沒有社會福利的社會，除了美國的極少數右翼人士以外，鮮少人認為應該實現市場基本教義的模式。反加稅運動鬥士葛羅佛．諾奎斯特（Grover Norquist）在2001年時說：「我不想廢除政府，我只是想把它的規模縮減到能把它拖進浴室，讓它淹沒在浴缸裡。」[13]

不過，市場基本教義仍然是個有用的概念，因為它把自己固定在光譜的一端，這個光譜上的各個點代表你認為政府應該以多少程度仰賴資本主義去確保人民的福祉，市場基本教義派認為靠資本主義本身就夠了。在這樣的光譜上，從市場基本教義落點朝另一端方向往前移，來到社會民主主義（social democracy）派，他們認為政府應該扮演積極角色，幫助那些被資本主義暫時或永久撇下的人們，減輕其中的不均等。愈多人認同社會民主主義派，他們就愈傾向高稅率、更多管制，以及更大規模的福利制度。社會民主主義派人士常拿北歐國家當作最明顯的例子，美國從未被拿來當作例子，因為美國的社會安全網比瑞典或丹麥小，而且沒那麼詳盡。但是，瑞典、丹麥及美國顯然都是資本主義國家。

在光譜上，從社會民主主義再往前移，來到社會主義（socialism），差異就很大了。說社會民主主義和社會主義很類似實在不恰當，因為在治理國家的方法上，它們的想法完全不同。社會主義拒絕資本主義的所有支柱，在社會主義制度下，大多數公司及產業都是由政府所擁有及控管，大部分經濟活動（誰生產什麼東西、誰取得什麼東西、誰在何處工作、價格是多少）大多由中央規劃，因為私有財產較少，產權也較少，所以絕大多數重要的東西都是由國家所擁有。當社會主義政府不是經由革命而上台掌權，是經由選舉產生時，就是「民主社會主義」（democratic socialism）。這麼一來，社會民主主義、社會主義、民主社會主義這三個詞就更容易讓人混淆了。

越過社會主義，光譜上的另一端就是共產主義。馬克思構思的共產主義是一種勞工組織、平等主義的全球烏托邦，沒有不均、沒有貨幣、沒有私人財產、沒有公司、沒有老闆、沒有政府、沒有國界。馬克思並沒有詳述一個全球共產主義經濟將如何運作，包括如何生產商品及勞務，如何把它們分配給人們，但他很確信共產主義將會產生的東西。他認為共產主義是歷史無可避免的情況，而社會主義是邁向共產主義的墊腳石。

市場基本教義和共產主義的差異大到難以想像，但它們都有一個共通點：真實世界中，兩者都不存在。採行馬克思思想的國家從沒有達到充分的共產主義，它們仍然維持在社會主義〔蘇聯的全名（蘇維埃社會主義共和國聯邦）承認了這點〕，北韓仍然有貨幣，古巴允許民營公司經營，中國經濟在許多產業上有激烈競爭。

社會主義的實驗

所以，說到一個國家的資本主義程度如何，似乎全都落在光譜的中間地帶，真正的斷層落在正中央：介於社會民主主義和民主社會主義之間。一個詞彙被拿來當形容詞或名詞，差別可能很大，我想不出有什麼比這更明顯的例子：社會（social），沒問題；社會主義，大災難。

我以為，從莫斯科到北京到哈瓦那，關於這點的歷史記錄已經相當清楚了，我們不需要更多例子來證明社會主義多到無法一一條列的缺點。我們甚至不需要再繼續辯論一個社會主義經濟在理論上可不可行（不論實務上如何），因為傑出的奧地利裔英國經濟學家腓特烈·海耶克（Friedrich Hayek）已經讓這個爭議劃上休止符了。

海耶克認知到，鋁、小麥等東西的價格波動是反映它們短缺或充沛的訊號，這些訊號導致買方或賣方採取行動（減量、替代、優化、蒸發等等），因此，資本主義經濟裡的自由浮動價格具有重要的雙重功效：提供資訊及誘因，社會主義政府訂定的價格沒有這種雙重功效。海耶克在1977年用這個見解去駁倒社會主義思想：「我向來懷疑社會主義學家在理智上根本站不住腳……不過，當你開始了解到，價格其實是一種溝通與指引機制，自然波動的價格所體現的資訊比我們直接握有的資訊還要多……你只需藉由指揮命令的分工，就能產生相同的秩序……我認為，社會主義在理智上完全沒有站得住腳的空間。」[14]

可是在一些地區，社會主義又開始被吹捧起來。好消息是，儘管發生這種情形，我們可以在現代媒體技術的幫助下，更仔細看到又一個社會主義實驗展開、然後失敗的例子。壞消息是，這個教訓使得委內瑞拉人民承受極大的痛苦。

2001年時，委內瑞拉是南美洲最富有的國家。[15]激進社會主義信仰者雨果·查維茲（Hugo Chávez）在1998年當選總統，2013年，查維茲因病去世，由副總統尼古拉斯·馬杜洛（Nicolás Maduro）繼任。這兩個人都是經由選舉而上台掌權，不是透過軍事政變或人民革命運動。這兩個人執政20年，委內瑞拉已經變成一個明顯的民主社會主義例子。

查維茲和馬杜洛緊緊遵循社會主義基本理念，把石油業、肥料製造業、銀行業到玻璃製造業等等產業的公司國有化；[16]不透過市場把商品及勞務供應給窮人，而是建立及實施各種「任務」(misiones)計畫來供應食物及雜貨，[17]也在國際市場上購買糧食，在國內以補貼價格（換言之，就是虧本價格）販售。[18]他們對絕大多數的商業都是用貨幣控管，也就是說，終結美元等其他貨幣的匯率自由市場。[19]他們制定一套「公平價格」法，不僅訂定價格，也限制可被接受的利潤及產品。[20]還有很多政策與措施，不勝枚舉。

就這樣，查維茲和馬杜洛在他們的國家剷除及砍掉資本主義的所有支柱。就算組成一支經濟研究人員團隊，也無法創造出比這更好的社會主義成效實驗場。不過，有道德的團隊也不會嘗試這樣的實驗，因為可能導致的危險太大了。任何經濟學家或史學家，只要不是堅定的馬克斯主義信仰者，都至少能預測到委內瑞拉這種激進投入社會主義的一些結果，但我相信，少有人能預測到這樣的經濟災難，以及伴隨而來的人民苦難的實際規模。

社會主義可能是緩慢作用的毒藥，「查維茲主義」的頭十年，情況還不差（至少和後來相比，不算差）。委內瑞拉跟隨全球大部分地區一起在2009年進入經濟衰退，但在2011年復甦，主要拜其石油產業的強項所賜，石油占該國總出口值的95%。[21]委內瑞拉是全球已探明石油蘊藏量最多的國家[22]，因此，大致維持在每桶100美元以上的油價使該國大大受惠。[23]

高油價讓委內瑞拉政府能夠補貼很多東西，並且繼續它的社會主義實驗。

但是，油價在2014年崩跌，情況開始快速分崩離析。國內出現嚴重的食物匱乏，因為政府在國際市場上買不起那麼多食物了，而且，許多民營公司早就已經停止生產政府免費供應的食品，食物變得匱乏，其他生產者早已經被貨幣和價格控管搞垮，或是在國營化後經營管理不善的情況更加嚴重。

一國的食物供給出問題，悲慘的後果快速出現，到了2017年中，委內瑞拉人非自願性地接受「馬杜洛減肥法」（Maduro diet），成人平均一年減少近20磅。[24] 孩童營養不良情形在2016年就已經很普遍，但一名醫生指出：「2017年時，營養不良病患數量增加得驚人，不少孩童的體重及身高跟新生兒一樣。」[25]

2016年初，油價已經比先前的低點回升超過一倍，使許多人冀望委內瑞拉能夠復甦。但油價的回升沒能幫上忙，因為這個國家已經喪失生產石油的能力，總產出在2017年下滑29%，比伊拉克在美國2003年入侵後石油產量的下滑幅度還要大。[26] 國營事業委內瑞拉石油公司的一名前主管解釋：「委內瑞拉國內沒有戰爭、沒有罷工，（因為無能及貪腐，）石油產業是自己崩潰的。」

其他產業的情況也好不到哪裡，國際貨幣基金估計，2013年至2017年，委內瑞拉的GDP下滑了35%。[27]經濟學家李嘉圖・郝斯曼（Ricardo Hausmann）指出，這不僅是拉丁美洲史上最大幅度的經濟崩潰，就連西歐及北美史上也沒見過比這更嚴重的崩潰，連1930年代的大蕭條都沒那麼慘重。[28] 為了填補如此巨大的產出下滑，委內瑞拉政府竟然印製大量鈔票，想也知道，這只會導致物價飆漲，國際貨幣基金估計，委內瑞拉2018年的通貨膨脹率可能高達13000％。但這估計顯然太保守了，到了同年11月，年通膨率已達1290000％。[29] 三個月後，國際貨幣基金估計，委內瑞拉那年的通膨率是10000000％！

當經濟每一個層面的失控情況惡化，人民的生活也一樣悲慘。2016年時，委內瑞拉的犯罪飆升，凶殺犯罪率排名世界第二高，僅次於薩爾瓦多。[30] 委內瑞拉政府訴諸愈來愈殘暴的手段來打擊犯罪，以提高查維茲主義大本營的貧窮社區的支持率。一項調查統計，不到三年內，超過8000人遭委內瑞拉軍警非法殺害。

中子彈是用來增強殺傷力、但同時降低對其他建築及實體基礎設施損害的一種核子武器，委內瑞拉的社會主義與中子彈的傷害恰好相反：它沒有直接殺死人們，但對社會基礎建設造成龐大的損毀。從醫療、貨幣、商品及勞務的生產，到公共安全，每一個領域都被它毀壞。

在社會主義的爆炸摧毀持續下，大批委內瑞拉人逃離家鄉，2018年初，每天至少有5000人逃到哥倫比亞及其他鄰國。[31] 在找不到工作、又迫切於養家活口之下，許多婦女走上賣淫之路，「我們有很多教師、一些醫生、很多專業人士婦女，以及一名石油業工程師。」哥倫比亞邊界小鎮一間妓院的業主說：「她們拿著自己的文憑來應徵。」[32]

委內瑞拉境內的情況持續惡化，愈來愈多人稱那裡是個戰區，但某種程度來說，這樣的比喻太溫和了。委內瑞拉政府極力隱藏公共衛生危機真實的嚴重程度，但縱使是官方提出的統計數字，該國的嬰兒死亡率還是比2016年敘利亞的嬰兒死亡率高。[33]

2018年5月的委內瑞拉大選遭到主要反對黨杯葛，而且大家都認為這是不自由且不公正的大選，不過馬杜洛以68％的得票率獲得連任。但他的總統資格在2019初遭遇麻煩，超過80％的委內瑞拉人民要他辭職下台，主要是因為他的政府把經濟治理得非常糟，惡性通貨膨脹及其他自釀的傷害已經使得近90％的委內瑞拉人口淪為窮人。[34] 反對黨領袖胡安·瓜伊多（Juan Guaidó）在2019年1月23日宣誓就任臨時總統，到了2月中，已經有超過50個國家承認他為合法的委內瑞拉總統。

前英國首相柴契爾夫人在1976年時說過一句名言：「社會主義的問題是，最終會把別人的錢花光。」[35] 馬杜洛最後面臨一個類似的危機：他的國家沒有食物和其他商品，因為這個國家的貨幣與幾乎和所有社會主義經濟有關的東西一樣，全都沒有可信度。

資本主義的問題在於不夠普及

但是，資本主義不是讓新拉丁美洲及世界上其他開發程度較低地區的人民失望嗎？或許它的失敗沒像委內瑞拉的社會主義那麼快速而荒誕，但它仍然是失敗的嗎？經濟學家李嘉圖．郝斯曼說，非也，資本主義並沒有失敗，在資本主義扎根的地區，資本主義的運作還是相當好。他指出，問題在於資本主義制度不夠普及，他寫道：「在開發中世界，用資本主義制度重新組織生產活動的情形漸漸消退，導致大批勞動力不在其控管範圍內，這數量非常驚人。在美國，平均每9個人當中只有1人是自雇者，在印度，平均每20個人當中有19個人是自雇者。在祕魯，平均每50名工作者中不到1人受雇於民間企業……在墨西哥，大約平均每3人中只有1人受雇於民間企業。」[36] 在富裕世界，自雇者通常是自由接案工作者或顧問，自己選擇和公司進行業務往來。但在開發中世界，大量的自雇者很想在公司獲得一份工作，但沒有機會，因此必須當個自營的農夫、商人或商販來維生。

郝斯曼觀察到，開發中國家的不同地區有不同的經濟，他指出一個有趣的型態：資本主義愈興盛的地區愈繁榮。舉例而言，在墨西哥東北部的新萊昂州（Nuevo León），三分之二的人受雇於公司，東南部的恰帕斯州（Chiapas），受雇於公司的人不到15%，新萊昂州的平均所得比恰帕斯州高9倍。郝斯曼不認為這是個巧合：「開發中世界的根本問題是，最貧窮的國家及地區，沒有使用資本主義來重新組織生產活動與就業，導致大量勞動力不在資本主義模式的營運範圍內。」

下一章將探討為何資本主義在一些地區消退，也要探討除了資本主義和技術進步，還需要什麼力量，才能確保我們人類在人口成長及變得更繁榮的同時，也在地球上踩踏得更輕。本章只是更加釐清資本主義，以及它為何運作得這麼有成效，就如同亞當斯密的說法。

第九章

公眾意識與回應民意的政府

政府的正當存在，

是為一個社會的人們做他們必須做、

但他們無法以自己的能力做到或做得很好的事情。

——亞伯拉罕・林肯（Abraham Lincoln）

節錄自《政府論叢》（*Fragment on Government*），1854年

如前文所述，持續的創新，以及充滿尋求降低材料成本競爭者的競爭市場，這兩者結合起來，使我們越過資源使用量的高峰，用更少的資源創造更多產出。隨著我們更深入第二次機器時代，這種過程加速進行，因為電腦及相關工具是有史以來最強大的去物質化工具，它們使我們擺脫馬歇爾和傑文斯描繪的那種黯淡無望的馬爾薩斯論世界，把我們帶進第二次啟蒙時代。

由技術進步和資本主義創造出的這種良性循環，就足以使我們以種種重要的方法在地球上踩踏得更輕嗎？不，理由有二。第一個理由是經濟考量，在每一個正常的經濟學入門課程中都會談到，第二個理由是道德考量，在每一場道德專題討論會上都會談到。經濟考量是汙染的負外部性（negative externality），道德考量則結合兩個疑問：我們該如何對待動物？以及哪些產品不應該在市場上交易？

資本主義的負面影響

每一個上經濟學原理課程的學生都會學到：外部性是由經濟活動產生，但直接涉及這個活動的人並沒有承擔成本或沒有獲得利益。很多經濟活動沒有明顯的外部性，我去社區一家商店購買牛奶，店家和我都會受益，其他人不會太關切這件事。

但是，如果生產牛奶的牧場沒有妥善清理它飼養的乳牛，氣味就會影響到鄰居，縱使這些人不喝牛奶，他們也承擔「成本」（惡臭）。若這些人本來就和牧場沒有生意往來，他們就不能藉由斷絕生意往來，促使牧場改變，他們仍然得聞這樣的惡臭。經濟學原理總是會舉類似的例子，來說明汙染是一個典型的負外部性：牧場的鄰居雖然沒有購買或販售牛奶，他們仍承擔惡臭這項成本。*

市場把很多重要的事做得非常好，但它們往往沒有考量負外部性。如果一間工廠的業主和顧客都居住在距離工廠很遠的地方，他們就不會有動機去確保這間工廠不會汙染附近的空氣、土地與水。因此，經濟學原理第一個原則是市場可以自行運作，政府不應該干預市場；第二個原則是市場不處理負外部性的問題，所以政府必須干預。

政府可以藉由禁止汙染來處理這種負外部性，例如，在美國，將大多數種類的廢棄物傾倒至海裡是違法的；或者，另一種方法是附加成本在汙染上。有些人認為，只要公司願意支付汙染的成本，就讓它們汙染，這是很讓人反感的方法，但邏輯上是說得通的。如果汙染有成本，公司就會花時間和心力追求創新，藉此降低成本，就如同它們會想盡辦法降低在材料和資

---

* 外部性這個概念通常被認為由十九世紀經濟學家暨哲學家亨利．西奇維克（Henry Sidgwick）提出，原本的名稱是「外溢」（spillovers），後來的經濟學家顯然認為這詞彙太明顯，便改用較晦澀的「外部性」（externalities）。

源上的支出。如果汙染是有成本的，不是免費的，公司就會致力於「去汙染」，就如同它們致力於去物質化一樣。

汙染的交易市場？

如果公司可以購買及出售排汙權，情況將更加改善。這是諾貝爾經濟學獎得主隆納德．寇斯（Ronald Coase）1960年發表的論文〈社會成本的問題〉（The Problem of Social Cost）所啟動的一派經濟思想得出的結論。寇斯認為，既然市場可以自行運作，那麼，對於汙染之類的外部性，聰明的處理方法就是讓它們可以在市場上交易。

當時，許多人覺得「就讓公司可以買進和出售汙染吧」的概念比「就讓公司可以付費汙染吧」的概念更怪誕、更讓人反感。但是，神奇的是，在1980年代，熱愛市場機制的保守派聯盟和自由派環保主義人士找到一致的意見：使用寇斯的點子去減少汙染。[1]然後，美國在1990年修訂通過「空氣清淨法」，其中包含針對汙染空氣排放物質的「總量管制與排放交易」（cap and trade）方案。在這個方案下，政府宣布一個總管制量（也就是排放量上限，cap），讓公司可以在這個管制量內交易排汙權。這個排放量上限將隨著時間縮減，以使得總汙染減少。

「總量管制與排放交易」方案背後的基本概念是，一些公司能夠用比其他公司更便宜的方法減少汙染。因此，政府選擇不要求每家公司減少相同數量的汙染，例如每年減少10%，改而要求整個產業每年把總汙染減少10%，讓公司在這樣的總量限制下，交易排汙權。

這個制度如何運作？舉例來說，假設布朗和葛林這兩家公司屬於同一個產業，布朗知道它在減少汙染方面有難度（可能是因為它使用的是較老舊的技術），因此，只要購買排汙權的成本比升級所有必要設備的成本來得便宜，它就會尋求購買排放更多汙染的權利。另一方面，葛林能夠以低成本減少汙染，因此，只要排汙權的價格高於葛林減少汙染所需花費的成本，它就會樂意把排汙權賣給布朗。

在設計得宜的汙染交易市場上，葛林和布朗可以找到彼此，談好價格，兩方都很開心，我們其他人也開心，因為總汙染量減少了。葛林減少很多汙染，又得到布朗向它購買排汙權所支付的費用；布朗只減少了一些汙染，並付錢給葛林。總汙染排放量保持在減少10%的上限以內。

減輕汙染的「總量管制與排放交易」制度獲得很大的成功，《史密森》（*Smithsonian*）雜誌在2009年時對這個方法做了總結：「它使汙染者持續就減少排汙尋求最便宜的方法……結果是，這個法規每年只造成30億美元的成本，而非原先估計250億美元……它每年也產生估計約1220億美元的效益，包括避免汙染導致的死亡與疾病、更健康的湖泊與森林、改善東部沿海地區的能見度等等。」[2]

美國及其他地區透過「總量管制與排放交易」制度來減輕空氣汙染的故事顯示，資本主義和技術進步結合起來是一股強大的力量，但這樣還不夠，因為它們不會主動處理汙染之類的負外部性。如第七章所述，可以仰賴它們促成去物質化，那只是出於降低資源成本的動機，但汙染這項我們非常想減少的物質，並不會自然出現一個價格。

民有與民享

因此，我們需要另一組力量加入，第二組力量是**公眾意識**及**回應民意的政府**。我們在第三章看到，美國大眾較晚才意識到空氣汙染導致的嚴重健康問題，但1948年賓州多諾拉鎮之類的煙霧事件，以及大城市經常出現的「致命煙霧」（killer smog），使我們意識到必須採取行動。第一屆地球日前後發生的事件中，人們要求要採取行動。

這些呼籲最終促使回應民意的政府採取行動。我所謂的回應民意有三個含義，第一個、也是最明顯的含義是「回應人民的意願」。第一屆世界地球日後，美國及其他國家通過一系列里程碑性質的反汙染法規，因為人們要求對這些問題採取行動，獲得想要連任的民選官員回應。比起其他形式的政府模式，民主制度通常更關切人民的要求與渴望（不過，如後文所述，也存在例外的情形）。

第二個含義是「回應好的構想」。美國聯邦政府建立後來運作良好的「總量管制與排放交易」制度，在這個例子中，民選官員相信一個經濟學家提出的怪異構想，那就是「創造一個汙染的交易市場」，他們認為這應該是聰明的方法。

第三個含義，政府應該像一輛好車反應靈敏，能夠做駕駛人想要它做的事；這裡有個同義詞是「有效能」（effective）。若政府薄弱、腐敗或無法執行法規，「總量管制與排放交易」制度或任何其他的汙染管制行動都將行不通。這麼說並不會太過悲觀懷疑：汙染者不會只因為被要求或是通過立法，就停止製造汙染。必須祭出懲罰，而且這些懲罰的成本要大於減少或停止汙染所需花費的成本。因此，政府必須有高水準的監理與執法能力。

不是只有民主國家重視環保

中國雖然不是民主國家，但近年來在空氣汙染方面也做到三個有意義的回應。長期以來存在的傳聞指出，中國家庭渴望及試圖逃離汙染最嚴重的城市，《紐約時報》2013年的一篇報導引述一位母親的話：「我希望我們將來能移居國外，否則，我們會窒息死亡。」[3]

2017年，三位經濟學家陳帥、寶琳娜・奧立佛（Paulina

Oliva）及張鵬從傳聞出發，找到人們為遠離汙染而遷移的系統性證據。他們把中國的嚴重汙染事件（類似1948年賓州多諾拉鎮煙霧事件）拿來和全中國的人口遷移型態對比，得出驚人的結論。他們寫道：「我們發現，在其他條件不變下，一個縣在過去一年每增加10％汙染，就會有大約2.7％的人口遷出。」[4]

中國共產黨審查那些企圖凸顯空氣汙染問題的文章及報導，把它們從網路上刪除，例如，2015年時有一個電視台記者調查製作的中國汙染情況紀錄片，在網路上瀏覽人次達到2億後，遭到審查當局移除。[5] 但中共當局也採取行動，中國國務院總理李克強在2014年3月向全國人民代表大會宣布：「我們要像對貧困宣戰一樣，堅決向汙染宣戰。」[6*] 中國政府強制燃煤發電廠減少廢氣排放量，擱置在高汙染地區設立新燃煤發電廠的計畫，甚至把許多住家及小型企業的燃煤爐移除（在一些例子中，並未提供任何代替它們的設備）。

這些努力獲得成果，經濟學家麥克・葛林史東（Michael Greenstone）使用來自中國官方及美國在中國各地領事館的資料發現，到了2018年，中國城市中的細顆粒物濃度平均降低超過30％。他估計，若空氣汙染持續降低，中國人民平均可以多活2.4年。他寫道：「美國在1970年通過『空氣清淨法』後

---

* 第十一章將談到，中國對抗貧困的行動非常成功。

花了大約10年，再加上歷經1981至1982年的經濟衰退，才讓汙染減少32%，中國只花4年就達成相同的成就。」[7]

民主國家未必重視環保

另一方面，民主國家印度對於嚴重的空氣汙染問題並沒有像中國有這麼快速的反應。2018年時，印度有14個世界上汙染情況最嚴重的城市，[8]但大眾的吶喊聲仍然微弱，政府採取的一些行動實際上造成更多汙染，例如容許建築工地產生更多灰塵。

不過，最大的問題應該是，印度政府缺乏回應民意中的第三個含義：採取有效能的行動。誠如《紐約時報》2017年一篇報導中解釋：「印度從未能像中國那樣對人民發號施令。印度的政治制度遠比中國自由、混亂：這是一個有13億人口、充滿種種地區性和政治性敵對的地方分權化民主政體……11月8日，美國太空總署的衛星影像顯示，大片濃厚煙霧籠罩印度東部上空後，德里和旁遮普省的首長們做了什麼？他們趕去和印度總理會面商議嗎？沒有，他們開始相互在推特上發文。」[9]

2017年11月，在每年嚴重汙染期間，德里的空氣糟糕到足以導致交通事故，跟近70年前的賓州多諾拉鎮情況一樣，在濃厚的霧霾中，駕駛人無法看到彼此。學校最終被迫停課，但這並不是政府協調下決定的停課，而是德里國家首都轄區的副首長看到校車上的許多學童向窗外嘔吐，因此才下令停課。[10]

我們看到太多政府雖然制定法規，卻未能有效執法的例子。在印尼，放火焚燒以清出土地耕作（所謂的火耕）是違法的行為，但實際上，這種情形大量存在。當火耕碰上聖嬰現象的天氣型態時，可能導致東南亞大部分地區持續多天壟罩嚴重霧霾。[11] 環保人士嘗試在新加坡立法，起訴在印尼非法火耕清理土地的上市公司，目的是希望藉由結合更快速回應民意且更有效能的新加坡政府，以及不想吃官司的公司，對這種汙染產生一些遏制效果。[12]

汙染的全球化

沒有回應民意的政府，加上可能擴散至全球的汙染，是一種可怕的結合。很多人聽過太平洋垃圾帶（Great Pacific Garbage Patch），這是洋流把大量塑膠垃圾集中於太平洋上，形成大面積垃圾場。這已經成為長存於世界水域的塑膠垃圾量持續增加的一種表徵。

不過，這個全球垃圾問題並不是來自全球。研究人員克里斯提安·施密特（Christian Schmidt）、托比亞斯·克勞斯（Tobias Krauth）和史蒂芬·華格納（Stephen Wagner）在2017年發表的調查結果指出，這些流入海洋的塑膠垃圾中有88％至95％來自10條河流，其中8條在亞洲，2條在非洲。[13] 這些河流把塑膠垃圾帶入海洋的汙染主要不是北美及歐洲已開發經濟體的責任，因為這些國家不僅有與汙染相關的嚴格法規，而且能有效執法。舉例而言，占全球經濟比重約25%的美國，在河流把塑膠垃圾帶入海洋的全球總量中占不到1%；占全球經濟比重約15%的中國，在河流把塑膠垃圾帶入海洋的全球總量中占了28%。[14]

針對汙染問題的跨國合作有難度，但歷史向我們顯示一絲可能做得到的希望。1974年，化學家馬里奧．莫林納（Mario Molina）和法蘭克．羅蘭（Frank Sherwood Rowland）在《自然》（*Nature*）期刊上發表的研究發現，一群名為氯氟碳化物（chlorofluorocarbons，CFCs）的工業化學物質會破壞地球臭氧層。這是個嚴重問題，因為臭氧層為地球遮蔽太陽的致癌紫外線；這也是一個難以解決的問題，因為在當時，氟氯碳化物在世界各地廣為使用，從冷氣機裡的冷媒，到噴霧罐裡的推進劑，都含有氯氟碳化物。

這項研究發現在當時還不是定論，但仍然被大眾得知，有關於臭氧層破洞帶來威脅的公眾意識快速擴增，幾個國家的消費者組織行動，杯葛含有氯氟碳化物的噴霧罐及其他產品。[15] 化學公司斷然否認它們會造成任何傷害，1979年時，杜邦公司（Dupont）仍然堅持：「迄今並未發現臭氧層流失……截至目前為止，所有關於臭氧層流失的數據，都是根據一連串不確定的預測。」歐洲化學公司協會則是警告，禁用氯氟碳化物可能對全球經濟造成傷害。[16]

儘管有這些否認與警告，世界各地政府仍然快速而有意義的做出反應，令現在的觀察家感到懷念。經過多次集會協商，24個國家和歐洲經濟共同體（European Economic Community）在1987年9月簽署一份國際協定：減少使用氯氟碳化物及其他破壞臭氧層的化學物質，簽署儀式在加拿大蒙特婁的國際民航組織（International Civil Aviation Organization）進行。[17] 最終，聯合國所有會員國都同意

這份「蒙特婁議定書」（Montreal Protocol）在國際協議最初的版本中，明訂在12年內把全球的氯氟碳化物使用量減少50%。

但事實證明，這個目標太低了，尤其是化學公司很快就看出，逐漸淘汰現用的化學產品，讓它們有大好機會可以從自己擁有的新替代品專利上謀利。[18] 在後續的「蒙特婁議定書」修訂會議上，簽署國同意把使用量減少的比例提高到75%，再提高至100%，時程也縮短為10年。除了賺錢動機，還有一個事實也有助於達成這個里程碑：生產氯氟碳化物的公司及產業並不是很多，雖然這些化學產品在全球很普遍，但很容易辨識它們的來源，也很容易勸阻它們。

前聯合國祕書長科菲·安南（Kofi Annan）曾說：「截至目前為止，最成功的國際協定應該是『蒙特婁議定書』。」[19] 安南可能說得沒錯，一群研究人員在2016年指出，臭氧層破

洞的彌合速度比原先預期得更快，主要歸功於氯氟碳化物的使用減少。[20] 自2000年以來，臭氧層破洞已經縮小超過400萬平方公里，這樣的面積比印度的領土面積還大。莫林納、羅蘭，以及最早研究人類活動可能如何影響臭氧層的大氣化學家保羅・克魯岑（Paul Crutzen）在1995年共同獲得諾貝爾化學獎。

我們將在第十五章探討，比起挽救臭氧層破洞的國際行動，為何建立國際協定以減輕導致全球暖化的溫室效應氣體排放量會困難得多。

保護動物的義務

許多人喜歡動物，想保護動物，我們尤其喜歡受歡迎、雄偉、會發光、可愛而能摟抱的動物。如果是七鰓鰻（lamprey，一種很噁心的原始寄生性魚類，基本上就是一張滿口牙的圓形嘴再加上一個消化系統）瀕臨滅絕的話，我懷疑大概不會有多少人關心。可是，加拿大及其他國家每年獵殺豎琴海豹（harp seal）的行為卻在世界各地引發抗議，並不是因為這個物種瀕臨危機，畢竟加拿大政府還把牠列為數量充沛的物種，[21] 而是因為渾身雪白、有著一對大眼睛的幼小豎琴海豹是非常可愛的動物。

我不想在這裡辯論我們保護生物的概念是否有適當的衡量標準，我只想指出一點：多數人確實覺得，我們至少對一些生物有道德義務，尤其是有義務避免導致牠們從地球上永遠消失。人類導致的物種滅絕是無法逆轉的（截至目前為止），這點令許多人憎惡。

研究過朱利安・賽門和保羅・艾立克之間賭局的人或許會說，不論我們對動物的感覺與想法如何，沒有理由去過度擔心滅絕，畢竟，根據這個邏輯，肉、獸皮、羽毛之類的動物產品，就和鋁、銅、鉀鹽之類的資源一樣。如賽門所言，當資源變稀少時，它們的價格就會上漲，價格上漲激發人們積極尋找替代品，並在資本主義和技術進步的推波助瀾下，成功找到替代品，如此市場就會遠離原先使用的資源。若這個資源是一種動物，這種動物就能安全擺脫市場的掠奪，順利繁殖並恢復族群數量。

但是，基於兩個理由，我們不應該太相信資本主義及技術進步的力量可以阻止物種完全消失。第一個理由是，與鋁、銅之類的資源不同，動物是生物，等到價格飆高或其他因素促使我們停止殺動物時，動物的剩餘數量很可能已經不足以讓牠們恢復種群。美國的旅鴿就是一個例子，曾經數量龐大的旅鴿後來變得太少，少到縱使獵殺停止後也無法再繁衍，人們試圖在動物園中以人工繁殖方式恢復數量，但並沒有成功，最後一隻旅鴿「瑪莎」（Martha）於1914年在辛辛那提動物園死去，旅鴿就此滅絕。

克制擁有動物製品的欲望

高價格可能也救不了動物的另一個理由是，我們人類有時候就是喜歡高價。大多數產品在其他條件不變下，價格上升時，需求減少。但「炫耀財」（Veblen goods）的情形就不同了：價格上漲，需求增加。這類商品以美國經濟學家暨社會學家托爾斯坦．韋伯倫（Thorstein Veblen）命名，他創造「炫耀性消費」（conspicious consumption）一詞，豪華車、名牌衣服、藝術品之類的炫耀財受到珍視，主要是因為它們昂貴，是它們的物主富有及高地位的象徵。

一些動物產品是炫耀財，這對動物而言真是壞消息。如第三章所述，十九世紀末時，海獺已經稀少到使得牠們的皮毛價格飆漲到10倍[22]，但這並沒有導致人們去尋找替代品，因為人們不想要替代品，他們比以往更想要海獺皮毛。若不是受到1911年簽定的禁止捕捉國際協定保護，炫耀財的反正常需求法則，恐怕已經導致這種物種滅絕了。

北美野牛的數量減少，也面臨相同問題。1890年時，一頭北美野牛的售價高達1500美元，相當於今天的4萬美元以上。[23]我相信，若不是有後來的立法禁止，二十世紀初一定有一些惡棍會收下大把鈔票，讓一些蠢蛋有權去殺了地球上最後僅存的北美野牛。

所幸，公眾意識及回應民意的政府聯手拯救了北美野牛。

利益團體形成一個奇特的結盟，保護美國野牛，把牠們從滅絕邊緣救回來，這個結盟的成員包括牧場經營者、運動型獵人、懷念十九世紀初荒野景象的浪漫人士，以及想吸引熱愛大自然年輕觀光客的創業者。他們聯手成功施壓政府，加強執行禁止在黃石公園獵殺野牛的法規，設立更多動物保護區，採取更有效能的行動。

我們在前文中也看到類似的成功發生在河狸、雪鷺、白尾鹿，以及其他我們關心的動物身上。在每一個案例中，保育人士認知到這個物種陷入的麻煩，設法使公眾意識到這些問題，政府對他們的關切及好解方做出回應，採取有效措施，扭轉情況。那些數量少到快要無法順利繁殖和受到人類的炫耀財嗜好威脅的動物，獲得拯救而免於不必要的絕滅。

我希望我們也能拯救大象。當歐洲人在1500年代開始開發及剝削非洲大陸時，估計這塊大陸上有2600萬頭大象。[24]我們人類對象牙產品及打獵戰利品的愛好，使得大象數量持續銳減，1913年時剩下1000萬頭，1979年時剩下130萬頭。反盜獵法的執法不彰、大量的非法象牙交易、中國所得的快速成長（中國是全球最大的象牙市場），這些原因導致大象數量持續下滑，2016年完成的大象數量普查結果是，非洲大陸只剩下約35萬頭大象。[25]

好消息是，一些非洲國家如肯亞、尚比亞、波札那做出有效管理，大象數量維持穩定或成長。[26]更好的消息是，中國在

2017年底幾乎完全禁止販售象牙，身高七英尺六英寸的籃球超級明星姚明，他的努力使大眾對此禁令的支持明顯提高。姚明在2014年拍攝大象盜獵與銳減的紀錄片中現身，他說自己對非洲很有感情，因為：「那裡的許多動物都比我高大」。[27]

強烈跡象顯示，公眾意識和負責任的政府可能結合起來，降低中國對象牙的需求。肯亞的保育組織「拯救大象」（Save the Elephants）在2017年發現，中國市場的新象牙批發價格已經在三年內降低超過50％。[28] 若人們不想購買，政府不讓你販售，那就沒有必要購買象牙來雕刻了。

當合作關係失敗

在處理汙染的外部性及照顧我們的同伴生物方面，公眾意識和回應民意的政府是必要的合作關係，當其中的一個夥伴未能把自己的工作做好，經濟發展及環境就會受害。

近年間，這種合作關係失敗最明顯的一個例子，是大眾反對「嘉磷塞」（glyphosate）的歷程。這是一種「在毒性及環境上很安全的」除草劑，因為其優異特性，被譽為「百年難得一見的除草劑」。[29] 1974年問市後，成為全球最廣為使用的除草劑。伴隨著嘉磷塞普及而來的是受到眾人的詳細檢視，但沒有發現令人擔憂的風險，2000年對其安全性所做的一項全面檢視得出明確結論：「在現行及期望的使用條件下，嘉磷塞除草劑並不會對人體構成健康風險。」[30]

不過，到了此時，第一批抗嘉磷塞的基因改造作物已經出現在市場上，它們是由孟山都公司（Monsanto）所開發及銷售，這家總部位於密蘇里州聖路易市的公司因為諸多原因，是全球最不受喜歡及不受信任的公司之一。* 孟山都推出的嘉磷塞除草劑名為「年年春」（Roundup），它推出的基因改造作物（最早問市的是玉米及大豆基因改造作物）名為「耐受年年春」（Roundup Ready）。

這些基因改造作物問市後，許多人不願再接受年年春除草劑。在反對基因改造作物運動中，這種除草劑被波及，遭到許多環保團體的攻擊。** 2016年時，歐盟五個最大的國家有超過三分之二的人支持禁用年年春，他們差一點就成功了。[33] 在綠色和平組織（Greenpeace）、綠黨及其他環保團體對抗多數農民的激烈公關戰後，歐盟的一個委員會在2017年底投票決定准許歐盟國家繼續使用嘉磷塞五年。[34] 法國總統馬克宏（Emmanuel Macron）不贊同這項決議，宣布法國將在三年內禁用嘉磷塞。[35]

馬克宏快速回應選民的意見，但罔顧堅實的科學共識。不

---

* 孟山都的壞名聲始於1960年代和1970年代開始生產「橙劑」（Agent Orange，其他化學公司也生產）時，美軍在越戰期間廣為使用這種粉狀除草劑。橙劑會導致人類嚴重的健康問題。後來，孟山都在歐洲推出基因改造生物時，又處理不當。一系列事件導致該公司的聲譽受損，其聲譽一直未能恢復。該公司在2018年被德國拜耳公司（Bayer）收購。

幸的是，這種情形並不鮮見，政治人物傾向順從民意，縱使這些意見和可獲得的證據與邏輯相背，縱使環境及我們的健康會因此受害，他們仍然傾向固守選票。在基因改造作物的議題上就可以明顯看出這點。

反對基因改造作物

基因改造食品的安全性獲得壓倒性的科學共識。檢視約1000項研究後，美國國家科學院的一個委員會在2016年「得出結論，與非基因工程食品相比，基因工程商品對人類健康的安全性並不會構成較高風險」。[36] 英國皇家科學院，非洲、法國、德國的國家科學院，美國醫學會（American Medical Association），以及多個機構也研究過這個議題，全得出相同的結論。就連差一點禁用嘉磷塞的歐盟執行委員會也贊同：

** 他們的主張在2015年獲得助力，世界衛生組織旗下的國際癌症研究機構（International Agency for Research on Cancer，簡稱IARC）把嘉磷塞列為「可能致癌」類。作家暨環保運動人士馬克．林納斯（Mark Lynas）指出，這其實並沒有聽起來的那麼令人擔憂，因為：「紅肉、木材煙霧、玻璃製程、喝超過65°C的熱飲料、甚至理髮師業」都屬於IARC這項分類。[31] 困惑源於IARC認為嘉磷塞是**潛在危害因子**（hazard），但先前對嘉磷塞的諸多檢查評估過它的**風險性**（risk），這兩個名詞的差別可不小。毒理學家大衛．伊斯蒙（David Eastmond）指出，鯊魚對人是潛在危害，但水族館裡的鯊魚對訪客並不構成風險。癌症研究員吉奧弗瑞．卡拜（Geoffrey Kabat）說得直截了當：「使用hazard這個字眼的問題，在於它可能跟真實世界的任何東西沒有立即關連性。」[32]

> 涵蓋超過25年研究期間、涉及超過500個獨立研究團體的130多項研究計畫得出的主要結論是，生物技術，尤其是基因改造作物，本身的風險性並沒有比較高，例如，並不比傳統植物培植技術的風險性還高。[37]

但是，根據基因知識計畫（Genetic Literacy Project）網站的資料，有38個國家不准許農民種植基因改造作物，其中包括大多數歐盟國家（西班牙和葡萄牙除外）、俄羅斯及許多非洲國家。[38] 這樣集體的拒絕使用，代表一種意識形態壓倒證據的大勝利，也是意識形態壓倒環境的大勝利。基因改造作物的發展旨在對抗病毒及其他害蟲，提高耐旱及耐熱力，需要較少的肥料等等，它們是延續綠色革命、延續去物質化農業的好方法：以愈來愈少量的土地、水、肥料及除草劑，產生愈來愈多的收成。

禁止基因改造作物不僅會對環境有害，對人類也有害，從黃金米（golden rice）的案例或許最容易看出這點。這種基因改造稻米品種能產生β-胡蘿蔔素，β-胡蘿蔔素是維生素A的前驅物（precursor），維生素A對幼兒是很重要的營養素，但許多亞洲及非洲斷奶後吃粥的幼兒無法獲得足夠的維生素A。聯合國兒童基金會估計，每年大約有50萬兒童因為缺乏維他命而失明，其中半數因為失明而在一年內死亡。總計而言，每年有超過100萬人因為缺乏維生素A而死亡。[39]

因其顏色而命名的黃金米品種已經存在多年，安全性已經獲得美國食品及藥物管理局、澳洲及紐西蘭的食品標準機構、加拿大衛生部等單位審核通過。[40]黃金米品種是有專利的，但免費授權給開發中國家使用。[41] 可是，許多團體依舊頑固的反對它，例如，綠色和平組織堅決反對種植黃金米，說這是「對環境不負責任的行為，可能危及食品、營養與財務安全性」。[42]

證據及民意被罔顧

美國是全球最大基因改造作物的生產國，而且，過半數美國人相信它們是安全的，或是比傳統作物更安全。[43] 但是，若因此就做出結論，認為如今回應民意的政府和公眾意識之間合作無間，那可就錯了。以溫室效應氣體導致汙染這個重要議題來說，在美國，這兩者間的合作關係可說是嚴重失敗。

在科學上大家都有共識認為，二氧化碳及其他人類活動產生的氣體導致全球平均氣溫上升，這種共識與科學界對嘉磷塞和基因改造作物安全性的共識一樣強。2017年時，在美國的每一州，多數人支持美國參與針對氣候變遷的「巴黎協議」（Paris Agreement），[44]但美國總統唐納德・川普（Donald Trump）宣布美國要退出「巴黎協議」，儘管這項協議對簽署國並沒有設定強制約束力，讓它們可以自訂目標。川普掌權下的美國聯邦政府既不回應氣候變遷的最佳證據，也不回應人民的意願，顯然以川普自己的看法為指引，他在2012年發過這則推文：「全球暖化的概念是為了中國、由中國創造出來的，目的是想使美國製造業變得沒有競爭力。」[45]

第十五章會探討對氣候變遷問題的最佳回應。氣候變遷、嘉磷塞以及基因改造作物，這些議題的科學與證據，被公眾意識和政府回應嚴重扭曲，實在太令人沮喪了。

樂觀四騎士

我把技術進步、資本主義、公眾意識與回應民意的政府等四股力量合稱為「樂觀四騎士」（four horsemen of the optimist）。當這四騎士全到位時，我們在地球上踩踏的足跡就會變得更輕，我們的消費漸漸去物質化，同時減少汙染，並且更加照顧我們的同伴生物。

有人可能覺得這聽起來天真，很像是烏托邦，但證據使我相信不是這樣。在四騎士協力運作的國家，正達成人類史上空前的事：它們讓經濟成長和資源消耗量、汙染與土地使用脫鉤。它們成為守護地球及地球上的生命更好的管家，沒有一個社會在這方面做得更完美，但許多社會正在這麼做，並且做得比以往更好。

可能有評論者會說，關心環境是一種只有富裕國家才負擔得起的奢侈。雖然說這個論點有幾分真實，但迴避一個根本疑問：為何有些國家能變富裕，其他國家不能？

把進步制度化

在我看來，這個疑問的最佳解答來自經濟學家戴倫・艾塞默魯（Daron Acemoglu）和政治學家詹姆斯・羅賓森（James Robinson）的合著《國家為什麼會失敗》（*Why Nations Fail*）。他們認為，富國與窮國的差別，以及能長期維持成長的國家和只能斷斷續續成長（或不能成長）的國家的差別，來自於它們的制度差異。

制度是一個社會的「遊戲規則」，用經濟史學家道格拉斯・諾斯（Douglass North）提供更精確的定義來說，制度是「人制定的、用以形塑人際互動的限制」。[46] 關於制度，必須記得三件事：其一，它們是人制定的（所以，美國的法院及工會是制度，天氣及山脈不是制度）；其二，它們施加限制（在美國，行車速限會限制你開車能開多快；禮儀準則通常使你不在進餐中大聲打嗝）；其三，它們形成誘因（開車時，我不會超速太多，因為我不想被吊銷駕照或坐牢；我不在進餐中大聲打嗝，因為我不想惹人厭，搞到沒有人願意和我一起用餐）。

艾塞默魯和羅賓森把經濟體區分為兩大類：第一類經濟體有廣納型制度（inclusive institutions）：「容許並鼓勵廣大的人們參與經濟活動，使它們的人才與技能得以有最好的運用。」

廣納型制度的一個重要特色是，它們讓人們（不論是誰）留下賺得或獲得的錢，誠如兩位作者所言：「為了廣納，經濟制度必須保障私人財產；有一套公正的法律制度；建立公共服務，提供讓人們能夠交易和執行契約的公平競爭環境。」[47]

我想，你應該猜到了，第二類經濟體有相反的制度，艾塞默魯和羅賓森稱之為榨取型制度（extractive institutions）。在這類經濟體中，多數人沒有進步的好機會（奴隸就是這種悲慘生活的最明顯例子），一小群權貴設法留下或取得（榨取）絕大部分產生的利益。

許多表面上看起來像廣納型的國家，實際上是榨取型，如同艾塞默魯和羅賓森所言，美國和許多拉丁美洲國家有相似的憲法及成文法，但一些拉丁美洲國家的制式法律沒什麼意義與作用，因為法院效力薄弱或不公正，官僚體制龐大、反應遲緩或無反應，貪腐普遍，結果是只有權貴才有成功機會。

這些概念可以幫助我們把去物質化、樂觀四騎士，以及繁榮連結起來。我在第七章說過，因為技術進步及資本主義的結合，一些經濟體擺脫工業時代的消費型態，開始去物質化。我對資本主義的定義高度吻合艾塞默魯和羅賓森的廣納型制度定義，兩個論點的關鍵都是：多數人有機會進步與繁榮，在市場上有公平機會，他們可以留下自己賺得和建造的東西。

人們討厭汙染，尤其是當他們得知汙染對他們造成龐大傷害的時候。從歷史的軌跡可知，當人們變得更富有時，他們就會想要更乾淨的空氣、土地與水，但光靠資本主義無法提供這些東西，因為汙染是一種外部性（非常有害的外部性）。因此，乾淨的環境必須來自一個回應民意的政府所制定的法律及管制，這與艾塞默魯和羅賓森提到的一個廣納型制度的特色「建立公共服務」相似。

最後，公眾意識和回應民意的政府必須結合起來，促使一些動物遠離市場，否則，資本主義將把牠們全部吃掉。姚明等人致力於改變中國人對於購買象牙的看法，以及中國政府最近開始禁止象牙交易，這些都是試圖改變中國的制度，前者是為了改變公眾意識，後者是回應民意的政府做出的改變。

本章最後將用一個例子說明當四騎士都到位時會發生的事，再用另一個例子說明，當大量缺乏四騎士時又會發生什麼事。

四騎士與汽車業

美國在1970年通過的「空氣清淨法」，賦予美國環保署管制汽車及卡車排放汙染廢氣的職權，此後採行的措施極其成功的減少汽車排放的廢氣量，環保署的網站上指出：「與1970年的車款相比，新汽車、運動休旅車與小貨車在常見汙染（碳氫化合物、一氧化碳、氮氧化物與微粒子排放）方面大約乾淨了99%，新的重型卡車及巴士比1970年車款也乾淨了約99%。」[48]

自稱為「理性樂觀者」的作家麥特·雷德利（Matt Ridley）提出一個驚人的比較：「現在一輛全速行駛中的車子，排放的汙染比1970年時停泊的車子溢出的汙染還要少。」[49]

在這些改進發生的同時，車子也變得更省油。自1973年阿拉伯國家石油禁運後，美國就開始推動改善里程油耗，石油禁運導致的高油價使得許多美國人遠離體積較大、較不省油的車子，也促使美國政府採取行動：國會在1975年通過「整廠平均燃料效能」（Corporate Average Fuel Economy，簡稱CAFE）標準，強制要求汽車製造公司把生產車子的平均燃料效能提高。

汽車製造商做到了，1975年時，整體車輛燃料效能每加侖跑不到15英里，1983時提高到約每加侖跑25英里，已經達到CAFE設定的1985年標準。這段期間，引擎設計師為了達到規定的燃料效能目標，只好做出犧牲，使車輛的平均馬力降低。但在提早達成CAFE設定的標準後，暫時沒有新的CAFE改善目標必須立即追求，汽車製造商便回頭去謀求改善馬力：在1983年至2007年間，馬力中位數近乎翻倍。[50]

不過，2007年，新一套CAFE標準開始實施，目的不僅要降低對外國石油的依賴度，也要減少溫室效應氣體排放量。美國汽車製造商再度把注意力擺在燃料效能，2007年至2016年間，整體的改善達到每加侖多跑超過5英里，但它們這回不需要再回頭去加大馬力了，因為同個期間，馬力中位數提高超過

10%。

第二次機器時代的技術（數位及其他技術）讓設計師能夠打造燃料效能和馬力同時提高的引擎，而且，在整段期間，引擎本身也去物質化，2017年的一篇《彭博新聞》報導：「美國路上跑的車輛的內燃機，比40年前的內燃機小了約42%。」[51]

在這個故事中，四騎士全到位。大眾想要更乾淨的空氣，回應民意的政府採取行動，使大眾如願以償。我們也想要更快、更省油的車子，資本主義和技術進步聯手使我們如願以償。在技術進步達到足夠程度後，我們最終甚至同時獲得更乾淨的空氣和更快且更省油的車子。CAFE標準的歷史顯示，有效能的政府進行干預可以如何推動改變，當沒有強制規範時，整個汽車製造業沒有提高燃料效能的熱忱。

四騎士愈少，鯨魚就變得更少

二十世紀後葉的蘇聯捕鯨史提供一個版本非常不同的故事，如果不是結果太悲慘，不然這其實是一個蠻滑稽可笑的故事。蘇聯是1946年「國際捕鯨管制公約」（International Convention for the Regulation of Whaling）的簽署國之一，這個公約是在第三章敘述的工業化捕鯨已經殺死數百萬頭世上最大的哺乳動物、導致幾種物種近乎滅絕後才簽署的。在這個公約下，蘇聯跟其他簽署國一樣，每年獲得少量捕鯨配額*，而且每年回報。

但是，根據生物學家尤莉雅．艾瓦謝柯（Yulia Ivashchenko）和菲利浦．克萊凡（Phillip Clapham）的研究，1948年至1973年間，蘇聯實際捕鯨數量比它回報的數量多了18萬頭。[53] 這持續非法捕殺的時機點非常糟糕，因為經過半世紀持續大規模的捕殺，到了此時，許多鯨類數量已經嚴重枯竭了。例如，1960年代，俄羅斯捕鯨僅僅歷經3年的時間，就讓北太平洋露脊鯨近乎滅絕，這個物種的數量如今已經少到可能永遠無法恢復。

比蘇聯捕鯨規模與時機點更糟的事情是，這樣的濫殺根本毫無意義與價值。俄國人從前就不喜歡鯨肉，日本人殺死的鯨魚有90%化作產品，蘇聯的捕鯨船員只取鯨脂（約占鯨魚重量的30%），其餘部分全部扔回海裡。

鯨脂被轉化成鯨油，但蘇聯有巨大的石油蘊藏量，而且能源已經能自給自足，為何還要如此持續大規模捕殺呢？在蘇聯捕鯨船上工作的俄羅斯科學家阿佛列德．貝爾津（Alfred Berzin）在回憶錄中提供一個明確、具有說服力且令人心碎的理由：「計畫 —— 不惜一切代價！」[54]

在《蘇聯捕鯨的真相：回憶錄》（*The Truth About Soviet Whaling: A Memoir*）中，貝爾津敘述蘇聯那龐大、回應遲鈍的經濟計畫官僚體制如何害死那麼多的鯨魚。[55] 捕鯨被視為漁業

---

* 在此公約下，最初的全球總配額是一年1萬6000頭捕鯨量。[52]

的一部分，漁船的績效評量不是看市場對漁獲的需求，因為蘇聯的中央計畫者大聲且驕傲地駁斥「供給、需求與價格之類的市場訊號是反映經濟的有效要素」，蘇聯捕鯨船的績效評量根據是漁獲總噸數，或是捕殺的鯨魚總重量。所以，蘇聯漁業的成長計畫就是計畫捕殺更多的鯨魚，不管牠們的用途。

當時的蘇聯漁業部長是亞歷山大・伊紹考夫（Aleksandr Ishokov），因為計畫執行能力出眾而被封為「社會主義建設英雄」（Hero of Socialistic Work），貝爾津在回憶錄中寫道：「有一次，一位科學家試圖保護鯨魚資源免於遭到毀滅性的捕殺，他提醒部長考慮到後代子孫。伊紹考夫做出惡劣、可恥、冷血的回應，這樣的回應應該刻在蘇聯經濟制度的墓碑上才對：『這些後代子孫不會是開除我的工作的人』。」

在這個故事中，四騎士唯一到位的是技術進步：捕鯨砲、偵察直升機，以及鯨魚加工船，使蘇俄人的捕鯨作業更有成效。但是，資本主義（去物質化中技術進步的合作夥伴）完全不存在；在蘇聯經濟體系中，漁船船長不需要銷售漁獲（他們只需要秤漁獲重量），因此，他們不會收到來自我們所謂的顧客或市場的任何訊號。捕鯨人也不能捕其他魚類，或是轉換工作；在蘇聯體制下，人們的工作及東西的使用都是由中央規劃的，職業自主性及財產權是異端的資產階級思想。

兩個防制環境傷害的力量（公眾意識及回應民意的政府）也不存在。在沒有自由媒體下，蘇聯人民對捕鯨狀況及其他無數的事情一無所知，蘇聯一直成功防堵國際對其漁船的監視，直到1972年，但這時已經為時已晚，絕大部分的傷害已經造成。[56]蘇聯政府幾乎不會回應人民的意願，也不理會好的思想：例如供需在生產中扮演重要角色，或是別殺了所有鯨魚。

第十章

四騎士奔馳全球

我看到黑暗漸消，光明漸增。
我看到一個又一個的障礙移除、錯誤修正、
成見軟化、禁令被廢除，
我的種族在構成一般福祉的所有元素上都得到提升。

——**美國廢奴運動領袖腓特烈・道格拉斯**（Frederick Douglass）
1890年在華盛頓哥倫比亞特區的演講

我在前面幾章闡述，第一屆世界地球日以後，我們的消費與經濟開始廣泛而深入的去物質化，主要的背後驅動力是樂觀四騎士：技術進步、資本主義、回應民意的政府，以及公眾意識。它們也促使我們的生產方式發生正面的改變，這些改變包括不奴役人們或強奪他們的土地、終結工業化童工，以及救回許多瀕臨滅絕的物種，大大減少汙染。

四騎士近年來還做了什麼呢？它們還幫助帶來哪些重要的改變？我看到三項改變，接下來幾章就來一一探討。但我想先說明四騎士在過去幾十年間快速推進：從歷史水準來看，技術進步得相當快，資本主義、回應民意的政府，以及公眾意識也在全球快速擴展。我發現跟去物質化一樣，這些趨勢沒有被充分注意，因此有必要清楚記錄下來，之後我們才能更有自信的探討它們的效果。

惠澤所有人的技術進步

2016年時，全球擁有手機的人比擁有馬桶的人還多，[1] 也比能夠取得自來水的人還多。[2] 2017年《經濟學人》(*Economist*)報導：「在非洲大部分地區，擁有手機的人比能夠取得電力的人還多，儘管有許多人得走很遠的路才收得到訊號，或是為手機充電。」[3] 這些發展顯示，在世界許多地區，第二次機器時代比工業時代還早到來，儘管全球的工業時代起步早了兩個多世紀。

大眾電氣化和全市使用室內自來水已經存在超過百年，但全球有一大部分人口還無法得到這樣的服務。另一方面，手機形式的數位通訊如今無所不在，世界銀行估計，2016年時，全球行動電話用戶數比全球人口還多。[4*] 這項技術以驚人的速度普及全球：2000年時，全球平均每100人中只有12人使用手機。

數位設備不僅快速普及，也變得更加精進。2017年時，智慧型手機的全球總銷售量超過15億支，[5] 非智慧型手機的全球銷售量只有4億5000萬支。[6] 這些迷你電腦很強大，2018年時印度最多人使用的智慧型手機是Lyf Jio F90M，[7] 這款手機使用1.2GHz（千兆赫）的四核心處理器，有512 MB RAM和高達128GB的內建記憶體，[8] 這些規格相當於蘋果公司2006年時在美國銷售的MacBook筆記型電腦主力產品的規格。

擁有這種設備的人能用它來做的事情不只是通訊而已，他們可以用它做電腦運算，以及上網取得網路上由過去許多人免費提供的大量知識，[**] 不久之前還只有全球精英能享有這些能力。誠如作家暨創業家彼得・戴曼迪斯（Peter Diamandis）在2012年提出的觀察：「現今肯亞持有手機的馬賽族戰士，行動通訊能力比25年前總統的通訊能力還要強，若他在智慧型手機上使用Google，他能取得的資訊比15年前的美國總統能取

---

* 顯然許多人擁有不只一支手機號碼。在開發中世界，切換不同手機號碼來利用低價費率和特別優惠是相當普遍的事。

** 或者更正確的說是零邊際成本。

得的資訊還要多。」[9]

現今許多世界上最貧窮、最脆弱的人都有取得資訊的管道，世界銀行估計，2016年時，全球人口有超過45%使用網路，包括拉丁美洲和加勒比海55%的非高所得者，中東及北非地區43%的非高所得者，以及撒哈拉以南非洲20%的非高所得者。那年全球所得最低的人口中有12%使用網路。[10] 我們希望這些比例可以再提高，歷史使我們有很大的信心可以實現，畢竟在2000年時，只有不到7%的全球人口（不論貧富）使用網路呢。

我相信，現今技術進步速度空前，在不到一個世代的時間內，我們已經從一個大致上沒有連結的世界邁入高度互連的世界，而且有了人工智慧及其他重要創新，如強大且體積極小的感應器、雲端運算、全球定位系統（GPS），以及速度持續加快且愈來愈便宜的處理器等等作為支柱。跟工業時代一樣，新技術改造我們的世界，但不同的是，現在的改造速度快得令人暈眩。

資本主義進入巨大的市場

資本主義是否也在近代擴展至世界各地呢？是的。毛澤東死了兩年後的1978年，中共中央召開決定國家經濟策略的會議，最高領導人鄧小平說服同事採行新的經濟發展道路，那與當時中國一直奉行的馬克斯主義高度中央規劃、敵視私有財產與國際貿易徹底不同。

新的經濟發展道路名為「改革開放」，又稱為「具有中國特色的社會主義」，不過，更貼切的標籤或許是「具有一些資本主義特色的中國威權主義」。最早的改革，包括允許農民擁有及出售自己的收成、開放外國投資、讓創業者可以創立與經營事業。

在這些改變下，1978年時人口超過9億5000萬的中國，邁開加入資本主義經濟制度的腳步。1985年接受《時代》雜誌訪談時，鄧小平說：「社會主義和市場經濟之間根本不存在矛盾。」[11]

約莫在鄧小平提倡開放改革的同時，蘇聯共產黨中央委員會總書記戈巴契夫（Mikhail Gorbachev）也開始討論經濟開放及改造，1985年他在列寧格勒發表一場非常坦誠的演講，承認蘇聯的成長緩慢，太多人仍然貧窮。跟鄧小平一樣，戈巴契夫提出的解決方法是減少中央規劃，推動更多國際貿易和市場型企業。大批改革因此展開，最顯著的改革是1988年的「合作事業法」，這是自1928年史達林禁止民營企業以來，蘇聯首度允許民營企業的存在。

這些改變並不足以拯救蘇聯免於瓦解，1991年聖誕節，飄揚在克里姆林宮由鐵鍾與鐮刀構成的蘇聯旗幟最後一次降旗。不久，戈巴契夫辭去蘇聯總統職務，讓15個蘇聯成員國恢復主權地位，超過60年歷史的蘇聯正式瓦解。在簽名儀式中，戈巴契夫使用的俄羅斯製簽字筆沒水，他向在場的有線電視新聞網（CNN）總裁湯姆·強生（Tom Johnson）借了一支自來水筆。[12] 完成簽名儀式後，生活於鐵幕後的4億多人揮別蘇聯式社會主義。[13]

同樣在1991年，印度財政部長曼莫漢·辛格（Manmohan Singh）利用印度當時非常急迫的財政狀況，提出一項徹底改變國家的預算規劃。由於油價飆漲、沉重的公共支出、緩慢的經濟成長，以及其他種種因素，印度政府當時已經沒有錢了，外匯存底只能再撐兩星期，必須非常丟臉的空運47噸黃金到英國（印度在1947年前的殖民主人）作為一筆貸款的抵押品。

辛格提案徹底改變印度的經濟運作模式。[14] 為了使印度的產品在國際市場上更有競爭力，印度盧比必須貶值；必須讓外國人更容易在印度投資；決定批准「誰能生產什麼商品及勞務」的複雜授權制度必須簡化；對現有及潛在企業的繁重管制必須簡化與放寬。

推動這些改革時，辛格引用法國文豪雨果（Victor Hugo）的話：「沒有力量可以阻擋時機已經成熟的構想。」對印度而言，這個構想就是變成一個更資本主義的國家。儘管推動改革，許多限制及管制依舊存在，但印度從此變成一個與以往大不相同的地方。《經濟學人》在2011年這麼評論：「1991年……在經濟史上占有一席之地；1978年12月也是，中國共產黨開放經濟；1846年5月也是，英國投票廢除『穀物法』。」[15] 印度的8億4000萬人很快發現他們邁入一個轉變中的經濟環境，中央計畫大大減少，他們可以更自由的進入市場、競爭，以及自願性的進行交易。

1978年至1991年間，超過21億人（約占1990年全球人口的40%[16]）開始生活在明顯更為資本主義經濟的制度之下，這絕對是有史以來最大、最快速的朝向經濟自由邁進，甚至比蘇聯和中國採行共產主義時更大、更突然。列寧是在1917年發動布爾什維克革命（俄國革命）並建立蘇聯後，開始推行共產主義；毛澤東的共軍則是在1949年打贏內戰後開始推行共產主義。

1991年之後呢？資本主義繼續擴展嗎？如同我們在前文中看到委內瑞拉的悲慘例子，仍然可以見到社會主義實驗，但這些都是例外，不是主流。傳統基金會（Heritage Foundation）從1995年起針對世界幾乎所有國家編纂經濟自由度指數（Index of Economic Freedom），[17]這個指數是針對經濟自由度的四大支柱進行量化，分別是法治、政府規模、監理效率與開放市場程度。

以全球來看，自1995年起，這個指數提高6%，從57.6分上升到61.1分。這樣的成長主要是由歐洲驅動，以往的共產主義國家持續變得更有資本主義風格。1995年至2018年間，歐洲的整體經濟自由度指數提高近20%。其他地區的進步遠遠較慢，但仍然是進步的，唯一的例外是中南美洲，23年期間的整體經濟自由度稍微下滑。

如第七章所述，技術進步和資本主義本來就是好夥伴，是利益的燃料與創造力之火的結合。科技分析師班尼迪克·伊凡斯（Benedict Evans）分析，這樣的合作關係在近年來如何成功的把行動通訊及電腦運算帶給世人。[18]他也指出，在政府壟斷電信業、缺乏競爭的國家，進步會被拖累。伊凡斯舉巴西為例，那個國家在1998年把原來獨占電信事業的巴西電信公司（Telebrás）民營化。

伊凡斯寫道：「聖保羅電信公司（Tele São Paulo）民營化而被西班牙電信公司（Telefónica）收購的時候，2000萬人中有700萬人在排隊等候申請電話號碼……在700萬人排隊等候下，你的號碼被切換至某個人的號碼是常見的事。」巴西電信公司的人事發薪名冊顯然也過度浮報：「西班牙電信公司收購聖保羅電信公司後想辦法謀求改善，他們發現，總部辦公室根本容納不了發薪名冊上列出的所有員工。」另一方面，據估計，當時聖保羅約45％的企業與商家沒有電話線。[19]

伊凡斯總結技術進步與資本主義結合起來的重要性：「現在，地球80％至90％的人口在行動電話的覆蓋範圍之內，擁有電話的人數達50％，而且這個比例持續成長中。若巴西電信業沒有民營化，聖保羅電信公司等電信業者能做到嗎？絕對不可能。全球50億人擁有手機，25億人有智慧型手機，這樣巨大的成就主要是自由市場和無需獲得批准的創新所共同促成。」

我完全贊同伊凡斯的結論。

全球優良政府運動

我們在上一章看到，中國降低空氣汙染的例子顯示，專制政權也可能**會**回應人民的渴望，但是，它們在追求目標時，通常不怎麼理會公眾的意願。因此，全球各地威權主義式微和民主制度興盛是政府變得更願意回應民意的一個強烈訊號。

經濟學家麥克斯．羅瑟（Max Roser）計算，1988年時，全球41.4%的人生活在民主制度下，18年後，這個比例提高到近40%，之後，這個比例稍降一點，2015年時為55.8%，但近年來，朝向代議政府發展的趨勢依然強勁。[20] 雖然，2015年時全球人口有超過23%受專制政權統治，但隨著時間經過，受威權統治的人愈來愈少了，羅瑟說：「值得一提的是，全球生活在專制政權下的人，其中5個有4個生活在中國。」

但是，近年來，一些民主政權變得更專制了。一些國家如匈牙利、波蘭、土耳其、菲律賓與美國選出有明顯專制傾向的領導人，這是壞消息，我們將在第十三章進一步討論。好消息是，絕大多數民主國家仍然堅守立場，外交政策研究員布魯斯．瓊斯（Bruce Jones）和麥克．歐漢隆（Michael O'Hanlon）

在2017年指出：

> 在1000萬人的匈牙利，自由民主有些倒退，這或許令人遺憾，但在此同時，2億6100萬人的印尼變得更民主了，從人口數量來說，民主制度的進展遠遠比倒退還多……或者看看南韓，今年稍早法院裁定總統彈劾成立，但南韓的民主並未受損；或者看看巴西，也以骯髒、但仍然遵循憲法的方式處理類似的政治問題；或者看看印度，雖然有一位強人領導者，但仍然有一個權力平衡的制度制衡他的野心……民主是脆弱的，絕對不可視之為理所當然，但要宣稱民主制度已死，或是說明顯式微，那就太言過其實了。[21]

不論是不是民主政體，世界各國政府是否在回應民意上做得更好呢？證據顯示的答案不一。世界銀行自1996年起編制「全球治理指標」（Worldwide Governance Indicators），評量幾乎所有國家的政府治理效能。[22]其中，「發言權與政府當責」（voice and accountability）和「肅貪」（control of corruption）這兩個項目似乎是評量政府回應民意的好指標（畢竟，誰想付錢來賄賂呢？）。在所有地區及所有所得水準的國家群中，這兩項指標都在過去二十多年間有顯著變化，檢視世界銀行的資料，難以做出結論認為世界各國政府在傾聽及回應民意上比以前做得更好。

不過，其他資料顯示，政府在這點上明顯做得更好。政治學家克里斯多福・法里斯（Christopher Fariss）及凱斯・施內肯柏格（Keith Schnakenberg）發展出一種「人權保護」評分，評量人民是否免於遭到政治壓迫、非法拘禁、嚴刑拷打與相關暴力對待。他們發現，整體而言，2014年接受調查的國家當中，在人權保護上，做得比80％的個別國家在1949年至2014年間的表現還要好。[23]

我在上一章定義政府回應民意的三種方式，除了回應人民的意願，政府也可以回應好的構想（例如准許基因改造作物及嘉磷塞，採取行動限制溫室效應氣體排放量，或是保護瀕臨滅絕的動物），以及有效能的執行以達成目標。在我看來，全球人權保護評分的持續提高，顯示政府在這三種形式的回應上做得更好。

不消說，嚴刑拷打及非法拘禁當然是惡劣的做法，政府愈來愈少做這類的事情。保護人權不是容易的工作，需要有效能的政府，因為總是有一些警察會便宜行事的採取嚴刑拷打以取得嫌犯的口供；總是有一些地方官員用太多的權力破壞人權保護。世界各地仍然太常發生這類情事，但發生得比以往少了，政府變得較少濫權虐待它們的人民，在制止虐待方面也變得更有成效。

我們同情你們

樂觀四騎士的最後一個是公眾意識：認知到我們應該照顧彼此，照顧我們的星球，並且施行良好而有效的方法。史蒂芬·平克在《新啟蒙運動》中用持續擴大的「同情圈」（circle of sympathy）來表達第一種公眾意識（照顧彼此）的增長，他提出一個樂觀的論點：

> 我們有同情其他人的能力，因此，沒有什麼可以阻擋同情圈從家庭與族群擴大至擁抱所有人類，尤其是理智驅使我們認知到，我們或同種族的人都應該受到幫助與支持。我們被推向世界主義：接受自己是世界公民。[24]

全球近年來的證據支持平克這番論點，例如，自1980年起，使用死刑和起訴同性戀的情形在世界各國快速減少。政治學家克里斯提安·威爾澤（Christian Welzel）對這些發展大概不會感到意外，他觀察到，性別平等、個人選擇、自由言論，以及政治發言權之類等「解放的價值觀」（emancipative values）持續增加。非營利組織世界價值觀調查協會（World Values Survey Association）自1981年起對涵蓋全球90％人口的95個國家抽樣15萬人進行問卷調查，威爾澤引用這些調查結果，觀察到一個驚人趨勢：世界所有地區都愈來愈擁抱這些價值觀，無一例外。[25]

日積月累的改變非常大，平克寫道：「中東伊斯蘭教（全球最保守的文化）現今年輕穆斯林的價值觀，與1960年代初期西歐（全球最自由的文化）年輕人的價值觀相似。」[26] 如此巨大的變化是如何產生的呢？威爾澤的理論是：當人們的機會增加時（例如，他們的所得提高，他們的政府施加的限制與束縛減少），他們往往也會支持讓其他人的機會增加。或者，如同劇作家貝爾托．布雷希特（Bertolt Brecht）在1928年的《三便士歌劇》（*The Threepenny Opera*）中寫道：「先餵飽了肚子，才能談道德。」我們在第二章看到，工業時代餵飽更多的肚子，而在下一章將看到，隨著我們更深入第二次機器時代，營養及其他的健康生活指標進步得有多快。或許，因為更多更多的人填飽肚子，所以全球各地人們的道德感提高了。

第二種公眾意識：覺察到可以有效應付我們面臨的挑戰的方法，這大體而言是由教育驅動的進步。在這方面，發展趨勢同樣令人鼓舞。1980年時，全球15歲以上人口中有44％是文盲，到了2014年，這個比例已經降至15％以下。[27] 同時，對教育的投資持續增加，麥克斯．羅瑟指出，在2000年及2010年可以取得的政府教育支出資料，其中88個國家，有四分之三在這段期間的教育支出在GDP的占比提高。*

因此，技術進步、資本主義、回應民意的政府，以及公眾意識，全都在近幾十年間強勁提升，幫助人類的消費去物質化、減少汙染及物種的枯竭，使我們在地球上踩踏的足跡變得更輕。除此之外，四騎士還帶來哪些重要的改變呢？

主要有三個改變，我們將在接下來三章逐一探討。第一個改變是，它們使得人類與大自然的處境顯著**進步**。第二個改變，它們使得經濟活動更**集中化**：愈來愈多產出來自愈來愈少數的國家、農場與工廠，愈來愈多的報酬流向愈來愈少數的公司及個人。第三個改變，它們導致人際關係愈來愈**脫節**，社會資本降低。如後文所述，進步是好消息，集中化是好壞參半，脫節則是令人憂心的趨勢。

---

* 請別忘了，這些國家絕大多數的GDP也在這10年間顯著提高，因此，教育支出的總額增加相當多。

第十一章

人類與大自然的處境
顯著進步

一旦有了這些工具，你就無法不去使用……

你可以刪除腦海中乞丐、貧窮者無法掌控自己生活的刻板印象，

那都不是真的。

——波諾（Bono），2013年TED演講

麥克斯·羅瑟的「從數據看世界」（*Our World in Data*）是我最喜歡的網站之一，理由有二：第一，這個網站上有很多寶貴的資訊；第二，它說著寶貴的故事，說著樂觀、充滿希望的故事。這個網站和一些書籍，例如朱利安·賽門的《終極資源》、比約恩·隆伯格（Bjørn Lomborg）的《持疑的環保論者》（*Skeptical Environmentalist*）、史蒂芬·平克的《新啟蒙運動》、漢斯·羅斯林（Hans Rosling）的《真確》（*Factfulness*）都提供清楚的證據顯示，我們應該關心的事物大多變得愈來愈好。當然，不是所有事物都變得愈來愈好，但大多數是持續往更好的方向發展。這個好消息也適用於大自然狀態和人類的情況。

負面思維的力量

但是，你的親友相信很多重要事物變得愈來愈好嗎？你呢？如果不相信，你們並不孤單。多數人不知道四騎士的奔馳帶來很多進步，例如，羅斯林寫道：「過去20年，赤貧者的人口已經減少近半，但在針對多數國家的網路調查中，知道這個事實的人不到10%。」[1] 多數人以為情況變得更糟，例如，2017年接受調查的所有國家中，只有20%的人正確回答貧窮率在過去20年間已經降低。[2*]

為何好消息的接受度這麼低？有幾個因素在作怪。第一個因素是我們人類固有的「負面偏見」（negativity bias）：比起中性的消息或好消息，壞消息在我們腦海中會留下更強的印象，而且會更持久。另一個因素是，媒體往往強調煽情的新聞，這些通常是負面新聞。新聞界奉行的座右銘是：「見血的新聞才能上頭條。」

我認為，另一個重要因素是英國哲學家約翰·史都華·彌爾（John Stuart Mill）在1828年的一場演講中所指出的：「我觀察到，被大批人欽佩為賢明之士者，不是那些當其他人絕望時仍然抱持希望的人，而是當其他人抱持希望時反而不抱希望的人。」[3] 在許多精英及出版圈中，負面思考似乎是嚴肅與嚴格的象徵，樂觀與正面的思考似乎代表太過天真、消息不靈通。

賽門、羅斯林、平克、羅瑟與其他人反擊這種直覺型的負面偏見，他們進行嚴謹且正面的研究，事實上，他們證明，嚴謹的研究與有系統的檢視最可能的證據，往往使你不得不對許多事物變得正面樂觀，因為證據實在太令人鼓舞了。

這一章我會使用「從數據看世界」及其他地方蒐集的資訊，證明過去幾十年間發生的一些重要進步。如上一章所述，我不認為樂觀四騎士在全球快速奔馳的同時，出現大幅而快速

* 在接受調查的所有國家中，多數人正確回答全球貧窮狀況趨勢的唯一國家是中國，49%的受訪者回答全球貧窮率降低。

的進步是一種巧合，我認為這是一種因果關係：四騎士是這些重大進步背後最重要的原因。

在展示證據之前，我想先釐清一點：我並不是主張現在的情況已經夠好了，因為絕對還沒有達到夠好的境界。世界上還有太多貧窮、飢餓、病弱的人，有太多小孩營養不良及缺乏教育；儘管有法律的明文規範，仍然有太多人受契約束縛而被奴役。我們還是繼續排放溫室效應氣體、把塑膠垃圾傾倒進海洋、捕殺稀有動物、砍伐熱帶林木，繼續汙染與蹂躪地球。

現在，我們可以把進步記錄下來，但不聲稱或暗示一切都沒問題了。我們**應該**把進步記錄下來，因為它們告訴我們非常重要的一點：**我們正在做的事是有成效的**，因此應該繼續做，而非考慮要來個大轉彎。誠如隆伯格在《持疑的環保論者》中所言：「當情況正在改進時，我們知道自己走在正確的軌道上⋯⋯或許我們能有更多的改進⋯⋯但我們正在使用的基本方法並沒有錯。」[4]

過去幾十年，我們採行的方法是讓樂觀四騎士在全球奔馳得更快，這個方法並沒有錯，它正在促成一些非常快速且廣大的進步，因此，我們必須鼓勵它們騎得更快、更遠，我們必須踩著加速器，別把方向盤轉往別的方向。

大自然狀態

先來看我們對地球造成的影響，就從人類造成的最大一個傷害開始：那就是導致其他物種滅絕。

除了旅鴿，我們人類已經完全消滅數百種動物物種，我們的毀滅行動促使一些觀察家發出警告：我們正面臨第六次「生物大滅絕」（mass extinction），嚴重程度好比過去4億5000萬年的前五次大滅絕，在那五次大滅絕中，地球上至少有半數的生物消失。

但是，《全地球目錄》創辦人史都華．布蘭德在網路雜誌《萬古》（*Aeon*）撰寫的一篇文章中，解釋要發生這種事有多麼不可能：「如果**所有**（目前受到威脅的）物種在接下來幾個世紀滅絕，而且滅絕速度保持數百年或數千年不變，**那麼**，我們可能正處於人類導致的第六次大滅絕的開端。」[5] 但是，布蘭德指出，有記載的滅絕相當少（過去500年間只有530筆記錄），而且在近幾十年間顯然已經減緩，例如過去50年間，沒有海洋生物絕滅的記錄。[6]

好消息是，人類正在以四種主要方法來降低我們造成的毀滅傾向。第一種方法（最接近科幻小說的方式），我們正在研究如何使用滅絕動物骸骨中殘留的DNA，把牠們復育。布蘭德是這種「去滅絕」（de-extinction）運動著名的倡導者，正在和基因學家喬治．邱吉（George Church）及其他人合作，試圖對大象進行基因改造，培養出更像真猛瑪象的物種。[7]* 第二種方法，我們致力於透過移除外來掠食者，保護一些生活在島上、最受到威脅的物種（數量大減的物種）。截至目前為止，至少有800個受到這種方式保護的島嶼。

第三種方法，我們已經在世界各地創造出許多新物種，有些是刻意透過雜交育種出來的，例如牛和北美野牛混種出來的「皮弗洛牛」（beefalo）；有些是無意間育種出來的，許多動物伴隨我們旅行世界各地，進化形成新物種，或是和當地生物雜交產生混種。有些人相信，整個工業時代，我們的活動已經在世界許多地方**增進**生物多樣性，生態學者克里斯．湯瑪斯（Chris Thomas）寫道：「實證顯示，過去幾百年間，世界上稱為「區域」（region）的那些地方，當中的物種數量已經增加。」[8]

不過，布蘭德指出，對動物物種最大的威脅不是絕對的滅絕，而是因為過度獵捕和棲息地破壞導致的數量大減。就這方面而言，消息好壞參半。過度獵捕的情形仍然存在，尤其是海洋生物，人類環境學家傑西．奧蘇貝爾指出：「在高度捕撈的漁場，相較於幾十年前的同個海域，魚類的生物量只剩下大約十分之一。」[9]

---

* 這不只是一項科學計畫，我們將在後文的結論中看到，讓真猛瑪象復活可能給氣候可以帶來重要的好處。

過漁是「公地悲劇」（tragedy of the commons）的典型例子。「公地悲劇」是1968年生態學家蓋瑞．哈定（Garrett Hardin）在《科學》（*Science*）期刊上撰寫的一篇文章中提出的不幸現象。他把「公地」定義為一種共享資源，例如非任何人擁有、許多人都可以使用的一片牧草地或一片水域。這種開放使用聽起來似乎很棒，但有一個大問題：每個人都有充裕的誘因去利用公地（在那片牧草地上牧牛，或是在那片水域捕魚），因為這些地方不屬於任何人，就沒有人有誘因去保護或照料它。因此，每個人的強烈傾向是去做在經濟上理性的事，亦即在它被剝奪殆盡之前，盡其所能的剝奪或利用。當他們這麼做時，便是在把它剝奪殆盡。*

我們有許多方法處理「公地悲劇」問題，截至目前為止唯一一位諾貝爾經濟學獎的女性得主伊愛莉諾．歐斯壯（Elinor Ostrom）發展出成功管理公地的原則。[10] 幫助嚴重枯竭的物種最有成效的一個方法、同時也是我們幫助同伴生物生存繁榮的第四種方法是：以法律宣告大面積的土地或水域（大面積公地）不得開發利用。我們在第六章會看到，二十世紀初的保育運動成功保護北美野牛、河狸與其他物種，主要就是靠這種方法。隨著二十一世紀往前推進，這種方法在世界各地快速擴

---

* 哈定把地球想成所有人的最大公地（他這個論點沒有錯），在人口過剩時，我們毀壞這最大公地（他的這個論點是錯的）。

展，1985年時，公園及其他保護區僅占全球土地面積的4%，到了2015年，這個比例已經提高近4倍，達到15.4%。[11] 2017年年底時，地球上的海洋有5.3%受到類似的保護。[12]

綠色原野

幫助一片土地上或水域裡的生物的方法，並非只有透過法律把它宣告為公園，我們也可以減少和它們的互動，這麼做對它們有利益。舉例而言，南北韓之間的非軍事區[13]，以及烏克蘭車諾比核電廠附近仍然受輻射影響的隔離管制區，因為沒有人類活動，動物反而欣欣向榮了起來。[14]

目前，我們遠離土地而保護它最重要的方式是不再耕種，例如我們在第七章看到，1982年以後至今，美國的耕作土地已經減少大約等同於整個華盛頓州的面積。停止耕種後的土地最終恢復成森林，在整個已開發世界，這個過程凌駕了伐木行為，重新造林已經變成典範。[15]

另一方面，多數開發中國家仍然呈現砍伐森林的情況，樹木被砍伐，清理出土地，開闢成農田、耕地與牧場。我們經常看到這樣的型態：較富有的國家已經轉向，減輕在地球上的足跡，扭轉過去對環境造成的傷害，但較貧窮的國家還沒有這麼做。

這並不是因為窮人不關心環境，而是因為如第九章所述，較貧窮的國家往往有較薄弱的制度和反應較遲緩的政府。另一個原因是，貧窮國家的人民大體上使用較不先進、汙染性較高的技術，他們燃燒糞便或木材來為住家取暖或煮食，而非使用天然氣；他們使用煤油燈，而非使用太陽能LED燈。最後，一些國家決定為了讓經濟成長得更快速，承受較高程度的汙染、砍伐森林與其他傷害。

儘管開發中國家繼續砍伐森林並接受其他種種挑戰，我們人類還是達到一個重要里程碑：一支國際研究團隊在2015年得出結論：「整個地球的全球陸地生物量減少情形已經在最近逆轉。」[16] 自工業時代以來，地球首度出現愈來愈綠化的現象。2003年起，俄羅斯和中國的大規模重新造林、非洲及澳洲大草原的成長、熱帶森林砍伐的趨緩，這些行動結合起來，使地球上的貯碳植物量提高。雖然這樣的提高遠遠不足以抵消我們人類排放的所有溫室效應氣體，但仍然是個好消息。

降低溫度

地球最令人憂心的環境問題是全球暖化，永續科學家金·尼可拉斯（Kim Nicholas）在遊行和集會中的標語牌上用幾個要點總結氣候變遷。[17] 在「氣候變遷學入門」（Climate Science 101）這個標題下列出的幾個要點是：

1. 全球暖化；
2. 我們造成的；
3. 我們很確定；
4. 這很糟糕；
5. 我們能解決它。*

在這個標語上，經濟學家可能想增加的唯一一點是：「它是汙染導致」，因為這句話立即指出如何思考全球暖化的問題，以及該如何解決這個問題。如第九章所述，汙染是典型的負面外部性：經濟活動導致的成本，參與這項經濟活動的人並沒有直接且立即承擔這樣的成本。競爭市場和自願性交易雖然有種種的優點，但它們無法妥善處理外部性，事實上，它們往往是導致負面外部性的罪魁禍首。

自1800年起，地球大氣中的二氧化碳濃度已經從283ppmv** 提高到2018年時的408ppmv。[18] 提高的數量幾乎全都是人類的經濟活動所造成的（我們造成的）。二氧化碳是一種溫室效應氣體，熱氣停留於大氣層，沒有飄散至太空（全球暖化）。全球氣溫的升高程度大到足以使海平面上升（因為格陵蘭島和南極洲的冰層融化所致），導致對作物、動物與人類

---

* 尼可拉斯遵行科學傳統，這些聲明每一個都有註腳。

** ppmv（parts per million by volume）是指百萬分點的濃度。

有害的熱浪，改變許多物種得以生存的地理區域。大氣中的二氧化碳濃度升高也導致地球上的海洋變酸，毒害珊瑚礁及其他物種的重要棲息地。所以，這很糟糕，而且沒錯，我們肯定情況是這樣。

我們能夠解決這個問題，因為它是汙染所致，我們知道如何處理這種負面外部性。如第九章所述，我們已經大大減少氯氟碳化物、煙霧、二氧化硫，以及其他空氣汙染物質，所以，溫室效應氣體為什麼會不同，或是更難以處理呢？

主要是因為它們是由我們大量的經濟活動所產生的，全球有超過20%的溫室效應氣體排放量來自工業，6%來自建築物，14%來自交通，24%來自農業，25%來自發電及生熱。[19]因此，全球暖化的主要肇禍因子，包括全球各地人類從事的最基本活動：製造東西、居住及取暖、從一個地方移動至另一個地方，以及飲食。

這幫助我們了解，為何我們還沒有見到針對溫室效應氣體而建立的「總量管制與排放交易」方案或碳稅。如第九章所述，在美國及其他地方，「總量管制與排放交易」方案在降低二氧化硫及其他懸浮微粒汙染方面極具成效，而且在政治上是可行的。因為大氣懸浮微粒汙染直接且立即影響一個地區的所有人，但這些汙染主要是一小群燃煤發電廠及工廠產生的，它們反對課稅的意見被主政當局駁回。但是，當傷害在夠遠的未來產生時，幾乎每個人都必須付出碳稅，只是現在能夠忽視或低估傷害時，要課徵碳稅就會難上加難。

一個相關的問題是，雖然多數種類的空氣汙染物質只會懸浮在生成的地方上，但是不論是在哪裡生成的溫室效應氣體卻都會影響全球，它們會擴散至整個地球的大氣。因此，如果只有一個國家實行「總量管制與排放交易」制度，可以說是讓該國的人民負擔汙染費用，卻讓其他國家免費獲得好處，這點很難讓人接受。

溫室效應氣體如此難以降低，最後一個原因是簡單的化學因素。每當有人在任何地方為了任何目的燃燒任何種類的石化燃料時，就會產生溫室效應氣體，它們是燃燒過程中不可避免的副產品。而且，它們難以捕集。現在用以捕集汽車內燃機產生的汙染微粒子的空氣過濾器既輕又小、不昂貴，還很安全，但另一方面，一輛車的「碳捕集」（carbon capture）系統必須內含一個把二氧化碳和其餘排氣流分開來的系統，以及用一個加壓箱封存它，直到把它處理掉，這既昂貴又不實際，就我所知，這種做法從未被認真考量過。

所以，在沒有廣泛課稅或缺乏廣泛實用的捕集技術之下，世界各地的溫室效應氣體排放量持續增加。但有一些例外，在美國，因為近年來大量使用壓裂法開採天然氣（參見第七章），使得溫室效應氣體總排放量減少。以每單位能量而言，燃燒天然氣時產生的二氧化碳遠比燃燒煤炭時產生的二氧化碳還少，因此，壓裂革命使得美國從煤炭發電轉向天然氣發電的同時，溫室效應氣體的總排放量也降低。

換言之，我們運氣好，美國近年來的二氧化碳排放量降低，不是因為實行「總量管制與排放交易」制度或任何其他政策所產生的效果，主要是因為技術進步和資本主義，導致從使用煤炭改為使用天然氣，而天然氣排放的溫室效應氣體較少。

整體而言，我們人類還無法在處理溫室效應氣體汙染方面有顯著的建樹，儘管在概念上來說，這種汙染跟其他種類的汙染並無二致。第十五章將會探討如何應付這種局面來加快降低大氣層中的碳量，這麼做具有急迫性，因為與懸浮微粒及多數其他種類的空氣汙染不同，碳的存續期很長，因此，縱使我們越過溫室效應氣體汙染的高峰點，排碳量逐年減少，在未來的許多年，大氣層中的總碳量仍然會持續增加。

以下說明這個簡單的數學。假設大氣層中的二氧化碳繼續存在100年，又假設2017年是美國二氧化碳總排放量的高峰年，高達51.4億噸，2018年時排放量為51億噸，那麼，在計算2018年地球大氣層中的二氧化碳總量時，必須加上51億噸，只減去17.5億噸（這是美國在100年前的1918年排碳量，當時人口較少，經濟活動遠遠較少）[20]。所以，雖然逐年減少是好事，但並不能使大氣層中的溫室效應氣體總量降低，為了達到這個目標，需要更大更持久的減量。第十五章會探討我們可以怎麼使四騎士提高我們達到這項目標的可能性。

痛改前非

所幸，其他種類的空氣汙染情況已經明顯改善，這些汙染的存續期沒那麼長，而且，四騎士已經聯手在世界許多地區大大減輕這些汙染。公眾普遍意識到這些汙染造成的傷害，回應民意的政府強制降低這些汙染，技術進步回應這些強制規範，研發及製造出汙染較少的內燃機和其他產品，資本主義把這些產品推廣至世界各地，甚至推廣到汙染控制法規與制度較薄弱的國家。

因為這些原因，在多數國家，空氣汙染致死率自1990年起降低，空氣汙染導致的壽命縮短更快得到改善。[21] 不過，即使死亡率已經降低，由於人口增加，在汙染控制較差的印度及其他國家，每年因空氣汙染致死的人數仍然在上升。但我預測，當這些國家變得更繁榮後，這種情況將會改變，它們將越過空氣汙染致死人數的高峰。誠如印度前總理英迪拉・甘地（Indira Gandhi）在1972年聯合國首屆環境議題研討會上所言：「貧窮是最大的汙染源。」[22]所以，貧窮減輕，汙染也會隨之減輕。

水汙染的情況就憂喜參半了。如第九章所述，一些國家仍然把大量塑膠及其他垃圾傾倒至河川，這些垃圾流入海洋，流入整個地球的公地。在水汙染方面，同樣的，已開發國家和開發中國家的區別非常大，較貧窮的國家製造汙染，較富裕的國家透過公眾意識及回應民意的政府，痛改前非。美國就是一個明顯的例子，1972年通過「淨水法」後，美國政府及產業界清理全國的湖泊、池塘、溪流、河川，經濟學家大衛·凱瑟（David Keiser）和約瑟夫·夏皮洛（Joseph Shapiro）從全美17萬個網站取得與汙染相關的5000萬篇文章，得出結論：「隨著時間經過，水汙染情況已經顯著降低，『淨水法』……帶來很大的貢獻。」[23]

繼海洋酸化及塑膠垃圾汙染之後，氮汙染很可能是全球水域面臨最嚴重的問題。未被作物吸收的氮肥可能被沖刷至河流及海洋，導致一些傷害，包括所謂的「死區」（dead zones，可能使魚類及其他海洋生命窒息的缺氧水域）*。如第二章所述，工業時代全球各地的氮肥使用量大增，這也意味著氮汙染增加。

這是個嚴重的問題，但有兩個讓人樂觀的跡象。第一，現在依舊是農業大國的美國，在農業產出成長的同時，氮肥及其他肥料總用量已經越過高峰點，在技術進步及資本主義這兩名騎士繼續奔馳下，將有愈來愈多國家進入這個境界。第二個讓人樂觀的跡象是，回應民意的政府可以在肥料使用方面做出重大改變。中國政府在2005年至2015年間教導超過2000萬的小

---

* 這種現象稱為「優氧化」（eutrophication）：流入水中的肥料導致大量植物及藻類生長，耗用太多水中的氧，致使魚類無法取得足夠的氧。

農有效率的使用肥料，這項干預的成果卓著：所有作物的平均收成提高約10%，但在此同時，氮肥總用量減少約15%。[24] 這兩個例子顯示，水汙染或其他汙染並不是人類繁榮必須支付的固定代價。

人類的處境

經濟學家暨專欄作家諾亞·史密斯（Noah Smith）在2016年檢視全球的貧窮狀況，得出讓人非常興奮的結論：「這真是令人難以置信，簡直就是個奇蹟，**有史記載中從未發生過這樣的事**。」[25] 麥克斯·羅瑟製作的一幅統計圖（見圖11-1）清楚顯露史密斯所說的「奇蹟」，以及史密斯說這是空前的進步有多麼正確。這個統計圖顯示的不是貧窮人口的比例，而是赤貧人口的總數。

全球的抗貧戰爭

全球貧窮人口總數的高峰點出現在1970年（也就是第一屆世界地球日那年），之後開始漸漸減少，但真正的奇蹟發生在二十一世紀，減少的速度加快了。1999年時，全球有17億6000萬人過著赤貧生活，僅僅16年後，這個數字就降低60%，來到7億500萬。現今全球人口（77億）是1820年時全

圖11-1 1820-2015年全球赤貧人口數[26]

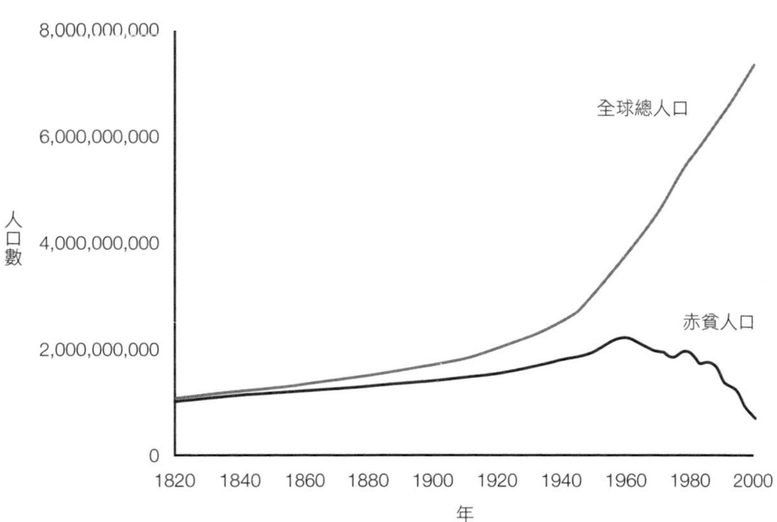

球人口（10億）的7倍有餘，而現今全球的貧窮人口比1820年時少了幾億。

貧窮人口的減少有大部分發生在中國，如上一章所述，中國在1978年拋棄經濟上的社會主義，讓資本主義展現去除貧窮的奇蹟。不過，全球去除貧窮的故事可不是只發生在中國，如圖11-2所示，全球每個地區都在過去二十幾年間大幅度去除貧窮，這種去除貧窮的速度顯示，使赤貧從地球上完全消失不再是無稽之談，世界銀行認為這有可能在2030年前實現。[27]

不是只有所得提高了，我查詢「從數據看世界」網站及廣泛的證據資料，難以找到任何一個衡量人類物質幸福的重要指

圖11-2　世界各地區赤貧人口占總人口比例[28]

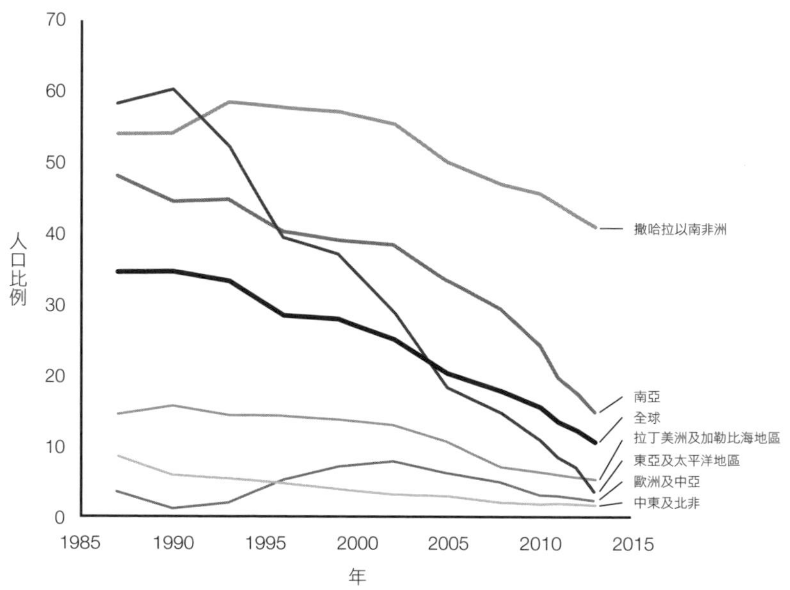

標顯示出全球多數地區並沒有進步。

以下是一些重要領域近年來的趨勢。

食物

1980年時，全球平均每人每天可獲得的卡路里不足以讓一個活躍的成年男性維持體重；[30]但不到35年後，世界上每個地區都已經高於2500千卡這個基準需求。

圖11-3　1970-2013年各地區平均每人每天獲得的食物供給[29]

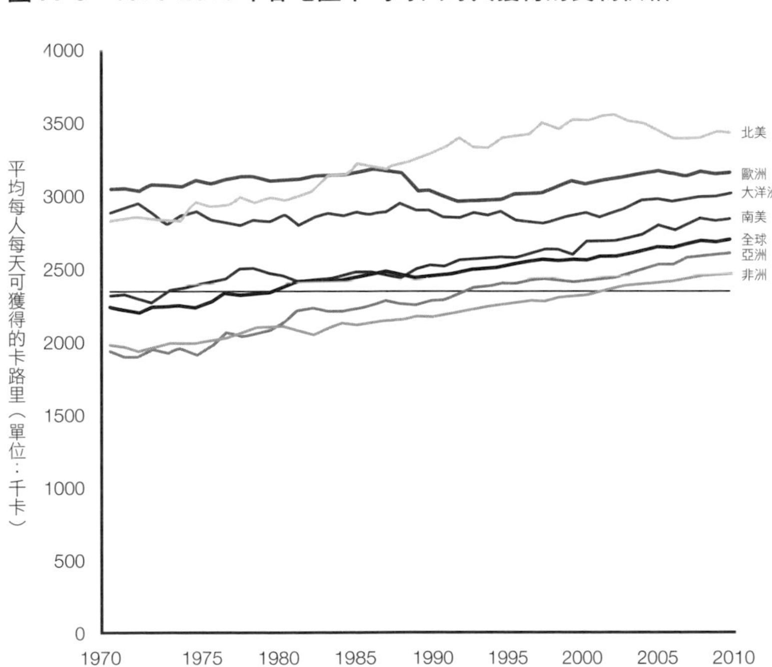

乾淨生活

全球超過90％的人現在能夠取得改善後的飲水。[32*]1990年時，這個比例只稍稍超出75％。衛生設備的情況也相似，

* 「從數據看世界」網站解釋：「改善飲水來源包括在地的自來水（用戶住宅內、小塊土地上或庭院裡的管道供水），以及其他改善飲水來源（公共水龍頭或水塔、管井或鑽孔、受保護的掘井、受保護的湧泉、雨水蒐集）。」

圖11-4　能夠取得改善飲水的人口比例[31]

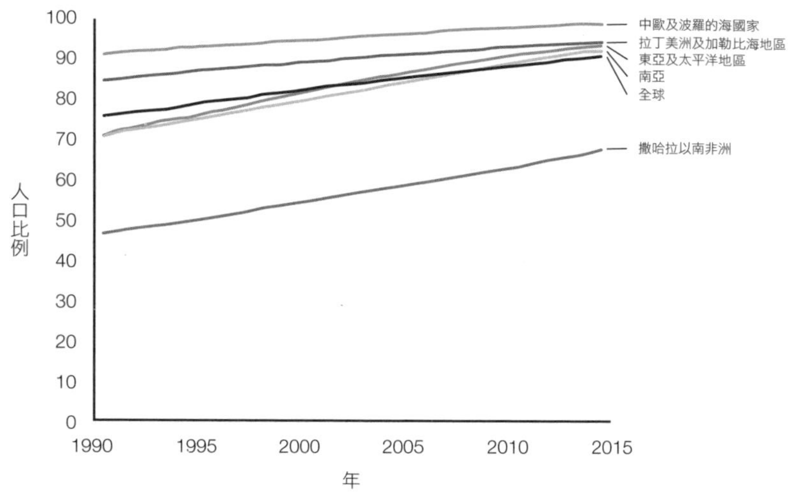

1990年時，全球只有過半數多一點的人可以取得衛生設備，現在則有超過三分之二的人可以取得。[33]

中等教育

全球各地的中等教育毛入學率情況與衛生設備的情況相似，但進步更顯著：1986年時，全球青少年在學者沒有超過半數，現在則已經超過75%。

圖11-5　中等教育毛入學率[34]

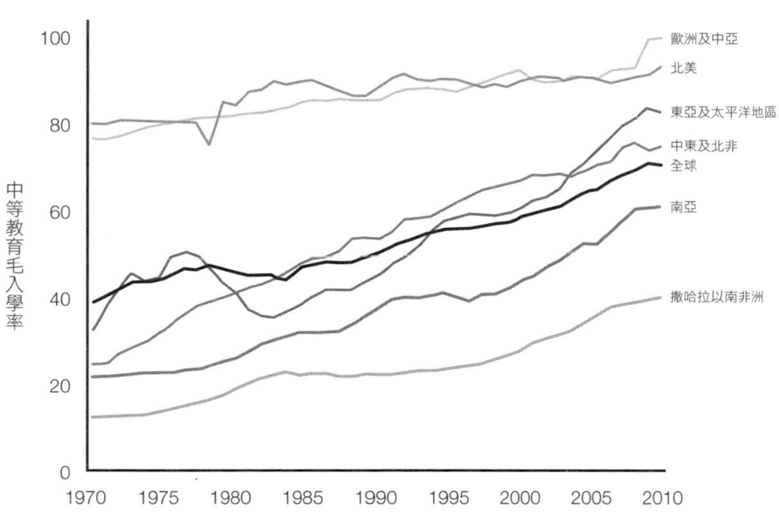

壽命

現在，我們應該很熟悉這個型態了：近幾十年，世界各地出生時的平均預期壽命提高了。

如第一章所述，1800年時，全球人類出生時平均預期壽命約為28.5年，接下來的150年間，這個數字增加20%，然後在1950年至2015年間再增加25%。現在，壽命增加已經是全球趨勢，南部非洲地區在愛滋病危機中平均壽命減損10年，而這減損的10年已經補回來了。

人類壽命提高得那麼快，一個原因是全球的兒童及產婦死

圖11-6　壽命[35]

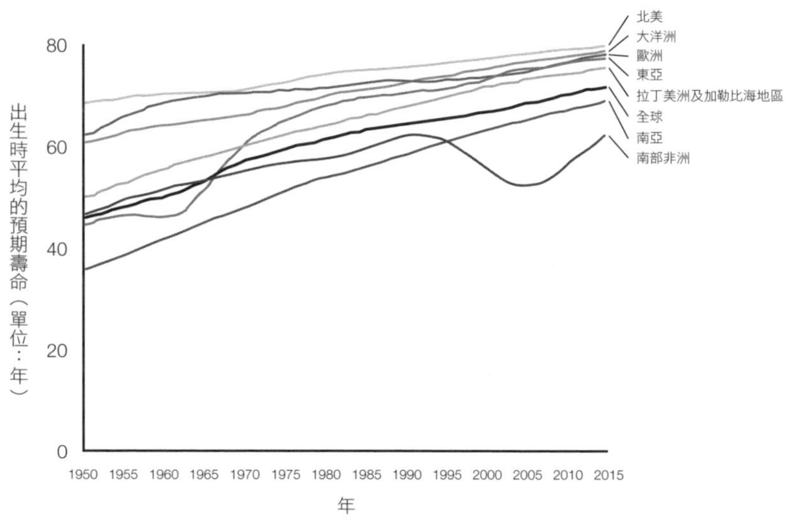

亡率都降低，見圖11-7。

我發現，這些死亡率降低得特別快、幅度特別大，而且很廣泛。現在，我們仍然有非常貧窮的地區，治理失靈的國家，死傷慘重的戰爭，但沒有一個地區的兒童死亡率比1998年時的全球平均兒童死亡率還高。

世界各地漸趨一致

產婦及兒童死亡率發展趨勢凸顯一個常被忽視的事實：在全世界，人類物質幸福的多數重要衡量指標不均的程度正在

圖11-7 產婦及兒童死亡率[36]

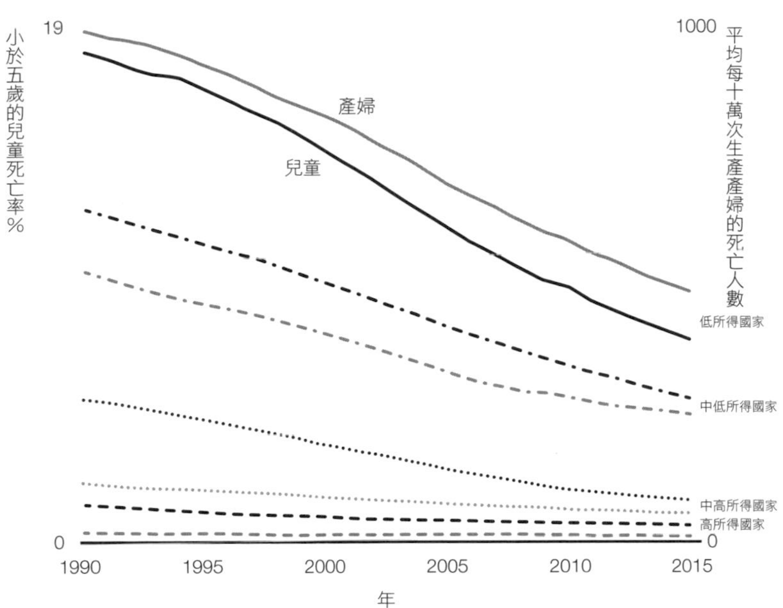

降低，貧窮國家正在迎頭趕上富裕國家，以往很大的落差正在縮小。所得與財富不均的新聞充斥，在許多地方，這些落差很大，而且持續擴大，這些是重要課題，因此，接下來的兩章將探討經濟不均。

但是，檢視人類的處境時，我們也應該關心其他種類的不均，包括健康、教育、食物、衛生設備，以及其他攸關個人生活水準的東西。在這些層面上，消息大好：這些層面的不均程度正在降低。近幾十年間，伴隨著四騎士奔馳全球，它們不僅使原本就富裕的國家及人們的生活變得更好，而且幾乎全球各地都更好。在每一個地區，母親及兒童的死亡率降低，更多孩子接受教育，更多人獲得充足的營養及衛生設備。

意識到這些全球普及的勝利很重要，因為它們顯示我們正在做的哪些事是有成效的。技術進步、資本主義、公眾意識，以及回應民意的政府都在全球擴展，改善世界。我們常聽到一句話：至愚就是重複做相同的事情，卻還期望獲得不同的結果。我們或許可以從這句話推論：無知就是不去檢視做事的結果。當我們檢視證據時，我們一再看到四騎士正在改善世界。

第十二章

集中化的力量

人類創造了城市，

再加上規模經濟、創新及創造財富的強大結合，

遂產生出色的社會分工。

——**傑弗里・魏斯特**（Geoffrey West）

《規模的規律和祕密》（*Scale*），2017年

眾所周知，世界各地的社會正在都市化，人們離開鄉下，遷居城市。但較少人知道的是，這種都市化的過程可能接近結束了。

聯合國在2018年估計，全球人口有55％居住在都市地區，到了2050年，這個比例可能提高到68％。[1] 但是，同樣在2018年，歐盟執行委員會的經濟學家路易斯．戴克斯特拉（Lewis Dijkstra）指出：「你聽到與都市化有關的所有論述都不正確。」戴克斯特拉和他的同事研究發現，2015年時，全球的都市化已經達到84％，而且，與以往絕大多數的估計相反，亞洲、非洲與大洋洲實際上已經比北美和歐洲更都市化。[2]

如此迥異於以往的估計，是因為歐盟的研究人員使用衛星影像辨識都市地區（那些有大量人口和高人口密集度的地區），而以往的估計仰賴各國列出的城市名單，這些名單使用不一致的定義，而且名單往往不完整。把都市的定義標準化，並且使用衛星資料來檢視整個地球後，就得出非常不同的面貌：我們並不是正朝向成為居住於城市的物種，我們已經是這樣的物種了。

這種快速且深度的都市化顯然是一種大趨勢：人們以及他們的經濟活動更加集中化（concentration）。集中化是「聚集」的意思（例如在都市裡的人們比在鄉村的人們更聚集），因此，集中度提高意味的是，以往較分散的情況，現在變得更聚集了。我們在上一章看到，樂觀四騎士在全球奔馳，它們使這個世界得以改善，也使這個世界更加集中化。

活動所在地

都市化說明這是如何運作的。過去幾個世紀，資本主義和技術進步結合起來，使農業變得不那麼勞力密集，農場不需要那麼多勞工了。但工業時代的工廠需要勞工，所以，找工作的人從鄉下移往有製造業的城鎮。工業時代過去，第二次機器時代登場後，儘管工廠的總產出增加，它們需要的勞工數量也開始減少，這是拜前兩位騎士所賜：技術進步帶來節省勞力的機會，資本主義的競爭本質使公司接受這種機會。農業與製造業接連達到「受雇勞工數量的高峰」，之後總受雇勞工數量開始減少，儘管產業本身的產出是提高的。

另一方面，服務性質的產業持續需要更多的人員。「服務業」是個太廣泛的類別，廣泛到幾乎沒有任何意義：從投資銀行業，到寫軟體程式，到乾洗，到遛狗，全都是服務業。多數服務性質的產業有兩個重要的共通點：其一，它們的工作較難自動化（就我所知，目前還沒有商業化的遛狗機器人）；其二，它們重度仰賴親身互動，你無法透過遠端遙控的方式完成送衣乾洗，以及投資銀行家喜歡和其他投資銀行家親身互動。

服務業工作的親身互動性質需要人際關係的「集中」。因為城市是人們集中之地，所以，服務業工作也在城市；因為人們知道工作機會在哪裡，所以，他們遷居城市。回應民意的政府對都市化做出的貢獻是興建大眾運輸系統和其他基礎建設，幫助清理障礙以供興建密集住宅，打擊犯罪，促進公共安全。所以，四騎士全都對都市化的自我強化循環與人口愈趨集中化做出貢獻。

2016年美國總統大選提供一個鮮明的集中化例子，那就是全國人口和經濟的集中化。儘管民主黨候選人希拉蕊・柯林頓（Hillary Clinton）贏得的公民投票數比共和黨候選人唐納德・川普多了近300萬張，但希拉蕊贏得多數票的郡不到500個，這些郡占美國經濟的比重達到64％，川普贏得多數票的郡超過2500個，但這些郡占美國經濟的比重只有三分之一多一點。

用更少資源創造更多東西

資本主義與技術進步結合起來還有另一種重要效果：它們不只使得農場及工廠雇用更少人，也使得農場和工廠的總數減少。第七章提到，1982年至2015年間，美國的耕作土地已經減少到幾乎等同於整個華盛頓州的面積，但作物總收成卻大大提高。同個期間，美國的農場總數減少的比例更大，1982年時有250萬座農場，[3] 2017年時只剩下不到205萬。[4]

製造業的型態相同：更少的工廠創造更多的產出。1994年至2016年間，美國的製造業產出增加超過43％，[5] 製造工廠的總數卻減少近15%。[6] 因此，經濟活動的集中化不是只發生在地理層面，也發生在組織層面，在農業及製造業，所有工作由愈來愈少的實體（勞工或組織）執行。

產業巨人

在全球各地的多數產業，我們看到營收及獲利明顯愈來愈集中化。經濟學家向來最關注這種集中化，當他們形容一個產業是「集中化」的產業時，並非指地理上或地點數目上的集中化，而是指該產業的大部分營收或獲利由少數公司創造，而不是更均勻的分布於市場上的所有競爭者。

基於許多理由，經濟學家及政策制定者關注集中度，其中最重要的一個理由是要慎防獨占，也就是防範一個產業只有一家公司的情形（顯然，所有營收及獲利**全都**由這家公司囊括）。獨占是產業集中度最高的情況，形成的方式有很多，獨占事業一旦形成，它們強烈傾向展現特定行為，這些行為對顧客或整個社會沒有好處。獨占事業傾向抬高價格，只因為它們能夠做到（畢竟，沒有競爭者會提供較低的價格去搶走顧客），以這種最容易的方法來提高營收及獲利。它們也往往較少創新，因為沒有競爭者提供更好的產品來搶走市場。

基於對價格與創新的影響，經濟學家和許多顧客向來反對獨占事業。美國的桌遊「大富翁」（Monopoly）可追溯至1903

年伊莉莎白・梅姬（Elizabeth Magie）發明的「大地主遊戲」（Landlord's Game），用來說明土地所有權集中化的問題。這款遊戲後來大受歡迎，1970年代，芝加哥大學一群學生熱中且經常玩這個遊戲。當有人請信奉與倡導自由市場的經濟學家密爾頓・傅利曼（Milton Friedman，1976年諾貝爾經濟學獎得主）在「大富翁」遊戲盒上簽名時，傅利曼欣然同意，但他在遊戲名稱前加上「打倒」（down with）兩個字。[7]

這個傳聞顯示，獨占事業嚴重偏離真正的資本主義。如第七章所述，資本主義仰賴公司之間的健全競爭來展現這個體制的好處，因此，一個國家的許多產業如果變得高度集中化，可能會形成很多的獨占事業，令人擔憂。近年來產業集中度的變化，重要到使它們成為堪薩斯聯邦準備銀行在懷俄明州傑克森谷（Jackson Hole）舉行的2018年經濟政策研討會（Economic Policy Symposium）的主題，這一年一度的研討會被稱為「全球中央銀行總裁的胡士托節」（Woodstock for central bankers）。[8]

2018年這場研討會上發表的一篇重要文獻，是由經濟學家約翰・范瑞能（John van Reenen）所撰寫，他檢視大量證據及研究後發現，近幾十年間，富有世界的集中化持續上升。他在這篇論文中寫道：「資料顯示，過去30年，整個美國經濟的集中化明顯提高，樣本的後半部分，大致上成長更強勁……在可以取得廣泛資料的九個歐盟國家中，自2000年起就呈現營收集中化現象，而加入其他非歐盟的經濟合作發展組織（OECD）國家一起評估，包括澳洲、日本與瑞士之後，仍然呈現這種現象。」[9]

科技業贏家通吃

這意味著在許多國家，競爭及資本主義式微及陷入麻煩了嗎？許多人認為是這樣，但范瑞能的分析指向不同的結論。他的研究指出，全球各地產業集中化升高並不是因為資本主義和技術進步的式微，而是因為它們的**興起**。近年來的技術進步強勁到使競爭的性質改變，這種改變反映在集中化現象。所以，並不是（因為不好的政府政策、薄弱的反托拉斯執法或其他原因導致）競爭降低，形成新一群懶惰的獨占事業，而是技術助長的競爭很激烈，塑造出新一代精明的領先公司。

范瑞能指出，近幾十年間，全球各地相同產業內的公司彼此之間變得更不相似了，尤其是在生產力和薪酬方面的差異性加大，一些公司的生產力顯著更高，也開始支付高很多的薪資（這兩者之間密切相關），其餘公司的生產力和薪酬則幾乎處於成長停滯。領先的公司能夠囊括產業總營收及獲利更大的份額，它們的競爭者只能緩慢沉重的前進，我把這種情形稱為產業內的「超級明星與殭屍」，經濟學中較常使用的說法是「贏家通吃」（winner-take-all）或「贏家吃掉大部分」（winner-takemost）。

范瑞能寫道：「許多型態符合一種觀點：許多產業已經變得『贏家通吃或贏家吃掉大部分』，這是全球化與新技術所導致，不是反托拉斯法案寬鬆或管制提高所導致競爭普遍減弱。」

艾瑞克・布林優夫森和我贊同這個看法，* 我們在2008年時就指出，技術進步使得集中化升高，這種趨勢將持續。

我們提出一個有大量歷史證據的論點：公司，縱使是經營得很好的公司，都很難了解與開發新技術（例如蒸汽引擎、電氣化、智慧型手機或人工智慧）的充分價值。許多公司願意在新技術上花錢，但很少公司樂意、願意或能做出為了充分開發新技術而需要做出的改變。

若成功做出這些改變，它們就會成為所謂的無形資產**，它們讓公司能夠應用新技術，提高生產力，支付較高的薪資，在一個產業中取得贏過對手的競爭優勢。因此，就像我們在這第二次機器時代歷經的情況，在廣泛、深入、快速的技術進步期間，世界各地的產業將產生超級明星與殭屍。在這種只有少數公司能夠成功做到既取得強大新技術、也建立重要無形資產的時代，超級明星自然領先，集中化程度也自然提高。

---

* 許多研究技術變化帶來影響的人也贊同這個看法。

** 因為它們不像機器或建物之類的東西，你無法看到或觸摸到它們，因此稱為無形資產。

世界上最富有的人

不難了解，為何范瑞能說產業集中化程度提高，將導致個人財富與所得集中化程度提高：超級明星上市公司的股價飆漲，這些公司的創辦人及投資人的財富自然提高。在先前的技術進步爆發時期就已經發生這種情形，我們在第二章看到，蒸汽引擎使瓦特和波頓變得富有，但在第二次機器時代，財富的創造力更是驚人。

自1925年（有系統的資料蒐集從這一年開始）至今，8家市值最高的美國上市公司中就有6家是現代高科技業的超級明星，例如亞馬遜（Amazon）、Google的母公司Alphabet、英特爾（Intel）與微軟。[10]那些夠聰明或幸運而取得這些公司大量股份的人，已經變得非常富有，例如，亞馬遜創辦人貝佐斯（Jeff Bezos）在2018年7月成為「現代史上最有錢的人」，擁有的財富超過1500億美元。[11]

但是，多數的美國人並沒有亞馬遜的股份，或是沒有任何公司的股份。經濟學家愛德華・沃爾夫（Edward Wolff）的研究發現，2016年時，50.7%的美國家庭沒有任何股票（不論是直接持股或退休帳戶）。[12] 也就是說，股市的財富全部集中在不到一半的美國家庭。但是，就連在這群持有股票的家庭裡，集中度也很高，沃爾夫發現，2016年時，美國股市總財富集中在最有錢的前10%家庭。集中度高意味的是高度不均，當股票所有權由相當小的一群人持有時，股價上漲，這群人就比其他人更加富有。

少有人不認為財富與所得在近幾十年間變得更加集中化了，我認識的正統研究人員幾乎都得出這個結論。不過，是什麼導致財富與所得分配不均的原因及後果，大家的見解就不同了。范瑞能及其他人認為，主要是結構性的原因：全球化資本主義和技術進步這兩股結構性力量，導致更多「贏家通吃」或「贏家吃掉大部分」的產業，這些產業中有少數幾個超級明星和許多殭屍。和超級明星公司有關係的人，財富及薪酬快速成長；任職殭屍公司或與這些公司有關係的人，財富停滯成長。這種解釋的核心論點是：技術大變化的這段期間，公司之間的差異性也變大，這是導致不均擴大的主因。

財富與所得不均擴大的其他解釋，沒有聚焦在公司之間的差異性，而是聚焦在影響整個經濟（或至少經濟的大部分）的大變化，包括：企業的短視近利，以及經濟的「金融化」（financialization）、工會式微、勞工流動性降低（部分原因是職業證照的高要求）、企業愈來愈使用競業限制條款來限制離職員工的選擇、有些地區的每個產業至多只有一個雇主（因為只有一個雇主，沒有競爭者，無需支付較高的薪資）。

我支持范瑞能等人的論點：公司之間的差異性，是造成所得與財富集中化及不均擴大的主要原因（當然並非唯一原因）。支持這個論點最強烈的證據是，幾乎所有可以取得資料的經濟體，全都呈現所得與財富變得更集中化的情形，在我看來，不太可能有這麼多國家同時發生勞工流動性降低和工會式微的情形，或是員工競業限制條款已經普及全球。

另一方面，如第十章所述，技術進步及資本主義顯然已經成為全球現象。因此，我認為最可能的解釋是，伴隨這兩位騎士奔馳全球，它們導致各國公司之間的差異性擴大，而超級明星和殭屍之間的差異性則導致個人財富與所得的集中化，因此不均情形擴大。

三種經濟變化情境

繼續研究與辯論財富與所得分配不均擴大的原因很重要，因為我們想要了解重要社會與經濟現象的背後推手。不過，在我看來，目前很多討論沒有探討到一個關鍵疑問：這類集中化到底是好是壞？一般普遍抱持的假設是，人們和家庭之間財富與所得不均的擴大是重大問題，對此我有所懷疑，我認為更大的問題在其他地方。

為何這麼說呢？來看看一個假想的國家可能出現的三種經濟變化情境：

1. **經濟成長強勁，富者愈富，但中產階級和貧窮家庭的情況也變得更好**。由於最富有族群的財富及所得成長得最快（因為富者愈富的速度比其他階層更快），因此不均的情形擴大，但所有社會階層的所得及財富都在成長。技術進步存在，但沒有產生高度的顛覆作用，人們年復一年繼續在原本社區的同類公司做同類工作。教育及法院之類的重要制度保持穩定與廣納。

2. **權貴把持經濟與政治制度，把廣納型制度變成榨取型制度**。他們修改法律，重組法院，索取賄賂，掌控最大的公司（公開或幕後操控），自己雇用保全，讓其他人生活在腐敗的法律與秩序之下等等。由於治理得很糟糕，經濟成長遲緩或衰退，所有技術進步都是由外部引進，權貴變得極為富有，其他人民則是變得更窮，財富與所得不均劇烈擴大。
3. **經濟健康的成長，繼續維持廣納型制度，但技術進步極為強勁，強勁到顛覆一個又一個產業**。這種技術進步推升多種產業的集中化：更少的土地生產出更多的作物收成，更多的消耗來自更少的自然資源，更多的產出來自更少的工廠，更多的營收及獲利由較少數的公司創造。這些超級明星公司的高層獲取巨大財富及所得，但中產階級的財富與所得成長明顯較慢。一些類型的勞工面臨特別困難的挑戰，以往雇用他們的工廠及農場關閉了，沒有新開張的工廠及農場，工作機會集中在城市及服務業。財富及所得不均的情形明顯擴大。

我相信，多數讀者不會認為第一種情境是不公平或不正義，或是他們不想生活在這種情境，畢竟，所有財富與所得階層的人都變得更好了，而且保持廣納型制度。不過，鮮少人會想生活在第二種情境，這種情境下的國家顯然被少數權貴把持，生活在其中的多數人情況變糟。

第三種情境最有趣，因為它最不明確。觀察家可能會說，並沒有發生什麼不公平的事，制度沒有被權貴把持，技術進步產生種種新的商品與服務（例如便宜的智慧型手機供應無限量的知識、娛樂與通訊）。但是在這種情境下，許多人面臨嚴重挑戰，不僅他們的工作消失了，他們的社區及生活方式也衰退。這些人有理由感受到，不論他們的智慧型手機有多棒，他們實際過的生活並不是加入這個社會時的期望，他們當初的期望是「如果我取得技能，願意現身並努力工作，我就能獲得經濟與社會面的穩定及向上提升」。

我相信，思考這些情境可以得出兩個結論。第一，「不均擴大」本身不是問題，真正的問題在於不公平。誠如諾貝爾經濟學獎得主安格斯．迪頓（Angus Deaton）在2017年時所言：「不均和不公平是兩件不同的事，我認為，在現今富有國家引發這麼多的政治爭議，其實是不公平的問題。導致不均的一些過程一般都被視為是合理、公平的，但其他過程顯然是非常不公平的，它們才是憤怒與不滿的真正禍首。」[13] 心理學家克莉絲提娜．史塔曼斯（Christina Starmans）、馬克．薛斯金

（Mark Sheskin）與保羅・布倫（Paul Bloom）的研究發現，人們普遍贊同迪頓的觀點，他們寫道：「沒有證據顯示人們對經濟不均本身感到不滿……根據實驗室研究、跨文化研究，以及對嬰幼兒及孩童的實驗，我們獲得的結論是，人類天性喜歡公平的分配，而非均等的分配，當公平和均等相衝突時，人們偏好公平的不均（fair inequality），勝過不公平的均等（unfair equality）。」[14]

第二個結論是，導致問題的，並非只是一群人施加的客觀不公平及不正義（如前述第二種情境），人們的主觀觀點也影響很大。第三種情境中並沒有壞人，但很多人仍然覺得發生在他們身上的情形不公平。我們將在下一章更深入探討人們感覺到的不公平現象，本章的結論就是：集中化現象非常普遍，它對經濟與社會帶來重大改變。

第十三章

社會資本衰減

我們必須團結一致，否則，我們全都會逐一被絞死。

——班傑明．富蘭克林（Benjamin Franklin）

1776年簽署《美國獨立宣言》時的談話

美國海軍陸戰隊退役上將詹姆斯·馬提斯（James Mattis）在漫長的職業生涯中，建立起既是令人生畏的戰士、又是嚴肅學者的聲譽，他像個禁慾苦行的修道士般對國家與軍方做出貢獻。2017年成為美國國防部長的馬提斯沒結過婚，常被稱為「戰士修道士」（warrior monk）。所以，當2018年問到他最擔心什麼時，他的回答應該很值得參考。

馬提斯的回答並沒有提及北韓流氓式的核武狀態、中國崛起成為一個野心勃勃的全球強權、中東情勢的詭譎多變、網路攻擊和其他形式的數位及不對稱戰爭，或是一位現代美國將領通常會關切的任何主題。相反的，馬提斯這麼回答：

> 缺乏基本的友善。美國和全世界各地似乎很多人在心靈及人際上有疏離孤獨感……看看那些從戰爭中退役的軍人，有愈來愈多的人承受那種孤立隔閡，他們以前沒有這種感覺，他們以為這是創傷後壓力症候群（PTSD），當然也有可能是這樣，但其實就是疏離感。如果你失去歸屬感，失去歸屬某個更大群體的感覺，你又何需去關心你的同胞呢？[1]

社會資本衰減

社會學家會說，馬提斯觀察到的現象是美國及世界各地的社會資本（social capital）衰減。「社會資本」這個名詞從二十世紀初開始被使用，社會學家羅伯特．普特南（Robert Putnam）為它下了一個精闢的定義：「人際關係：社會網絡，以及在社會網絡中形成互惠與信賴的規範。」[2] 這個定義有兩個重點：其一，社會資本的核心是人與人之間的關係（不是人民與政府或學生和學校之間的關係）；其二，這些關係（是關係，不是法院之類的制式機構與制度）是信賴與互惠的源頭，或者說，這些關係是展現回報及良善行為的源頭。

社會資本的價值極高，它是一種財富，重要性不亞於金錢、機器與建物之類的物質資本。因此，如果馬提斯的觀察是正確的，也就是說在美國，人們的社會資本衰減，這實際上意味的是這個國家的財富減少。大量證據顯示，這樣的衰減確實而龐大，1970年代初期，超過60%的美國勞動年齡人口認為：「多數人是值得信賴的。」到了2012年，抱持這種看法的人只有20%多一點。[3] 政府的信賴程度衰減得更大，皮尤研究中心（Pew Research Center）的調查發現，1958年時，約73%的美國人覺得聯邦政府值得信賴，2015年時，這個比例降低到約19%。[4]

迪托克維爾在工業時代初期周遊美國時，最感動的觀察是這個年輕國家的社會資本非常充沛，他發現美國的自發性非政治團體龐大而驚人：「各種年齡層、各種條件情況、各種智識水準的美國人經常團結起來，他們不僅有所有相關者都參與的商業及產業協會，還有上千種其他的類似組織：他們虔誠、端正、嚴肅，不論大事小事、很普通或很特別的事，全都會處理……當一種新行業誕生時，在法國，你看到的是政府，在英國，你看到的是大地主，但在美國，你看到的是一個協會。」[5]

但是，在第二次機器時代初期，羅伯特・普特南發現很不同的現象，他觀察到，幾乎所有形式的自發性協會式微，就連通常以團體形式從事的休閒運動也是，如同他在2000年出版的著作書名：我們在《獨自打保齡球》（*Bowling Alone*）。

致命的脫節

由於社會資本是人際關係（connection）的產物，我和其他人使用「脫節」（disconnection）這個詞來形容社會資本衰減。脫節是人際關係的削弱或斷絕，是人際連結數量的縮減，這種縮減對經濟的健康有害，因為太多商業仰賴互惠及信賴，* 近

---

* 縱使法院的功能卓著，你也不希望一切都要訴諸法律，把其他人告上法院，迫使他們履行契約義務。你寧可信賴他們。

年來的研究也清楚顯示，這對人們本身的健康非常有害。

經濟學家安・凱斯（Anne Case）和安格斯・迪頓在2015年時，從美國的死亡率中發現一個驚人而可怕的趨勢。我們在第十一章看到，世界多數地區的死亡率趨勢朝正向發展，人們活得更久，幾乎所有人口結構群的死亡率持續降低。但是，凱斯和迪頓發現，這種進步趨勢有一個例外：美國中年白人的死亡率上升。[6]

如果把美國中年白人這個族群進一步分類，並非所有次族群的死亡率都上升，或者，並非所有死因的死亡率都上升。以次族群來看，死亡率上升的是教育程度較低的美國中年白人；以死因來看，導致死亡率上升的三個死因是：自殺、藥物過量，以及慢性肝臟疾病，如肝硬化（通常是酗酒導致）。自殺的人群數量高到足以逆轉整體死亡率降低的趨勢，凱斯和迪頓對這個現象給予一個標籤：「因絕望而死」（deaths of despair）。

這類死亡的人數持續增加，美國的自殺率在2009年至2016年間上升14%，達到第二次世界大戰後以來的新高水準。[7]藥物過量致死人數攀升得更快，在2008年至2017年間增加近一倍，2017年時，美國有超過7萬2000人因藥物過量致死，數量遠高於越戰期間死亡的美軍人數5萬8220人。

因絕望而死的人數急劇且持續攀升，這對美國而言是一個緊急的公共衛生問題。根據美國疾病管制與預防中心（Centers for Disease Control）的統計，2016年時，有19萬7000例的死亡跟自殺、酒精與藥物濫用有關，[8]這個數字是1994年因為愛滋病（HIV ／ AIDS）死亡的流行高峰期4萬4674人的四倍有餘。[9*] 這是一個令人困惑的現象，因為死亡人數的攀升大多不是發生在金融危機導致的大衰退時期（Great Recession，2009年6月結束），而是發生在大衰退後的經濟穩定復甦期。到了2019年1月，美國經濟的就業數字已經持續上升100個月（創下就業數字連續上升最長的紀錄），就業數字比大衰退結束時高出22%，[10]失業率僅4%，低到都榮登頭版新聞了。

如上一章所述，經濟擴張成長這段時期所創造出來的財富與所得的確有集中化的情形，大部分被富有的人和家庭囊括，但是，財務情況比擴張期開始時還糟的人並不多，尤其是把政府補助和雇主提供的福利（例如醫療照護）納入考量之後。[11] 此外，經濟極度窮困的情況已經明顯減少，例如，研究人員史考特．溫西普（Scott Winship）發現：「2014年的孩童深度貧窮率至少是自1979年以來最低的。」[12]

美國上一次出現像2016年時這麼高的自殺率是在大蕭條時期之後，[13]那是長達10年的貧窮與艱難時期，年失業率攀升到最高時將近25%，[14]當時基本上還沒有政府提供的安全網。所以，為何在現今經濟成長擴張時期，因絕望而死的人數會增加呢？

---

*　到了2015年時，每年死於HIV ／ AIDS的美國人不到8000人。

原因很多，不是所有原因都被充分了解。如果說近年間自殺及藥物過量致死的增加，主要是因為經濟困難或任何的單一因素，那絕對不正確。這些是複雜的現象，是由多個因素結合起來所導致，例如，廣泛容易取得、效應強大的藥物，一定會大幅助長藥物過量的情形。*不過，自殺及藥物過量有一個共同的重要因素，那就是脫節；較少的人際連結，意味更多的人因絕望而死。

這種致命的關連性在很早以前就已經被了解。被譽為「社會學之父」的法國博學者埃米爾．涂爾幹（Émile Durkheim）在1879年出版的《自殺論》（*Suicide*）中指出，自殺是一種社會現象，並非根源於個人的性格或心理疾病。當人們喪失和他們的家族、配偶（因為離婚）或工作場所（因為失業）的緊密連結時，自殺就會增加。涂爾幹堅信，「退出社會」（dropping out of society，這是一個貼切、但不科學的措詞）是自殺的主因，一個多世紀累積的證據與研究對這個論點提供大量的支持。世界衛生組織在2018年指出，在世界各地，「孤立感」和自殺風險有強烈的關連性。[15]

藥物過量也一樣，通常和人際關係、社群及社會連結方面的受挫有關。人們對藥物上癮及過量，不只是這些藥物的效應

---

* 這類藥物包括處方類的類鴉片藥物、黑焦油海洛因、吩坦尼止痛藥，以及其他的合成鴉片類藥物。

強大，也因為他們在生活中受到創傷及孤立，誠如研究「反毒品戰爭」的作家暨記者約翰．海利（Johann Hari）所言：「防治上癮症的力量不是節制，而是人際關係。」[16] 研究人員麥克．祖洛（Michael Zoorob）和傑森．薩勒米（Jason Salemi）大概很贊同這句話，他們進行一項涵蓋美國所有郡的研究調查，發現社會資本和藥物過量致死這兩者之間有強烈的負相關：在其他條件不變下，社會資本愈少，藥物過量致死率愈高。他們在2017年發表的研究文獻中做出結論，美國人「獨自打保齡球，一起死亡」（bowling alone, dying together）。[17]

分崩離析

所以，因絕望而死有部分是源於脫節，亦即源於社會資本衰減。但是，很多證據顯示，一些人根本不想要更多的社會資本，至少不想要那種被提供的社會資本。我們在第十章看到，多數國家明顯變得更多元化：它們有更高的族群多樣性及更多的移民、性別平等、支持同性婚姻及其他的非傳統生活型態，以及促進多樣性的相關改變。

但是，近年來有研究發現，在所有接受調查的國家，有一大部分比例的人天性對這種更高程度的多樣性並沒有包容心，他們想要處處保持一致，他們重視理念、價值觀、實務等一致性（當然，前提是這種一致性反映的是他們的理念、價值觀與日常實務）。政治學家凱倫．史泰納（Karen Stenner）對這種性格的人貼上「威權主義者」的標籤，因為他們通常想要一個強大的中央威權來實現服從及一致性。近期美國、波蘭、土耳其、匈牙利、菲律賓與巴西等不相似的國家大選結果顯示，全球有愈來愈多人想要威權型的領袖。

史泰納分析威權主義如何興起：它如何從潛在的性格轉變成一種活躍的性格。她說：「活絡與激化威權主義者，亦即使他們在種族、精神及政治上變得更不寬容的典型情況，通常是他們感覺社會對領導人、權威與制度的不尊重／缺乏信心／不服從，或是感覺到價值觀有衝突，以及缺乏社會共識／共同理念，以及（或是）種族／文化／族群認同感受到侵蝕。這有時被描述為『我們是誰』／『我們的生活方式』……的迷失。這類受到威脅／尋求安心的情況可能是真實的，也可能只是感覺，它們可能反映政治／社會情況的真實變化，以及（或是）媒體報導／政治操弄下的產物。」[18]

請注意到史泰納的解釋高度強調「感覺」（perception）。威權主義往往是由人們的**感覺**觸發，一點也不亞於經濟、政治與社會現實的觸發，本章後面會回頭探討這些感覺。

威權主義對社會資本有害，它只在服從與一致的條件下才提供信賴與互惠，重視多樣性的人顯然不會接受這些條件，因此，多元論者和威權主義者之間不會形成連結。伴隨愈來愈多人潛在的威權主義性格更加活躍，既有的社會連結斷開，社會資本衰減。

曾贏得普立茲獎的作家安・艾普邦姆（Anne Applebaum）親身體驗過這種脫節。1999年，她和她的先生、政治人物萊多史勞・西柯爾斯基（Rados aw Sikorski）在波蘭鄉下舉辦除夕跨年聚會，大家以團結、樂觀的態度迎接二十一世紀的到來，鐵幕走入歷史。但是，2000年以後，艾普邦姆的許多朋友及同事變成公開的威權主義者，艾普邦姆在2018年撰文敘述深層的脫節：「近20年後的現在，我在街上會刻意避開一些當年來參加除夕聚會的人。他們呢？他們不僅不願再踏入我家，大概也會很不好意思承認來過我家。事實上，那場聚會的半數與會者已經不再和另一半的人交談與往來。」[19]

被四騎士拋下

四騎士在這其中扮演什麼角色呢？它們如何導致社會資本衰減、脫節和威權主義興盛？我認為，資本主義和技術進步以兩種方式導致這些發展，一種是直接的，另一種是間接的，這一節探討前者，下一節探討後者。

上一章談到，伴隨資本主義和技術進步這兩位騎士奔馳全球，經濟活動在地理上變得更集中化。當一個經濟體變得更集中化時，公司及工作會從許多地區消失，許多社會連結無可避免會斷開。縱使在很長的經濟擴張成長時期，也可能發生公司及工作消失的情形，自從大衰退在2009年中結束後，美國的GDP已經成長近四分之一，但全國約3000個郡當中有超過20％的經濟呈現負成長：2010年至2017年間，它們的總產出是衰退的。[20]

經濟活動把人們集合起來生產與交易，建立關係及社會資本，因此，當經濟活動衰減時，社會資本也衰減。當一個郡的工廠關閉，農田休耕，不僅產出減少，人際關係的數量也會減少，畢竟，當組裝線關閉後，原來的員工就更難維繫關係。經濟活動和社會資本之間的關連性很強。

涂爾幹了解這點，他在《自殺論》中指出，在工業時代的劇變中，公司是維持社會資本的重要機構：「企業具有為個人提供一個舞台並把他從精神孤立狀態中拉出來的一切必要條件。」[21] 第二次機器時代時，集中化持續，製造業等產業的公司及工作機會減少，這樣的舞台也減少，難怪自殺者會增加，因為「精神孤立」的人增加了。

作家安德魯·蘇利文（Andrew Sullivan）在2018年討論藥物過量問題的文章中，也強調產業就業的重要性，他提出的一個論點，或許有助於解釋為何歐洲國家的藥物過量致死問題不像美國那麼嚴重：「歐洲的城鎮遠在工業化之前就存在已久了，美國的情形不同，美國的心臟地帶沒有工業化時代之前的遺跡，那些地方都是摧毀美國原住民社會後取得的。在全球化加劇的時代，失去產業骨幹不僅僅是經濟上的實際情況，也是一種文化上、甚至心靈上的摧殘，尤其是在一個最不受市場力量束縛的國家。」[22] 蘇利文認為，這種摧殘現在已經毀掉許多生命。

因絕望而死顯露出脫節的問題，我認為，因絕望而死的人增加，正好發生於經濟活動在地理上變得更集中化的時期，而且許多因絕望而死的人生活在那些被技術進步與資本主義向前奔馳而拋下的地區，這些絕對不是巧合。如前文所述，這兩位騎士直接促成去物質化，也使得大自然狀態及人類的處境產生許多重要改善，但它們也使得經濟活動集中化，導致許多社區在工作上形成的人際關係消失，因而直接導致脫節的問題。

凱斯和迪頓在研究報告中寫道：「我們的資料顯示，沒有大學文憑的美國非西班牙裔白人的死亡率及病態型態……伴隨其他的社會問題而發生，包括結婚率降低、社會孤立、失業。」[23] 第二次世界大戰後數十年間形成的美國中產階級，有一大群是沒有大學文憑的白人，隨著資本主義和技術進步使得經濟集中化，這個階級中許多過往成員屈服於這樣的絕望之中。

感覺不公平

資本主義和技術進步影響人們對於所屬的社區、社會與經濟體發展趨勢的感受，這些感受**間接**導致脫節。本章前面提到，認知的影響力不亞於威權主義興起等現象的客觀事實帶來的影響力，上一章最後一節談到的第三種情境，也就是在資本主義和技術進步猛烈到足以破壞許多公司、工作與社區的情況下，很容易導致人們普遍感覺不公平和背棄許諾，儘管經濟並未遭壞蛋劫持，儘管制度依舊是廣納型制度。

資本主義和技術進步真的改變人們的感覺嗎？兩者顯然導致財富與所得不均的擴大，但它們是否也導致人們愈加感覺不公平呢？

社會學家艾爾莉・郝克希爾德（Arlie Russell Hochschild）在2016年出版一本書，總結她研究路易斯安那州的茶黨運動支持者信念與觀點的心得。*同年，另一位美國社會學家凱薩琳・克萊默（Katherine Cramer）出版一本類似的書，聚焦在研究威斯康辛州鄉村地區的選民。我覺得這兩本書的書名很引人注目，郝克希爾德的書名是《家鄉的異邦人》（*Strangers in Their Own Land*），克萊默的書名是《憤恨的政治》（*The Politics of Resentment*）。

這兩本書的書名及內容都在凸顯特定一群人覺得遭到不公平待遇，郝克希爾德描繪的景象是，這些人耐心的排隊追求實現繁榮富足的美國夢，並道出他們的感想：「黑人、女性、移

---

* 茶黨運動是二十一世紀初興起的右翼美國政治運動，取名自1773年的波士頓茶黨（Boston Tea Party），當時是為了抗議英國殖民政府課徵的茶葉進口稅，把東印度公司運抵波士頓港的數百箱茶葉倒入海裡。

圖13-1 1988-2008年實質所得變化[26]

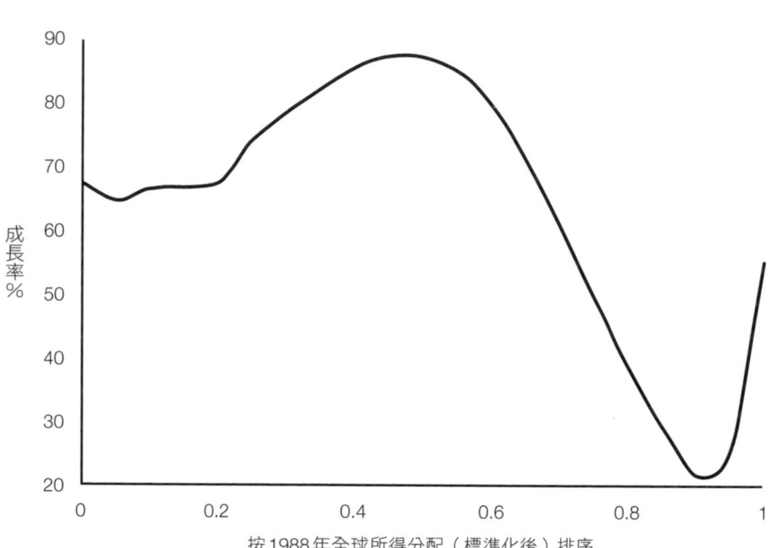

民、難民、褐鵜鶘*，全都插隊到你前面，但是像你一樣的人把這個國家建設得如此傑出偉大。你感到不滿，必須發聲：那些插隊者激怒你，他們違反公平法則，你憤恨他們，你覺得自己的憤恨是有道理的。」[24]

這兩本書，以及許多其他近年來的研究，都聚焦在中產階級至中低所得階級的家庭及社區。經濟學家布蘭科·米蘭諾維奇（Branko Milanovic）和克里斯多夫·雷納（Christoph

* 褐鵜鶘象徵對環境的關心。

Lakner）繪製一幅著名的「大象圖」（Elephant Graph），幫助我們了解為何這個社會隔閡會讓人感到如此疏離與憤恨。[25]

米蘭諾維奇和雷納把全世界的人從最貧窮排列到最富有，檢視他們的所得在1988年至2008年間變化了多少。他們得出的統計圖看起來就像大象舉起牠的長鼻。

這幅統計圖顯示，這20年間，幾乎全球所有人的實質所得都顯著改進，往往提高超過50%。（別忘了我們在第一章看到的，在工業時代以前，我們花了**8個世紀**才讓全球的實質所得成長50%。因此，這幅大象圖支持第十一章提到的：世界各地的所得普遍大幅成長。但是，這個正面趨勢有一個明顯例外：大象的頭部和鼻子之間的低點，在全球所得分配光譜上的這個低點，對應的是最富有國家的中產階級。如同米蘭諾維奇所言：「獲益最少的人，幾乎全都來自『成熟經濟體』……老傳統的富裕世界……德國所得分配中位數附近的群體在這20年間的實質所得只成長7%，美國這些人口群的實質所得則成長26%。」[27]

這個大象圖激發很多辯論，包括它的建構細節，以及它的含義，也出現很多修改及替代版本。* 但是，在我見過的所有版本中，美國及其他富有國家的中產階級都是在大象圖的最低

---

* 圖13-1的大象圖是計算每個國家的人民所得變化，再把所有國家彙總，繪製出全世界的所得變化。

點或靠近最低點，這是過去二十多年間實質所得成長率最低的一個群體。

使用更早時期的所得資料繪製出來的大象圖版本形狀不同，看起來根本不像大象舉起的鼻子，它們更接近平坦線，顯示世界各地人們的所得成長率大致相同。[28]只有在過去30年間，我們才看到大象頭（代表多數人類），高舉的鼻子（代表全球最富有者），以及介於它們之間的低谷帶，代表富有世界的中產階級。

第二次世界大戰後的頭一個十年期間，這個中產階級的所得大幅且持續成長。近幾十年，這個群體的所得成長緩慢，但在此同時，其他人的所得成長率空前之高，從中國的組裝線作業員，到印度的電話客服中心人員，到紐約的銀行家及矽谷的創投家都是如此。

所以，無怪乎富有國家的許多中產階級感覺他們受到不公平待遇。或者，伴隨我們更加深入第二次機器時代，資本主義和技術進步這兩位騎士繼續奔馳全球，這種感覺愈來愈強烈？脫節現象的興起，部分導因於資本主義和技術進步無情的結構性力量引發憤怒、怨恨與疏離感，而非引發信賴、互惠，以及馬提斯所說的：「歸屬於某個更大群體的感覺。」。

資本主義和技術進步直接或間接導致脫節現象，那麼，樂觀四騎士中另外兩位騎士：回應民意的政府及公眾意識呢？它們和社會資本的衰減有何關連性？

未能回應民意的政府

如上一章所述，美國的經濟及人口在地理上變得更集中化：這個國家正在歷經的是經濟活動、乃至於工作機會和人口「緊密聚集」（close gathering）在更少的地區。經濟及人口成長最快速的地方通常是靠近沿海的州及城市，而傳統的農業及工業地區，經濟及人口的成長更為緩慢，有些地區甚至在絕對數字上呈現出負成長。那麼，這種愈加集中化的趨勢有沒有影響美國政府回應民意的速度呢？

並沒有。美國人口最稠密的地區和人口最不稠密的地區差距的確在近年間擴大，但這些差距本來就都很大，重要的政治機制，如參議院及選舉人團的設計，完全或部分導致對人口集中化現象的回應變得遲鈍，但這個問題一直都存在，這些政治機制現今的回應速度並沒有比過往顯著降低。誠如政治分析家菲利浦．邦普（Phillip Bump）所言：「回溯至1790年的普查資料顯示，占全國半數人口的人口稠密州，在參議院的總席次只有約五分之一，包括2016年也是如此。」[29] 2010年大選時的艾爾．高爾（Al Gore）和2016年大選時的希拉蕊．柯林頓，普選得票數都高於對手，但選舉人團得票數卻輸給對手，因此未能當選總統，這種情形在十九世紀也發生過三次。[30] 所以，我們不能明確的說，地理上的集中化導致美國的國家政治變得明顯比以往更不會回應人民的意願。

但是，有強烈證據顯示，政治（至少，美國的政治）變得更兩極化了，[31]現在的民選官員不如以往民選官員那麼常跨黨派協商。美國的兩黨制度，以及聯邦立法必須獲得參眾兩院及總統核准的規定，* 再加上近年來的政治兩極化，導致政府對於回應人民意願的反應降低。在各項調查中，多數美國人一貫的支持更嚴格的槍支管制、為無合法文件的移民提供入籍管道、提供墮胎管道、對全球暖化問題採取行動。[33] 但是，自1980年代起持續向右靠攏的共和黨領導人並不支持上述任何一項民意。**

在全球各地，回應民意的政府這位騎士近年間也遭遇其他挫折。德國政治家俾斯麥（Otto von Bismarck）在1867年受訪時說了一句名言：「政治是一門可能性的藝術。」[34]一個半世紀後，伴隨工業時代快速讓位給第二次機器時代，脫節、威權主義和兩極化似乎正在使政府展現效能的可能性降低。

我們認為這些偽事實不證自明

威權主義者和多元論者彼此脫節，因為他們對價值觀與道

---

* 參眾兩院分別都可以以超過三分之二的票數推翻總統行使的否決權，但這種情形不常發生。在整個美國史上，總統行使否決權後被參眾兩院推翻的案例不到10%。[32]

** 美國的民主黨人向左靠攏的情形不比共和黨人向右靠攏的趨勢那麼明顯。

德觀有很深的歧見。伴隨這種脫節的持續，再加上地理性的集中化、政治兩極化、社會資本衰減、對制度的信賴度降低等等現象的惡化，出現另一個嚴重問題：人們愈來愈不相信事實，愈來愈相信假新聞、陰謀論，以及其他偏離實情的論點。脫節很容易傷害公眾對客觀事實的意識。

多數人認為，我們相信自己相信的那些事，因為它們是事實。其實，在許多情況下，我們相信許多事是因為周遭的人相信它們。這有幾個原因，其一，人們可能感受到很大的壓力而被迫順從周遭人的信念，心理學家所羅門・阿希（Solomon Asch）在1950年代所做的一系列著名實驗證實這種從眾現象。在這些實驗中，針對很簡單明瞭的問題，實驗參與者給了明顯錯誤的答案，只因為房間裡的多數其他人（這些人全都是實驗事先安排好的共謀者）給了錯誤的答案。

另一個原因是，我們人類的很多知識是從其他人那裡取得的，但我們沒有察覺自己在這麼做。認知學家史蒂芬・斯洛曼（Steven Sloman）和菲力浦・芬恩巴赫（Philip Fernbach）在他們的合著《知識的假象》（*The Knowledge Illusion*）中解釋，許多人以為他們很了解抽水馬桶的運作，但很少人能夠確實解釋這個設備沖掉排泄物與補充儲水的機械結構。這種「解釋深度的假象」（illusion of explanatory depth）很普遍，從開罐器的運作原理，到減輕汙染的「總量管制與排放交易」制度的實際運作，絕大多數人其實都不會解釋。

我們從其他人那裡取得我們仰賴的多數知識，這是很有道理的。現代世界太複雜，就連超級天才都只能了解這個世界運作原理的一小部分，因此，知識必須被分門別類，分別存放到構成一個社會與經濟體的所有腦袋裡。

問題在於，當一個社會群體的許多腦袋相信某件事是錯的、而且有害，例如，相信現代疫苗對小孩的風險太高，最好還是別接種疫苗，在一些美國社區，這種錯誤觀念很普遍，儘管兒童接種疫苗早已經是全球性的公共衛生成就。

全球有大約90%的兒童施打百日咳疫苗，[35]百日咳是一種高傳染性的咳嗽疾病，對嬰兒尤其危險。* 但是，洛杉磯的一些幼稚園有過半數的學童因為家長的申請而沒有接種百日咳疫苗，這些學校所在的社區通常是富有且教育水準高的社區，但它們的免疫率與非洲的查德和南蘇丹相似。[36] 百日咳原本幾乎從美國絕跡，但最近已經重返成為一項公共衛生風險，1995年時，美國僅有6例百日咳死亡案例。[37]但2017年時，已經有13例。[38]**

這個例子顯示，客觀上錯誤且糟糕的思想或觀念，一旦有夠多的人相信它們，就可能在一個社會群體中扎根，因為我們人類高度仰賴從其他人那裡取得知識。在另一個脫節的例子

* 百日咳引發的咳嗽可能很嚴重，而且會持續到使得病患呼吸困難。百日咳又名「哮咳」（whooping cough），因為病患在下一陣急咳前會先試著快速呼吸，而呼吸時往往會發出雜音。

** 反疫苗運動不僅發生在美國，2018年時，歐洲有超過8萬個麻疹病例，是2016年的15倍，這些病例中有72人死亡。[39]

中，愈來愈多人選擇少和價值觀及信念不相近的人往來，選擇多和志同道合者相處及往來。新聞工作者比爾・畢曉普（Bill Bishop）稱這種現象為「大分類」（the big sort），他寫道：「人們尋找他們偏好的社會環境，他們選擇身處於最自在的群體，於是，國家就變得在政治上愈加分隔，意見多樣化的好處消失，取而代之的是同質群體認為的正當性。」[40]

阻礙公眾普遍意識到公認事實的另一個重要因素是：對於那些和我們最深信的價值觀與信念密切相關的主題，我們特別不願意去改變我們的看法。心理學家強納生・海特指出，我們人類全都有一個道德基礎，但不是所有人的道德基礎都相同。有些人相信資本主義是確保個人自由的最佳制度，其他人則是認為資本主義是一種壓榨的制度。有些人深信有一個仁慈全知的神，其他人則是深信無神論。有些人確信公平意味的就是均等（人人獲得相同的份額），其他人則是堅信公平就是依照比例原則（按照每個人的貢獻度來分配成果）。

如果你歸屬的那個群體，相信全球暖化是敵人意圖歸咎美國資本主義的一場騙局，* 那麼，不論與氣候變遷有關的科學有多確實，你都不太可能被說服而拋棄這種信念，或不太可能去支持減少溫室效應氣體排放量的積極政策。如果你歸屬的那個群體相信基因改造作物違反大自然的神聖與純潔，因此必定

* 不，全球暖化並不是一場騙局。

不安全，*你就會堅決反對在農業中使用基因改造作物。

這些例子顯示，脫節可能阻礙公眾意識到重要事實，這將導致更難採取有效行動，尤其是當行動仰賴在國家層級或更高層級上、對於世界目前的情況必須怎麼做與怎麼達成共識時。

如第九章所述，1980年代和1990年代時，我們對於氯氟碳化物及臭氧層的破洞達成共識，但此後，社會資本（人際關係網絡）衰減，難怪公眾意識也跟著削弱。

第十五章探討我們該如何採取不同的做法，以改善人類的處境和大自然狀態時，將再度討論脫節這個問題，但在此之前，我們先試著展望未來，預期去物質化的未來發展。我們應該確信去物質化及相關現象將會持續嗎？

* 不，基因改造作物是安全的。

第十四章

展望未來

以下是我的長期預測總結：
多數國家的多數人在多數時候的物質生活情況將無限的改善。

——朱利安・賽門（Julian Simon），
《連線》（*Wired*）雜誌，1997 年*

* 賽門緊接著加了這句：「不過，我也猜想，許多人仍然會繼續認為並說生活情況愈來愈差了。」

前面好幾章說到資源使用量、汙染及其他的地球開採剝削減少，這些是好消息，但這些會持續下去嗎？有可能我們目前只是生活在工業時代和另一個貪婪掠劫期之中的行為得當期，到了下一個貪婪掠劫時期，我們又會大舉加重踩踏在地球上，最終導致巨大的馬爾薩斯衝擊嗎？

的確有可能，但我不認為會發生這種情況，我認為，從現在開始，我們會持續更妥善的照料我們的地球。我有信心，第二次機器時代將是人類史上一個劃時代的標記：我們日益持續在地球上踩踏得更輕，對它採擷得更少，對它照料得更好，同時，我們人類仍然持續變得更繁榮富足。2018年諾貝爾經濟學獎得主保羅．羅默（Paul Romer）的經濟成長理論與模型，是這種自信的一個來源。

成長心態

羅默對經濟學的最大貢獻是，他主張並證明最好不要把新技術視為公司從外部購買與引進的東西，而是要視為公司自行創造的東西。〔對此，他最知名的文獻是發表於1990年的論文〈內生性技術變革〉（Endogenous Technological Change）。〕這些技術就像設計或配方，如同羅默所言，它們是「我們在結合原料時遵循的操作指示」。[1]這跟第七章提出的技術定義很相近。

公司為何會發明和改進技術呢？很簡單，為了創造獲利，它們想出能夠讓它們提高營收或降低成本的操作方法、配方與藍圖。如同我們在第七章一再看到的，資本主義為這種技術進步提供充分的誘因。

截至目前為止，這似乎像是資本主義和技術進步這兩位騎士共同運作的標準主張，但羅默的傑出在於，他強調公司在追求獲利時想出的技術點子有兩個重要特性。第一個重要特性是，這些技術具有**非敵對性**（nonrival），意指它們可以同時被不只一個人或一家公司使用，而且它們不會被用罄。多數原子性質的資源顯然不具有這種特性：你用這一磅的鋼鐵來打造一輛車的引擎後，我就無法使用這一磅的鋼鐵了，但是，構想和操作指示就具有共享性。畢氏定理、一種蒸汽引擎的設計、美味巧克力餅乾的配方，不論被使用多少次，都不會被用罄。

企業技術的第二個重要特性是**部分排他性**（partially excludable），這指的是公司可以用某種程度的限制來防止其他人使用它們想出的技術。這麼做的方法包括技術保密（例如可口可樂的完整配方），申請專利及其他智慧財產保護等等。但是，這些方法都不能完全排他（因此才會說是**部分**，以及**某種程度**），商業祕密會外洩，專利會過期，而且在專利過期之前，專利持有人必須說明他們的發明，好讓其他人能夠研究它。

部分排他性是個很棒的東西，它提供強烈的誘因，促使公司去創造實用、能增進獲利、可以只靠它們在一段期間賺錢的新技術，但也能確保新技術最終「擴散出去」。假以時日，新技術將散播，被愈來愈多的公司採用，儘管這可能不是技術原創者所樂見。

羅默認為，技術進步等同於公司想出非敵對、部分排他性的技術構想後的產出，這些新技術構想促使經濟成長。他也指出，這種新技術構想促進的經濟成長未必會隨著時間而減緩，它不受勞動力規模、自然資源量，或是諸如此類的其他因素所限制，這種經濟成長只受限於一個市場中人們產生新技術構想的能力，羅默稱這個能力為「人力資本」（human capital），並在1990年發表的文獻最後寫道：「這個模型最有趣的正面含義是，一個擁有較大人力資本總量的經濟體，將呈現較快速的成長。」

這個後來被稱為「規模報酬遞增」的理論既強大，又反直覺，多數傳統的經濟成長模型，以及非正規的、我們多數人理智上認為的經濟成長模型，都是規模報酬遞減：伴隨整體經濟規模擴大，經濟成長將減緩。直覺上，規模報酬遞減是有道理的：感覺上，一個規模10億美元的經濟體要成長5%，比一個規模1兆美元的經濟體要成長5%更為容易。但是，羅默提出的模型顯示，只要一個經濟體的人力資本（也就是由人民想出新技術、並且把它們付諸使用的總能力）繼續增加，這個經濟體就有可能在規模變得更大的同時，成長得更快速。這是因為實用、非敵對、不完全排他的新技術構想數量將持續增加，誠如羅默極具說服力的證明，經濟會靠著新技術構想來運轉與成長。

促進繁榮的機器

羅默的理論應該可以使我們樂觀看待數位工具（硬體、軟體與網路）所帶來的全球福祉，主要理由有三個。第一，無數的例子顯示這些工具有多麼善盡技術的核心角色，那就是提供「我們在結合原料時遵循的操作指示」。由於原料得花錢，追求利潤最大化的公司特別熱切於找到使用更少原料的方法，因此，它們使用數位工具去得出使用較少鋁的啤酒罐、使用較少鋼鐵與汽油的汽車引擎、使我們無需再使用紙本地圖的地圖軟體等等。這些全都不是純粹為了照顧地球而產生的東西，它們的產生是源自於資本主義的核心：追求利潤。但因為這樣，使得我們取用更少的地球資源，連帶使得地球受惠。

數位工具是創造技術的技術，是人類史上最多產、用途最廣的技術，它們是產生構想的機器，它們產生大量的構想。同一套電腦輔助設計軟體可以被用來設計出更輕薄的鋁罐，也可被用來設計出更輕且更省油的引擎。一架無人機可以被用來掃描農田，以研判是否需要更多水來灌溉，也可被用來取代直升機，執行電影拍攝工作。一支智慧型手機可以被用來閱讀新聞，聽音樂，支付款項，而且完全不需要消耗更多的資源。

在第二次機器時代，全球的數位工具總量增加速度空前，追求獲利的公司以無數方式使用它們來結合用量更少的原料，在美國等先進經濟體，資本主義和技術進步結合所累積產生的影響很清楚：經濟與社會的絕對去物質化，減輕我們在地球上的足跡。

羅默的技術與成長理論在此出現而使我們感到樂觀的第二個理由是排他性降低。普及的數位工具使得好設計及配方更容易散播至世界各地，這通常不是原來想出技術構想的公司所樂見（它不會想要外界取得它節省成本的優異構想）。但排他性已經不如以往那麼容易。

這並不是因為專利保護變弱了，而是因為有了更強大的數位工具。一旦一家公司展現可能性，其他公司就會使用硬體、軟體與網路來追趕領先者，縱使有智慧財產保護法的限制，使它們無法完全複製，它們也可以使用數位工具來探索達成相同目的的其他方法。所以，許多農夫學會如何在使用更少水及肥料下獲得較高的收成，儘管他們以不同的方式結合這些原料。蘋果公司研發出iPhone後，賈伯斯當然希望蘋果是唯一供應智慧型手機的公司，但不論他申請多少專利、打多少官司，他都無法維持這種獨占地位，其他公司找到方法把處理器、記憶體、感應器、觸控螢幕及軟體結合起來，打造出能夠滿足全球數十億顧客的智慧型手機。

絕大多數非蘋果智慧型手機使用的是免費且可以自由修改的安卓（Android）作業系統，Google的母公司Alphabet開發及釋出安卓系統，完全沒有試圖排他，顯然就是要使它盡可能被廣為複製。這是數位產業免費贈送寶貴技術的大趨勢之中的一個例子。

免費且開放原始碼軟體，最著名的例子應該是Linux作業系統（安卓系統就是以Linux為核心開發出來的），但還有許多免費的開放原始碼軟體，線上軟體庫GitHub聲稱它是「舉世最大的開放原始碼社群」[2]，存放代管數百萬個專案。Arduino社群為電子硬體做類似的事，Instructables網站上提供打造各種設備的詳細操作說明，從空氣微粒子計數器到機器工具，五花八門，全都沒有智慧財產保護。這類社群的貢獻者有各種不同的動機（Alphabet免費釋出安卓系統，絕對不是出於純粹的利他動機，它的一個動機是想使全球的行動電話使用者數量大躍進，這樣，就有大量的人使用Google搜尋及YouTube之類的服務），但他們全都是非排他性技術（nonexcludable technologies）趨勢的參與者，這對成長而言是大好消息。

如第十章所述，使用智慧型手機通訊及上網的情形在全球快速普及，這意味的是，人們不再需要透過像樣的圖書館或學校去取得知識和提升他們的能力。全球各地的人們利用新科技，帶來建立及提升技能的機會，這是數位工具廣泛散布而使我們對未來的成長感到樂觀的第三個理由：這些工具幫助人力資本快速成長。

舉例而言，免費的行動應用程式「多鄰國」(Duolingo)現在是全球最流行學習第二種語言的管道。[3] 2018年7月，維基百科（Wikipedia）的頁面瀏覽次數近150億人次，[4] 其中有半數不是英語頁面。[5] Google首席經濟學家海爾・瓦里安（Hal Varian）指出，每天有幾億人次在YouTube上觀看教學影片，他說：「從未有一項技術能夠以免費、隨時隨需的方式教育如此廣大的人群。」[6]

羅默的理論使我對未來充滿希望，因為它顯示，成長與繁榮的驅動力是我們建立人力資本的能力，而非砍伐森林、挖礦或燃燒化石燃料。他的經濟成長模型也更加凸顯資本主義和技術進步合作得多好，這也是本書的一個核心要點。提高獲利最穩當的方法是降低成本，現代技術、尤其是數位技術提供無限種結合材料及重組材料以降低成本的方法（減量、替代、優化與蒸發）。我們沒有理由去預期資本主義和技術進步這兩位騎士很快就不再一起奔馳了，恰恰相反，羅默的洞察顯示，伴隨經濟成長，這兩位騎士很可能奔馳得愈來愈快。

更光明，腳步更輕的未來

這個世界仍然有數十億非常貧窮的人，但他們將不會再繼續維持於這種情況，所有可得的證據強烈顯示，未來幾年和未來數十年，大多數世人都將變得更加富有。伴隨他們賺得更多和消費更多，將對地球產生什麼影響呢？

工業時代的歷史與經濟使許多人悲觀看待這個重要疑問。從瓦特展示他設計的蒸汽引擎到第一屆世界地球日的這兩個世紀，資源消耗量和經濟成長呈現同步的正相關，馬爾薩斯和傑文斯的論點似乎沒錯，我們遲早會觸及成長的極限。

但是，在美國及其他富裕國家，發生奇怪、意料之外、卻很棒的情形：我們開始用更少的資源創造更多的產出。我們把人口與經濟成長和資源消耗量、汙染，以及其他環境傷害脫鉤。馬爾薩斯和傑文斯的論點再也站不住腳，退讓給羅默的論點，世界永遠不同了。

這意味的是，我們不應該去憂心使世上的窮人變得更富有的問題，而是應該幫助他們儘快並盡量讓經濟升級，這不僅是在道德上正確的事，也是對我們地球有益的事。現今的貧窮國家變得更富有時，它們的制度將改進，多數國家最終將歷經經濟學家李嘉圖．郝斯曼所謂的「資本主義改造生產」，這樣的改造不會奴役人們，也不會汙染地球。

現今的窮人變得更富有後，他們將消費更多東西，但是他們的消費將與更早世代的消費明顯不同。他們將不會閱讀紙本報章雜誌，他們的動力將來自可再生能源及核能，因為這些能源最便宜。如第十二章所述，他們會傾向生活在城市裡，事實上，他們已經生活在城市裡了。他們不太可能擁有車子，因為會有各種便利的交通工具可供選擇。最重要的是，他們會想出使成長持續的構想，這對人類及我們生活的地球都有益。

預測技術進步實際上會如何開展，就像預測天氣一樣：能預測短期的情況，但不可能預測較長遠後的未來。舉例而言，高度的不確定性及複雜性使我們無法預測30年後會使用怎樣的電腦運算設備，或是預測2050年以後的主流人工智慧類型。

不過，我們雖然無法預測長期的天氣，但還是可以正確預測氣候，例如，我們知道八月的平均氣溫比一月暖和多少，我們知道如果我們繼續增加排放到大氣層的溫室效應氣體數量，全球的平均溫度將升高。同理，我們可以預測未來技術進步的「氣候」，技術進步將被重度應用於最能影響資本主義的領域。我們一再看到，技術進步提供透過去物質化而降低成本及改善績效的機會，資本主義則提供這麼做的動機。

結果是，伴隨著二十一世紀走得更遠，第二次啟蒙運動會繼續下去。我相信，隨著數位技術持續進步與增加，全球競爭持續加劇，第二次啟蒙運動將加快，我們會看到一些最驚人的減量、替代、優化與蒸發的例子出現在機會最大的地方。以下是一些粗略的預測，涉及人類最大的產業。

製造業

複雜的零組件將不再由工業時代發展出來的方法製造，改由3D列印技術製造。一些火箭引擎和其他極昂貴的東西已經使用3D列印打造，伴隨3D列印技術的改進及變得更便宜，這種製造方法將應用於製造車輛引擎本體、歧管，以及其他複雜的管路安排、飛機的避震器及機翼，和無數其他的零組件。由於3D列印幾乎不會產生廢料，不需要龐大的模具，這將會加快去物質化。

我們也將使用非常不同於現今使用的材料來製造東西。我們正在快速改進我們使用機器學習、以大量電腦運算能力去篩選世界上可用的巨量分子的能力，我們將使用這個能力去研判哪些物質最適合製造柔性太陽能板（flexible solar panel）、更節能的電池，以及其他重要設備。截至目前為止，我們在尋找合適材料方面既辛苦，又進展緩慢，這種情形即將改變。

我們了解大自然的蛋白質以及產生新蛋白質的能力也一樣進步緩慢。所有生物都是由名為蛋白質的生物分子構成的。蜘蛛絲之類的奇妙材料，主要成分也是蛋白質。我們身體的細胞是蛋白質的組裝線，但我們目前對這些組裝線的作業方式（它們如何把二維的胺基酸鏈折疊成一個複雜的3D蛋白質）了解甚少，但拜數位工具之賜，我們現在正快速學習。2018年時，在一場競賽中，由Google深智公司（DeepMind）發展出來的AlphaFold軟體正確推測出43種蛋白質中的25種蛋白質結構，奪得這項競賽的第一名，第二名只推測出其中3種蛋白質結構。深智公司的共同創辦人戴米斯·哈薩比斯（Demis

Hassabis）說：「我們還沒有解決蛋白質折疊問題，這只是第一步……但我們有一套優秀的系統，我們有一大堆尚未執行的構想。」[7] 這些好構想累積起來，很可能使我們製造出如同蜘蛛絲強度的材料。

能源

人類在二十一世紀最急迫的一項功課是減少溫室效應氣體排放量，這有兩條途徑：一是在能源使用方面提升效率，二是在產生能源方面，擺脫會排碳的化石燃料。數位工具在這兩方面都能提供很大的助力。

最近有幾個團隊已經展示出他們能夠結合機器學習和其他方法，把資料中心的能源使用效率提高30%。[8] 基於兩個理由，這種大改進的影響頗大：第一，資料中心是能源的重度使用者，約占全球電力需求的1%。[9]因此，這些設施的能源使用效率提升對減少溫室效應氣體很有幫助。第二個理由，而且是更重要的理由，這種改進顯示，其他複雜的基礎設施（電力網、化學工廠、鋼鐵工廠等等）的能源使用有多大的減量空間。它們的能源使用效率全都比它們能做到的水準低太多，我們現在有更多機會和充分誘因去改善它們。

風力發電和太陽能發電都變得便宜許多，以至於在全球許多地區，縱使沒有政府補助，它們現在是新發電機最具成本效益的選擇。一旦設立並開始運轉，這些能源幾乎就不會再使用資源了，而且它們不會產生溫室效應氣體，它們是去物質化的世界冠軍之列。

未來數十年，核融合可能會加入它們的行列。核融合是發生在太陽和其他恆星內部極強大的過程，利用融合反應的研究進展有超過半世紀的期間，緩慢到令人著急，一個老掉牙的笑話說：至少還得再等上20年，而且永遠都得再等上20年。問題的一大部分在於很難在任何人造的容器裡控制融合反應，不過，感應器及電腦運算力的大幅進步增添希望，真的可能在20年後實現核融合發電。

運輸

我們目前的運輸系統長期欠缺效率，多數車輛的使用時間並不多，縱使有使用，也沒有達到充分效率。現在，我們有技術可以隨時知道每一個駕駛、乘客、每一件貨物與每一輛車的所在位置，我們就能大大提高運輸系統中每個元素的利用率及效率。

這種轉變的結果可能是租用交通工具，而非擁有交通工具。人們擁有的車子通常有超過90%的時間是閒置的，現在有愈來愈多人選擇不擁有車子，需要時才去取用交通工具，例如Uber和Lyft之類的叫車服務。這類服務快速擴展至全球各地，並且擴大涵蓋更多款式的交通工具，包括摩托車、腳踏車、電動機車等等，它們也擴展到長途及短途貨運之類的商務應用。隨著這樣的轉變持續發展，我們將需要更少量的鋼鐵、鋁、塑膠、汽油，以及其他資源來移動人及貨物。

我們的交通擁擠與堵塞情況可能也會減輕，比起汽車，腳踏車和摩托車占用的空間較小，街道可以容納較多的腳踏車和摩托車。技術也讓我們有能力實行許多形式的「擁擠收費」（congestion pricing），研究顯示，對使用擁擠街道的車子收取夠高的費用，會使人們改用別的交通工具，有助於減少堵塞。最有趣的未來交通平台應該是天空，促成現今小型無人機的那些技術，可以擴大規模，打造有多達8個推進器、無駕駛的「空中計程車」。這種新奇發明現在聽起來像是科幻片場景，但到了二十一世紀中期，它們有可能是載運我們的交通工具。

農業

如第五章所述，先進的農場已經出現，年年減少土地、水及肥料等投入要素來增加產出的能力，拜「精準農業」（precision agriculture）的種種創新所賜，這種優化趨勢將持續。「精準」代表許多含義，包括：偵測植物及動物健康狀況、土壤品質及溼度等等更好的感應器；僅在需要的地區施肥、噴灑農藥與灑水的能力；針對每一株植物或每一隻動物而自我調整的機器。這些類別的精準性將結合起來，使傳統的農場能夠以更少的資源創造更多產出。

植物及動物基因組的改變也一樣，基因改良將提高疾病與乾旱的耐抗性，擴大可以種植作物的地區，使我們能夠提高每種作物或畜群的產出。如第九章所述，基因改造作物也讓我們可以對脆弱的人口（例如貧窮國家的嬰幼兒）提供更好的照顧，例如種植黃金米及其他提高營養的作物。以往的基因編輯工具比較漫無目標，新的基因編輯工具精準度大大提升，我們將能夠在基因改良方面做到更精準。一些地區強烈反對基因改造生物，但這些反對並非基於理性或科學，未來這些反對意見可望能夠消退。

在整個人類史上，幾乎所有農耕都是在農田上執行，現在，一些作物的種植場所已經改變了，部分農業已經移到室內，可以精準監測與控管光線、溼度、肥料，甚至大氣結構等等變數。從都市建築物到貨櫃，我們現在以愈來愈少的人力及投入要素來種植農作物，這類完全監控的農作物將在未來擴大發展，有助於減輕農業在地球上的足跡。

上述這些產業的分析並不周全，我也沒有每種創新的可能性或何時可能實現的準確估計，我的描述只是想要說明資本主義和技術進步這兩位騎士可以帶來的可能性有多廣大，多令人振奮，以及它們將如何繼續使我們的消費去物質化，讓我們在促進繁榮的同時，也在地球上踩踏得更輕。

治癒一個愈來愈熱的世界

但是，如果我們使地球過熱得太嚴重，以至於我們拯救地球的技術及其他創新全都發揮不了多少成效呢？全球暖化問題是否蓋過四騎士帶來的去物質化、汙染減少，以及其他種種益處的光芒呢？

不，絕對不是。下一章要討論二十一世紀地球氣候改變的問題有多糟糕（現在先提供一個簡短答案：很可能介於糟糕和災難性的衝擊之間），以及我們能夠減輕風險與傷害最有效的行動。但這裡要點出的一個重點是，這些傷害將在幾十年間發生。

這幾十年間，我們需要奮鬥及打贏的戰役並非只有對抗全球暖化之戰。我們還需要對抗空氣、水及土地的汙染，使我們及地球上的其餘生命活得更健康。我們必須減輕我們在地球上的足跡，把土地還給大自然，讓森林再生長，動物能夠重返森林。我們應該減少採礦、挖井，以及砍伐林地等活動在土地上留下的疤痕。如果生產一種能源將會產生溫室效應氣體及其他汙染，我們就應該學習少用這種能源。我們必須持續幫助人們擺脫貧窮，降低死亡率和疾病負擔，確保取得乾淨用水及衛生設備，讓更多人獲得教育，增加經濟機會，以無數其他方式改善人類的處境。

在面對全球暖化問題的同時，這些奮鬥並不會變得較不重要，所以，我們近期的成功（去物質化、人類的處境及大自然狀態顯著進步）都極難能可貴。未來在這些領域上繼續成功同樣也很重要。

我對於未來獲勝的信心有多高呢？高到足以讓我對它們下賭注。

我打賭，地球會愈來愈好

跟1980年時的朱利安・賽門一樣，我願意以金錢打賭。賽門當年相信自然資源的價格會下滑，並願意拿錢打賭他的這個預測；我現在打賭的是數量，不是價格。我相信美國未來在多數自然資源上的總消耗量會減少，我願意拿錢打賭這個預測。我也打賭美國的溫室效應氣體排放量將會減少，這個國家的環境足跡也會以其他方式減輕。

這些賭注並沒有限制條件，換言之，我打賭，不論美國的經濟及人口成長得多快，不管誰當選總統，不論世界其他地區發生什麼事，美國的自然資源消耗量及汙染都將降低。跟賽門和艾立克打賭的期間一樣，我的這項賭注為期10年。

賽門邀請艾立克來打賭，我要邀請的則是任何人，如果你認為我的預測是錯的，就下注一些錢，我們可以來看看最終誰會贏，這樣還不夠，就算是這場賭局的贏家，也不能把錢留下，雙方都必須把下注的錢捐給指定的慈善組織。你可以這麼想：如果你贏了，就把你的賭資捐給你支持的一個慈善事業，而我也捐同樣金額的錢；但如果你輸了，我會把我的賭資捐給我支持的一個慈善事業，你也捐同樣金額的錢。

我提出的賭局如下：

與2019年相比，2029年時，美國在下列項目的總消耗量會減少，包括：

- 金屬
- 工業材料（鑽石、雲母等等）
- 木材
- 紙
- 肥料
- 農業用水
- 能源

與2019年相比，2029年時，美國會：

- 使用更少的農田
- 溫室效應氣體排放量減少

關於這場賭局的詳細資料（使用什麼資料、如何計算數量、如何處理賭資等等），可以在「Long Bets」網站

（longbets.org）上取得。這個網站上還有其他長期賭局，如果你感興趣，而且有足夠信心認為那些預測是錯的，可以加入賭局。賭資在50美元至1000美元之間，我已經投注10萬美元。

我對美國下這些賭注，主要是基於四個理由。第一，我相信樂觀四騎士（資本主義、技術進步、回應民意的政府、公眾意識）在這個國家已經相當穩固（當然並不完美，但相當穩固），而且，至少未來幾十年仍將持續穩固，因此，我對美國的未來趨勢很有信心，願意打賭。第二，這個國家的經濟規模使它舉足輕重，美國約占全球總產出的25%。[10]第三，我相信，美國的去物質化趨勢是全球趨勢的領先指標，因此，觀察這個國家的發展情勢有其重要性。第四，美國有規律、有系統的蒐集關於資源使用、汙染及其他相關指標的資料，而且資料品質很高。

當然啦，對於未來人類的處境及大自然狀態會繼續進步有信心，並不等同於說它們現在已經進步得夠快了，它們的進步絕對不夠快，我們可以、也應該做得更多，讓四騎士在全球奔馳得更快、更遠。因此，下一章將檢視，在第二次機器時代的此時，政府、公司、慈善事業、非營利組織、家庭及個人做出哪些改變會最有幫助。

第十五章

如何改進

絕對別懷疑一小群有思想且堅定的人民能夠改變世界，

事實上，世界的改變都是這麼來的。

—— 人類學家瑪格麗特・米德（Margaret Mead，1901-1978 年）

本書從頭到尾都在試圖解釋，我們現在的行動令人振奮，但絕不完美。資本主義、技術進步、公眾意識與回應民意的政府這四位騎士在全球奔馳，以大多數影響最大的方式去改善世界，人類的處境和大自然狀態大致上變得更好了。我預測這些正面趨勢將持續至未來，如上一章所述，我願意對這項預測下賭注。

但是，我們仍然面臨嚴重的挑戰，需要我們關注及努力的挑戰。如果我們繼續目前的軌跡，很可能在二十一世紀導致我們生活的這個星球氣溫升高到產生種種傷害。如果不預防與阻止，企業就會繼續製造汙染，剝削動物物種。除非我們做出改變，不然我們可能也會看到美國因絕望而死的人、以及世界各地的脫節和社會資本衰減的現象繼續增加。我們得防止或至少減輕這些傷害。

我們的目標應該是持續及加速經濟去物質化與眼前所見的許多繁榮，同時也處理汙染、社會資本衰減之類的負面外部性。換個方式說，我們應該繼續讓資本主義和技術進步這第一組騎士帶領我們更深入推動第二次啟蒙運動，同時使用公眾意識和回應民意的政府這第二組騎士，適當的節制資本主義，並處理快速變遷導致的其他傷害。

這些簡單方針顯示出政府、企業、慈善事業及其他非營利組織、家庭及個人應該普遍採取明智的行動及干預，下文逐一討論這四種行動者。

治國之道

市場無法妥善處理外部性，汙染是典型的外部性，溫室效應氣體則是最威脅地球（以及我們）長期健康的汙染，因此，回應民意的政府現在及未來最重要的工作就是降低我們經濟活動的碳濃度。

全球暖化會多糟糕呢？這個問題回答起來很複雜，因為我們會感受到多大程度的暖化，以及任何一個程度的暖化會對我們以及地球上的其餘生命造成多糟的影響，這些涉及太多不確定性。經濟學家威廉・諾德豪斯（William Nordhaus）使用「氣候賭場」（climate casino）來表達與氣候變遷的未來軌跡相關的不確定性。

不過，諾德豪斯強調，人類史上從沒有像現在如此高度確定地球正在暖化：「整個人類文明史中，我們從沒有經歷過比目前氣候變遷速度及範圍更嚴重的情況……最好的推測是，在接下來一個世紀，人類面臨全球氣候變遷的速度是過去5000年來經歷的10倍左右。」[1] 科學界的強烈共識是，這樣的暖化將導致愈來愈多變化無常的降雨、海洋酸化、一些地區乾旱，以及其他的大變化。

諾德豪斯繼續寫道：「我們也可能遭遇令人驚奇的變化，其中一些變化會非常惡劣。也許北半球的冬天下雪量會增加；也許颶風會顯著加劇，改變它們的風暴路徑；也許，格陵蘭冰原會開始快速融化；也許座落在海床上的西南極冰蓋會快速崩解，滑入海洋中。」[2] 我們可不想在氣候賭場上賭博，那麼我們應該怎麼做，才可以盡可能遠離它？

諾德豪斯在2018年贏得諾貝爾經濟學獎（共同得主是上一章提到的保羅．羅默），有很大部分歸功於他在量化全球暖化風險與找出因應策略方面的研究。諾德豪斯和其他人提倡的策略相似：他們使用世人熟知的方法來處理溫室效應氣體汙染的外部性。「蒙特婁議定書」已經把氟氯碳化物逐步淘汰掉了，美國及其他國家的「總量管制與排放交易」制度已經大大降低二氧化硫與其他形式的微粒子汙染。

諾德豪斯的一項主要提議是課徵碳稅，這比「總量管制與排放交易」更直截了當，碳稅會使產生大量碳的產品及能源變得更昂貴，因而導致許多購買者改用排碳量較低的替代品，例如風力發電、太陽能發電、核能發電。隨著時間逐步提高碳稅，會使購買者有愈來愈強的誘因去遠離重排碳產品，也讓生產者有時間去清理它們的經濟活動。

「稅收中和」碳稅（revenue-neutral carbon tax）是碳稅基本概念的一種變化版本：向生產者課徵到的碳稅稅收不屬於政府公庫，直接分配給民眾。諾德豪斯輔佐加拿大卑斯省政府建立稅收中和碳稅，在2008年開始實施，最初稅負是每噸二氧化碳課徵加拿大幣10元，這些稅收將以抵減稅額和降低所得稅的形式歸還該省的居民。[3] 2019年1月，一群知名美國經濟學家（包括諾貝爾獎得主、聯準會主席、財政部長等等）連署一封公開信，主張美國採行稅收中和碳稅。[4]

近年來，愈來愈多國家或地區開徵碳稅，包括智利、墨西哥、南非及愛爾蘭。雖然說有愈來愈多國家加入，但還是不太夠。中國和美國的排碳量合計占全球總排碳量約45%，[5] 但兩國迄今仍未全國性開徵碳稅。歐盟針對碳排放制定的「總量管制與排放交易」制度迄今還沒有見到成功銳減排碳量，部分是因為管制總量訂得太高，使得排碳的生產者不需要做多少排放交易。

課徵碳稅的一大阻礙是，人民討厭稅負，縱使是為了減輕全球暖化這類非常值得追求的目的，人民對「稅」仍然會敏感的反彈。法國總統馬克宏在2018年末就深切認知到這點，當時，汽油稅的提高引發全法國大規模抗議，隨著這些示威行動愈演愈烈，釀成暴力行動，法國政府被迫退讓，宣布延後提高稅率（可能無限期延後）。[6]

法國的鄰居德國在對抗全球暖化的行動上也碰到問題，這些麻煩凸顯出公眾意識和回應民意的政府交會時的重大失敗。德國展開極富雄心的全國性能源轉型（德語稱「Energieende」），意圖擺脫化石燃料，改用可再生能源，但截至目前為止的成果不佳，自2000年至今，民生電價已經上漲一倍，[7] 排碳量方面，1990年後的10年間明顯降低，但自2000年至今，排碳量的減少反而停滯，甚至在近年不減反增。[8]

為何會這樣呢？部分是因為，德國雖然大舉投資在昂貴的風力發電和太陽能發電，同時也持續逐步廢除核能發電，[9]讓現有的核能發電廠除役，並且不再興建新的核能電廠。* 伴隨核電減少，當風不夠大或陽光不足（德國可不是一個經常陽光普照的地方）時，該國必須仰賴高排碳量的燃煤火力發電廠來補充電力供給。

德國人非常不歡迎核能，[10] 但不歡迎核能的可不只有德國人，2011年對24個國家進行的問卷調查結果顯示，大多數的人反對核能發電。[11] 其實這並不難理解，輻射的毒害太嚇人，美國三哩島事件、烏克蘭車諾比事件，以及日本福島事件似乎提供充足的證據告訴世人，核能電廠無法安全無虞的運轉。

但是，誠如環境政策分析師、自稱為「生態現代主義者」的麥克·薛倫柏格（Michael Shellenberger）一再強調的，證據強烈顯示，核能其實是最安全的可靠能源。2007年發表在醫學期刊《刺胳針》（*The Lancet*）的一篇研究文獻指出，過去15年間，整體而言，因為核電廠汙染導致的死亡率是煤炭、天然氣或石油汙染導致死亡率的幾百分之一，[12]核電廠的事故率也比較低。**誠如薛倫柏格所言：「三哩島事件或日本福島事

* 近年間，德國繁榮發展的製造業和交通運輸也排放更多碳。

** 唯一的例外是，天然氣發電廠的職業致死率低於核電廠。

件中，沒有人因為輻射汙染死亡。」[13]* 車諾比事故後的30年間，因為這個事故而死亡的人不到50人。**

核能的壞名聲其實很冤枉，跟疫苗、嘉磷塞和基因改造作物一樣，與核電相關的公眾意識明顯不符事實。從核分裂取得核能有挑戰性，包括安全處理核廢料、核子反應爐設計的現代化及標準化，但營運核電廠的人已經展現出這種能源穩定、乾淨、安全、可以擴大規模，而且可靠。

在我們目前擁有的能源中，這是唯一具有所有上述優良特性的能源，因此，除了碳稅，核能應該是對抗全球暖化的首要武器。但是，世界各地許多政府屈服於民意，而非根據可靠的科學與證據來行事，這雖然是可以理解的事，但也是不幸的事。好消息是，在一些國家，輿論正在改變，漸漸傾向支持核能。2017年時，韓國的一個公民委員會建議重啟兩座核子反應爐興建工程；[16]在2018年末進行的公投中，台灣公民投票反對在2025年之前逐步淘汰核能發電廠的計畫。[17]

除了溫室效應氣體，政府也應該繼續把其他種類的汙染

---

* 2018年9月，一名參與福島核電廠清理作業的工作者死於肺癌，日本政府把他的死因歸於福島事故。[14]

** 車諾比論壇（Chernobyl Forum）、聯合國及世界衛生組織在2006年聯合發表一份報告中做出結論，估計可能將有多達4000人死於可歸因於車諾比事故輻射汙染導致的癌症，但世界衛生組織在2016年的更新報告中指出：「因為大約四分之一的人死於非車諾比事故輻射汙染導致的自發性癌症，因此，輻射導致的死亡增加僅有3%，這將難以觀察。」[15]

變得非常昂貴，使企業決定不再產生汙染。我們還沒有達到這個境界，就如第九章所述，海洋塑膠垃圾是一個嚴重問題，絕大部分來自非洲及亞洲河流的重汙染。大體而言，富有國家在控制汙染方面做得比開發中國家好，不過，縱使在富有國家，也有令人憂心的問題，例如，在美國，川普政府已經實行前環保署官員稱之為「悄悄拆除汙染管制架構」的行動。[18]這些拆除包括修改規範以減輕石油及天然氣公司監測與防止它們的設備外洩甲烷的責任；[19]放寬煤炭廠的汞排放限制；[20]重新解釋「淨水法」（Clear Water Act），把一些種類的溪流及溼地排除在外，[21]以及許多其他的類似行動。這些是把企業獲利放在人民及地球福祉前面的明顯例子。

除了對抗溫室效應氣體及其他汙染，政府也應該繼續保護脆弱地區及野生動物免於遭到資本主義制度的傷害。如第十一章所述，趨勢令人鼓舞，陸地及海洋公園在世界各地擴展，在何處、何時可以獵捕哪種動物，以及可以交易哪些動物製品的相關法規執行得非常有成效，成功拯救許多瀕臨滅絕的物種。

我們持續見到政府適切的回應大眾對動物福祉的關心，這類發展令人鼓舞。中國國務院在2018年10月宣布放寬自1993年起實施的「三個嚴格禁止」：禁止進口、販售及使用老虎及犀牛製品。此舉立刻引發來自許多方面的強烈及持續抗議，這些激烈反對奏效，國務院常務副祕書長丁學東在11月宣布：「將繼續實行『三個嚴格禁止』。」[22]

把一些動物從市場上拯救出來的同時，政府也應該致力於幫助許多好構想成真，投入市場。上一章提到，經濟成長仰賴構想的數量，追求獲利的公司發展出許多構想與技術，但對於似乎不太可能商業化或離商業化太遙遠的領域則往往投資不足。因此，多數經濟學家認為，政府應該資助早期階段及不確定性較高的研究，尤其是那些一旦成功將大大增進我們福祉的領域。電池、太陽能、核能，以及許多能源技術顯然屬於這一類，是政府增加研究支持的好選項。

鼓勵成長及處理負面外部性的經濟學戰術發展得相當成熟，但脫節及社會資本衰減問題就欠缺成熟的處理戰術了。這是一個嚴重問題，因為如同在第十三章看到的，在美國及其他富裕國家，脫節現象愈趨嚴重，政治愈來愈兩極化，群眾煽動者及民粹主義者贏得選舉，人民分裂成民粹主義者及威權主義者的敵對陣營，在美國，因絕望而死的人急劇增加。

導致脫節問題愈趨嚴重的一個因素是地理上的集中化更加顯著，當愈來愈多的產出來自愈來愈少的農場、工廠及地區時，就有愈來愈多的工作者及社區面臨崩潰，特定工作機會轉移至別處或完全消失，許多人被撇下。

該如何反轉這個趨勢，並沒有明顯的解決之道。資本主義和技術進步這兩位騎士把我們帶向更集中化的世界，而非更均勻分布的世界，這在一些方面是一種進步，例如，我們可以用更少的土地來滿足我們對食物的總需求量，把其餘土地還給大自然。但另一方面這也帶來挑戰，如何把好的工作機會及社會資本帶回那些工廠關閉、農田休耕的社區，目前還很不明朗。

這有部分是因為在針對特定地區的成功干預上我們經驗不多，誠如三位經濟學家班傑明·奧斯汀（Benjamin Austin）、愛德華·葛雷瑟（Edward Glaeser）以及賴利·桑默斯（Larry Summers）在2018年合寫的文章中所言：「傳統上，經濟學家對於地方導向的政策抱持懷疑，因為他們堅信，援助方案最好是針對窮人，而非針對貧窮地區，也因為貧窮地區的所得水準總是會朝向富有地區的所得水準趨近。」[23]

但是，這種趨於一致的現象在近年來轉變為背離現象，因此，或許該是政府多加實驗地方導向政策的時候了。這些嘗試包括：對那些在經濟蕭條地區創造就業機會的公司給予抵減稅額的優惠待遇；對那些地區的工作者給予薪資補貼；核發「創業家簽證」給那些願意把專長及資本帶入特定地區的移民。這些政策會不會有好成效呢？我們還不清楚。葛雷瑟坦言，經濟學家（經濟學家向來是相當有信心的一群人）並不確定該如何應付脫節和社會資本衰減的問題，他在接受《紐約時報》記者訪談時說：「我們呼籲提供薪資補貼，其實就是在說：『我們無法解決這個問題，我們希望民間部門能夠解決。』」[24]

優良公司

我認為，我們面臨最令人擔心的短期問題是脫節，至少對美國及其他富有國家而言是如此。葛雷瑟說的那句話凸顯一個事實：無法光靠政府採取行動來解決脫節問題，工作為個人創造很多的社會資本，而大多數工作機會是由民間部門創造，而不是政府創造。地方導向的政策可望鼓勵公司開始行動與投資，在那些被資本主義和技術進步向前奔馳時撇下的社區中創造就業機會。

為此，公司必須調轉航向，它們必須和集中化趨勢（集中在愈來愈少的地區從事經濟活動）逆向而行，開始擴張營運。政府的明智政策可以鼓勵這種經濟活動的「重新散布」（rediffusion），如果企業能認知到，縱使在那些被撇下的地區也有巨量的人力資本，也有助於鼓勵這種重新散布。誠如社會企業家蕾拉．賈納（Leila Janah）所言：「人才平均分布，但機會沒有平均分布。」[25]

這個事實為企業提供行善得福的大好機會：在脫節的社區創造就業機會，利用那裡的人力資本，同時也讓企業獲益。一些有趣的行動已經展開，它們利用市場力量與全球對人才的渴求，在目前缺乏機會的地區創造機會。賈納在2008年創立的非營利機構Samasource*訓練人們做低階技術性的工作（例如資料輸入、影像標識），並為他們介紹雇主。Udacity、

Coursera、Lambda之類的線上教育公司旨在提供較高層級的線上訓練。我喜歡這些行動，因為它們通常訓練人們去做只要有網路連結就能做的工作，不是每一個程式設計員或資料科學家都想生活在大城市，或是必須遷居大城市去取得新技能。看到現在出現有前景的另類選擇，我覺得很振奮。

我也很高興看到一些企業領導人認真看待脫節現象，致力於把經濟機會帶回到那些被全球化與技術進步向前奔馳時撇下的社區。美國線上（AOL）共同創辦人史帝夫·凱斯（Steve Case）創立「後進地區崛起」（Rise of the Rest）創投基金，將對那些非創立於北加州、紐約與波士頓這三個地區的科技公司提供早期投資。（全美的創投融資有大約75%被北加州、紐約與波士頓這三個地區囊括。）[26]凱斯和摩根大通銀行（JPMorgan Chase）執行長傑米·戴蒙（Jamie Dimon）在2018年合寫的文章中寫道：「藉著投資無法獲得足夠關注與投資的創業者，我們可以創造惠澤所有人的包容性成長，確保所有社區參與美國的未來。」[27]

我不確定朝向經濟集中化的整個趨勢能否被反轉，但我確信，現在就放棄那些非超級明星的地區還嫌太早。我希望我們看到民間部門的領導者做出更多努力，幫助生活在任何地區的人才找到機會。

---

* 譯注：由梵文sama與source拼湊而成的名字，意指「平等機會」。

我們面臨最令人憂心的長期問題顯然是全球暖化，企業顯然是這個問題的一大罪魁禍首，它們是否也對解決這個問題做出有意義的貢獻呢？

在一些產業及領域，它們的確做出貢獻。軟體公司Salesforce購買足夠的碳補償（carbon offsets），以彌補它在世界各地的資料中心產生的二氧化碳。[28] 因此，Salesforce雲端運算服務的所有客戶現在都可以說，他們和Salesforce的往來互動是碳中和（carbon neutral）的活動。Salesforce也已經宣布，它希望在2022年之前達到完全不再使用化石燃料能源的境界。[29] 包括蘋果、臉書、微軟等大型科技公司也有類似計畫，Google在2017年已經達到全球各地所有營運（包括其資料中心及辦公室）全部百分之百使用再生能源，也成為全球企業界中最大的再生能源電力購買者。[30]

如果這些公司營運的最大市場所在國家沒有實行顯著課徵碳稅的制度，它們為何要這麼做呢？我和一些領導人交談過，我相信他們是真心想要對抗全球暖化問題，但是另一個重要原因是公眾意識，以及公眾意識如何影響公司的活動。世界各地大多數民眾相信全球暖化是事實，他們想要對抗這個問題，因此，企業加入這場對抗行動，要擊敗氣候變遷，而非助長氣候變遷，這對公司聲譽及品牌（乃至於價值）有益。

運輸業有一長串的例子，呈現出為降低溫室效應氣體排放量而做出深刻而廣泛的努力。由於運輸業目前重度仰賴化石燃料，因此，這個產業大幅助長全球暖化問題，但許多公司正在致力改善這個情況。聯合航空公司（United Airlines）致力在2050年前把溫室效應氣體排放量減半；[31]貨運業巨人快桅集團（A.P. Møller-Maersk）更積極，誓言在二十一世紀中之前使船隊達到碳中和，這是極富雄心的目標，因為誠如公司幽默而淡然的解釋：「一艘船載著幾千個貨櫃，從巴拿馬航行8800公里到鹿特丹，電池續航力短，沿途沒有充電站，這真的需要創新的發展。」[32]快桅集團邀請合作夥伴加入行列，致力在2030年前創造出碳中和的越洋貨輪。包括豐田、福特、寶馬汽車、通用、福斯在內，重量級汽車製造商已經宣布計畫在未來數十年逐步停產內燃機，它們顯然是受到挪威、法國、英國等國家宣布將在2050年前禁止內燃機的驅使。

我們該多認真看待這類宣告呢？很難說，畢竟，企業執行長的言論和新聞稿並沒有堅定承諾。不過，這些宣布確實令人感覺民意的大浪潮正在形成，鼓勵企業對抗全球暖化，民眾可能變得較不願意和那些被認為製造問題、而非解決問題的企業有生意往來。

若是如此，就是重要的發展。在欠缺廣泛且有效的碳稅或政府強制處理溫室效應氣體的其他方法下，我們得更加仰賴公眾意識及公眾壓力去適當的節制資本主義。令人鼓舞的是，跡象顯示這種情況正在發生。舉例而言，使用零碳能源的煉鋁廠現在能夠索取較高的價格，如路透社報導：「就連產業客戶現在也承受壓力要減輕碳足跡。」[33]

企業還應該採取哪些不同的作為，來改善大自然狀態及人類的處境呢？哪些改變會有幫助？那些汙染空氣、土地及水或殺死瀕臨滅絕動物的公司應該停止這些作為。我不想再多花時間在這類很明顯的建議上，不是因為它們不重要，而是因為我無法想像有任何公司的執行長讀了這章後說：「嘿，各位，我被這本書說服了，咱們停止做一直在做的壞事吧。」

我的意思是，責罵企業的不當行為會讓責罵者感覺自己很有道德（這種指責形式常被貼上「秀道德」（virtue-signaling）的標籤），實際上鮮少能達到什麼成果，還是需要其他的力量。本書的一個見解是，為了阻止公司的壞行為，需要第二組騎士：公眾意識和回應民意的政府。因此，組織杯葛或發起其他抗議活動來抵制行為不當的企業，使它們的不當行為曝光〔就像美國最高法院大法官路易斯．布蘭迪斯（Louis Brandeis）所言：「陽光是最好的殺菌劑」〕，投票給認真看待對抗汙染及保護瀕臨危機物種的政府責任的候選人，這些全都比責罵企業執行長更有成效，而且更重要。

我們不需要去鼓勵企業執行長及企業界的其他成員繼續追求去物質化，他們自然會這麼做。尤其是，有這麼多令人興奮的技術可以使用，全球有那麼多資金在尋找投資及獲利機會，在這些情況下，從核融合，到合成蜘蛛絲，到電動自動駕駛的空中計程車，很多瘋狂的構想將有機會證明自己，其中一些構想將會成功，那些不成功的構想也會增進我們的知識。因此，我有信心，資本主義和技術進步這兩位騎士會繼續做已經做了一陣子的事：漸漸把我們所有的消費去物質化。

非營利組織的力量

資本主義和技術進步足以實現與促進去物質化，政府是處理汙染之類等負面外部性的合適單位，那麼，慈善事業及其他非營利組織要做什麼呢？在減輕我們在地球上的足跡方面，它們扮演什麼角色？我們已經看到，這類組織既能幫助四騎士奔馳得更快，也提供他們替代品。

碳補償是一種很有創意的替代設計：替代碳稅以及政府對抗溫室效應氣體汙染的其他措施。當一個企業或個人購買一種碳補償時，他們購買的是世界上某個地方減少的溫室效應氣體排放量（通常是一公噸），這種減量可能以許多形式產生，像是種植吸收二氧化碳的樹木、人們吃的餐點是用更節能的爐子烹飪出來的等等。訴諸碳補償的所有專案都有一個共通點：比起未實施這些專案，它們使得排放至大氣層的碳減少了。

由於溫室效應氣體是全球性汙染，碳補償使整個地球獲益。Cool Effect及Carbonfund.org之類的非營利組織保證收到錢的減碳專案確實促使碳排量比之前減少，這種特性名為「外加性」（additionality）。舉例而言，我家後院的樹木雖然吸收二氧化碳，但Cool Effect並不會因此付錢給我，因為在大自然已經達成的減碳之外，我並沒有促成更多的減碳。

如第十一章所述，政府藉由設立禁止狩獵的公園來保護動物，慈善事業及非營利組織也常做類似的事，它們購買土地後交給政府，或是保育這些土地。後來變成大堤頓國家公園（Grand Teton National Park）一部分的懷俄明州傑克森谷國家紀念碑（Jackson Hole National Monument）的土地是由約翰·洛克菲勒二世（John D. Rockefeller Jr.）在1920年代買下後捐給聯邦政府。[34] 智利政府在2018年撥出900萬英畝土地，加上夫妻檔自然保育人士道格拉斯·湯普金斯（Douglas Tompkins）及克莉絲汀·麥迪維·湯普金斯（Kristine McDivitt Tompkins）捐出的100萬英畝土地，建立該國南部的巴塔哥尼亞國家公園（Patagonia National Park），使該國的國家公園總面積增加40%。[35] 全球各地有無數的環保團體購買土地，交付保存信託及其他合法機構，指定保護這些土地，不受開發、獵捕及其他剝削。

也有非營利組織聚焦在動物上，而非土地。第九章提到的全面性非洲大象普查（African Great Elephant Census）是由微軟公司共同創辦人保羅·艾倫（Paul Allen）所資助。中國在2018年試圖使老虎及犀牛製品的進口、販售及使用解禁，遭到世界自然基金會（World Wildlife Fund）、野生救援組織（WildAid），以及許多保育團體的強烈抗議。[36] 中國很快改變態度，維持原禁令，這凸顯一個重要事實：如果沒有自然保育人士的警覺、研究，以及向大眾推廣的努力，許多動物物種的情況將比現在還糟得多。

很奇怪的是，由打獵者和愛好釣魚人士創立的非營利組織也幫助許多物種。這些團體致力讓他們有興趣的動物維持龐大而健康的數量，這對他們有很大的利益，因此，他們能夠在保護物種方面扮演重要角色（儘管，這些組織的會員獵捕個別動物）。舉例而言，野鴨基金會（Ducks Unlimited）自1937年創立至今，已經在北美保育1400萬英畝的水禽棲息地，土地面積相當於整個西維吉尼亞州的面積。[37]北美大草原的水禽數量自1990年起增加3700萬隻。自然保育科學家隆恩·羅爾鮑（Ron Rohrbaugh）指出：「水禽狀況相當良好的一個原因是獵人，包括野鴨基金會在內，他們在認知這些生物的需求與實行成功的保育計畫方面做得很棒。」鱒魚基金會（Trout Unlimited）、鮭魚基金會（Salmon Unlimited）、雉雞永續基金會（Pheasants Forever），以及許多團體也為了保育他們自己的愛好（如釣魚）及食物而獵捕的物種做出類似的努力。

自第一屆世界地球日起，我們得知最重要且令人鼓舞的一件事是：經濟成長並不是環境的敵人。美國及其他富有國家已經在剝削地球上越過高峰點，這並不是這些國家經濟穩定持續成長下僥倖的結果，而是經濟穩定持續成長下產生的結果。因此，全球持續的經濟成長，是我們對地球做出更好照料的一個基本要素。

感謝保羅．羅默及許多人的研究，我們現在更加了解促進經濟成長的戰術，如上一章所述，這個戰術中的兩個要素是：大量的人力資本（具有創新所需技能的人才），以及非排他性技術（不受專利或其他智慧財產權保護而禁止普遍採用的技術）。

我們看到慈善事業和非營利組織在這兩方面做出重要貢獻。薩爾曼．可汗（Salman Khan）在2006年創立可汗學院（Khan Academy），故事源起於他在線上張貼教學影片教導表妹及其他親戚，多年來，可汗學院已經發展成教育全球所有年齡層的人們的重要機構，這個非營利機構的資金來自許多企業和家族慈善事業。我最喜歡提升人力資本新方法的一個例子是法國創業家澤維爾．尼爾（Xavier Niel）創立的「42」學校，*這所學校的所有課程全都免費提供，而且是親自到校上課，不是線上教育。這所學校沒有專業教師或個別課程，它完全仰賴同儕學習和專案式學習，申請入學的審核不是看申請人的背景或文憑，而是看申請人在推理測驗中的成績，以及初始短期課程中的表現。獲准入學的學生預計要花約3年的時間完成42學校課程中的所有專案。42學校目前在巴黎和加州矽谷設有校園，

---

* 在英國作家道格拉斯．亞當斯（Douglas Adams）的經典科幻小說《銀河便車指南》（*The Hitchhiker's Guide to the Galaxy*）中，42是「生命、宇宙及萬事萬物的終極答案」。

並對南非、摩洛哥、羅馬尼亞、保加利亞及其他國家的類似組織提供諮詢服務。

就像第二章描述，農學家諾曼．布勞格和其他人為了改良小麥及稻米所做的努力太重要了，確實有資格被稱為「綠色革命」。多年來，這些努力獲得洛克菲勒基金會（Rockefeller Foundation）和福特基金會（Ford Foundation）的贊助支持，並確保改良的作物品種免費提供給全球各地農民。這類創新向來是完全非排他性的。

這個實務也在其他新技術上延用，例如能夠大大改善非洲及亞洲小孩健康的黃金米（如果人們和政府能夠克服他們對基因改造作物毫無根據的害怕與排斥的話）。由洛克菲勒基金會贊助的黃金米專案計畫（Golden Rice Project）基於人道主義，把專利的黃金米技術免費授權給開發中國家的植物育種組織。這個計畫是公私合作的一個成功案例，因為瑞士的生技公司先正達（Syngenta）對黃金米的頂尖研究有所貢獻，並取得相關專利，然後捐給非營利組織。[38]

也有非營利組織進行另一種有趣的嘗試，那就是藉由保護傳統工作來應付脫節和社會資本衰減問題。一個例子是瑪莎葡萄園漁夫保護信託基金（Martha's Vineyard Fishermen's Preservation Trust），這個信託基金設立一家「許可證銀行」，蒐集在麻州瑪莎葡萄園島附近海域漁捕各種海產的執照。

這些許可證的價值已經提高太多，以至於當地漁民再也負擔不起。瑪莎葡萄園漁夫保護信託使用基金在公開市場上購買許可證，再以低於市場的價格出租捕魚權給島民，其中許多島民的家族世世代代從事漁業。類似這樣的信託組織向我們展示，除了保護土地及動物，或許也可以保護工作機會以及圍繞這些工作建立起的社區。

開明的公民

許多讀者大概會產生一種印象：我相信資本主義和技術進步是引領我們和地球建立更健康關係最重要的力量，畢竟，我在本書中花了很多篇幅敘述它們如何促成奇妙驚人的去物質化現象。

但是，我認為另一股力量更重要，我相信我們人民才是關鍵，為什麼？因為一個社會的人民有太多的選擇及渴望，政府如果會回應民意，就會傾聽人民的心聲。我們在前文中看到，就連專制的中國也回應居民的意願，顯著降低空氣汙染。當然，企業想要賣東西給民眾，就要維持它們的聲譽及品牌。

因此，在影響地球的健康方面，最重要的力量是大眾，不是政府、企業或技術。這使我們承擔重責大任：不光是採取行動的責任，而且要根據事實來採取行動。我認為，我們能夠為地球做出最重要的一件事是：增廣自己的知識與見聞，使用可獲得的最佳資訊來指引我們的行動與決策。這聽起來似乎是薄弱且平淡無奇的建議，甚至不值得一書，但這其實是非常根本的建議，因為我們目前的實際作為並非如此。

多數人（包括開始為撰寫本書做研究時的我在內）對於人類和地球關係的看法及作為並不是以可以獲得的最佳證據為根據，而是有非常不同的根據。我們的觀點根據的是1970年第一屆世界地球日時看似相當有理的理論及預測，但後來，這些理論及預測已經被證實錯得離譜。廣島與長崎遭原子彈攻擊後，我們害怕核子反應的巨大威力，這種害怕從此蔓延全球。我們普遍認為，因為地球是有限的，因此，我們將用盡資源及物產的危機是真真確確的，尤其是如果人口繼續增加，人類變得更繁榮的話。

我們相信的很多東西是因為我們周遭的人相信它們，或是我們所屬的政治陣營成員們相信它們，或是敵對的政治陣營成員們相信相反的東西。許多人抱持固有的零和觀點，認為如果某人獲益，必然是因為有另一人受害。一件事情如果聽了夠多次，我們往往會相信它是真的，因為我們的心智運作有錯把熟悉當事實的小毛病。同理，我們相信很多東西是因為危言聳聽的新聞標題、專家對衰退與毀滅預測，以及情況不妙的生動描繪等等情況持續不斷的強化我們天生的負面傾向。

這些對我們沒有幫助，尤其是在對我們與地球的關係這麼重要的事情上做出決策及採取行動時。因此，我在本書中試圖做兩件事：第一，我提出大量與人類處境、大自然狀態，以及這兩者之間的大量事實證據；第二，我把所有事實證據彙總成一個理論，如同管理大師克雷頓·克里斯汀生（Clayton Christensen）所言：說出一個在什麼情況下，是什麼原因導致什麼結果，以及為什麼會這樣的故事。

我說的這個故事是基本經濟理論，我稱之為樂觀四騎士：資本主義、技術進步、回應民意的政府與公眾意識。這個故事是這樣的：近年來，資本主義和技術進步結合起來，不僅增進人類繁榮，也在美國及其他富有國家引領我們越過資源消耗量的高峰，使我們開始用更少的資源創造更多產出。這種去物質化的發生是因為消耗資源得花錢，但追求獲利的競爭廠商不想花不必要花的錢，技術進步現在讓它們有許多方法可以讓資源的使用減量、替代、蒸發，以及優化。結果是我們繼續消費更多東西，但我們的消費現在去物質化，我們進入第二次啟蒙運動。

但這不是故事的終點。資本主義和技術進步不會自行處理汙染的負面外部性，不會把脆弱的生態系及動物跟市場力量隔離開來。為了達成這些重要目的，我們需要回應民意的政府及公眾意識。這種公眾意識有兩個層面：第一，意識到我們必須因應的挑戰（以及我們不需要因應的不實挑戰）；第二，意識到因應這些挑戰的最佳之道。

這種公眾意識太重要了，不能讓部落意識（tribalism）、認知偏誤、陳腐的理論、直覺與盲信、不理性的害怕，以及牽涉既得利益的黨派提供的錯誤資訊文宣影響與操弄。我們必須做得更好，因為涉及的利害關係太高了。我們必須循著可以獲得的最佳證據，讓這些證據引導我們，縱使可能把我們導向遠離我們的起始點。

知道證據、並且想為人類同胞和地球做正確的事的家庭及個人會做一些事，其中最重要的一件事是藉由投票及說服他人投票來影響他們的政府、接洽民選官員、公開發聲、集會與和平抗議，以及使用其他的公民參與工具。我建議他們聚焦在以下七個議題：

1. **減少汙染**。汙染不是做生意的必要成本，它是一種負面外部性，導致對人類與環境的大傷害。但在美國及其他國家，現在有人試圖放寬或解除汙染限制，以減輕企業的成本。更健康遠比企業賺到更高的獲利來得重要。
2. **減少溫室效應氣體排放量**。溫室效應氣體對整個地球造成長期傷害，而且，它們還沒受到管制、稅負，以及我們用來處理外部性的很多工具控管，因此，我們應該把溫室效應氣體和其他形式的汙染區分開來處理。
3. **提倡核能**。目前我們只有一種不會排放溫室效應氣體、可以擴大規模、安全、可靠且廣泛易得的動力來源，那就是核能。我們應該致力於降低核能的成本，克服採用它的障礙。

4. **保護物種與生態環境**。雖然資本主義在許多國家現在已經縮小在地理上的足跡，它仍然對吸引人的不動產及許多動物有強烈興趣。保護土地、限制獵捕，以及禁止買賣受威脅的物種製成的產品，這些是高度有效的干預。
5. **提倡基因改造生物**。基因改造生物已經被廣泛仔細的研究過，證實是安全的，它們具有潛力可以大大提高作物收成、減少農藥使用，以及改善營養。但在世界許多地區，它們遭到激烈抗拒，這必須改變。
6. **資助基礎研究**。民營企業花錢在研發上，但對於不會很快得出產品的領域及構想，它們通常不會做出多少投資。這意味的是，政府必須扮演重要角色，支持更基礎的科學與技術研究，以及社會現象（例如脫節）的研究。
7. **提倡市場、競爭與創造工作機會**。現在，資本主義普遍不得人心，社會主義思想正在死灰復燃，但以往的事實證明，市場、競爭與創新帶給我們想像不到的繁榮，我們也看到，它們最終也使我們取用更少的地球資源。因此，我們現在不能背棄它們，必須設法使它們聚焦在為那些可能和社會脫節的人提供有意義的工作機會。

我會凸顯這七個領域是基於兩個理由。第一，它們很重要，每一個領域的進步都將大大改善人類的處境和大自然狀態，反之，每一個領域的退步都將傷害我們及地球。第二，它們是戰場，每一個戰場上都有影響力團體在反對我建議的這些事，這些反對者包括政府、企業遊說團體、倡議團體，他們想要改變每個議題。不過，我認為，在這些議題上，他們都站在錯誤的一邊，與好構想及明確的證據對立。因此，我在此呼籲公眾意識到這些問題並給予支持。

除了和政府互動，使政府對好構想做出回應，家庭與個人還有兩種促成改變的手段，那就是利用消費與身體力行。如本章前文所述，企業對於自己助長的全球暖化現象愈來愈敏感，未來我們會看到更多公司致力於減少自己造成的溫室效應氣體排放量。家庭也有更多方法去研判哪些公司做出的努力最真誠、最有成效，這將讓他們可以透過購買產品與服務來獎勵認真積極降低排碳量的企業。

強烈證據顯示，彰顯優良企業行為及對社會負責的企業實務都是有效的方法。經濟學家拉露卡・杜拉古山努（Raluca Dragusanu）和納生・能恩（Nathan Nunn）研究公平貿易認證在1999年至2014年間對哥斯大黎加咖啡豆農的影響。公平貿易標籤認證生產者及廠商遵循種種規範，包括生產者遵循一套標準來對待工作者；向他們採購的公司支付高於市場的價格，這些價格不得低於一個最低水準。這些研究人員發現，儘管公平貿易認證的咖啡較貴，但生產者的銷售量更高。這項研究也發現：「公平貿易認證和所有家庭的所得提高有關連性，尤其是那些在咖啡產業的工作者。」[39]

本書探討的一個主題是，資本主義制度下的企業對於價格變動有很強的敏感性，因此，透過課稅或「總量管制與排放交易」制度來使汙染變得更昂貴，是幫助減少汙染的可靠方法，這也是為什麼「碳稅是降低溫室效應氣體排放量」是優異構想的原因。不過，基於許多原因，公司也對它們的聲譽很敏感，最顯然的原因應該是人們傾向向聲譽優良的公司多購買，避開那些公眾形象差的公司。因此，妥善建立的「減碳」認證或許能產生兩種正面效果：減少溫室效應氣體排放量，以及提高取得認證公司的銷售額。

家庭能夠利用市場力量的另一種方式是購買乾淨能源產品。家庭很難購置自己的核子反應爐，但很容易購買太陽能板及電池，就算這比較偏向是一種嘗試，不是完全使用太陽能作為居家能源，這種做法仍然可以發揮一項重要效果，那就是發出對乾淨技術產品有需求的訊號。我們一再看到，市場會對這類需求訊號做出反應，增加供給，促進投資與研發。

需求增加也會導致更多的競爭，進而促使價格下滑。電池及太陽能產品的價格已經快速下滑，為了持續與加快這些價格下滑，最可靠的方法就是持續增加對乾淨能源產品的需求，家庭可以藉由購買及使用這些產品，保持強勁的需求。

家庭還能採取哪些有益地球的行動呢？有一些作家提供幫助對抗氣候標籤的優異指南，例如第五章提到過、探索英國經濟去物質化現象的作家暨環境與能源議題研究者克里斯・古德（Chris Goodall），以及第九章提到、捍衛嘉磷塞安全性的作家暨環保運動人士馬克・林納斯（Mark Lynas）。古德的著作《如何過低碳生活》（*How to Live a Low-Carbon Life*），以及林納斯的著作《計算你的碳足跡》（*Carbon Counter*），兩者皆強調居家生活和交通運輸合計占個人碳足跡的近半數，因此，調低暖氣及冷氣，使用隔熱及隔冷設備和LED燈泡以使居家更節能，減少開車與搭機，這些都是有幫助的行動。

吃素也有幫助，不過似乎很少人願意完全放棄肉食：2018年時，只有3%的美國人表明自己是素食者。[40] 如果你不想變成完全的素食者，少吃牛肉和乳品也能幫助減少溫室效應氣體排放量。生態現代主義智庫「突破研究所」（Breakthrough Institute）的研究員林納斯・布倫維斯特（Linus Blomqvist）指出：「吃雞肉、豬肉，但不吃乳品或牛肉的飲食，溫室效應氣體排放量比吃牛奶及乳酪的素食飲食所排放的溫室效應氣體還要少，離全素飲食的溫室效應氣體排放量只有一步之遙。」[41] 至於無法避免（或選擇不去避免）會產生溫室效應氣體活動的家庭則可以購買碳補償。

個人可以採取的另一個重要行動是致力於減輕許多社會和社區的脫節現象。一方面，這並不容易，因為我們有天生的部落意識及欲望去和志同道合者往來；但另一方面，要採取行動也相當容易，有很多方式可以幫助提高社會資本，減輕脫節問題，例如：參與基層的政治或倡議行動；當志工去幫助殘廢的退伍軍人、難民或獨居老人等等脆弱的群體；參加宗教或相關活動；向其他人傳授你的技能，這些全都是有助於建立人際連結的好途徑。

別停留在你的部落裡，致力於和其他部落的人（那些對重要的事看法與我們不同的人）一起做這些事，但切記，別試圖和他們爭論、駁倒他們。和理念及道德基礎不同的人往來時，許多人的強烈傾向是馬上就試圖向他們辯論何以他們是錯的，指出他們的邏輯哪裡有錯誤、他們的證據是假新聞，他們的理念站不住腳。但這種做法幾乎都行不通，通常只會導致對方更強烈堅持原有的理念。很多的爭辯及討論只會徒增脫節。

更好的方式是先找到共同點。前文提及多次的心理學家強納生・海特指出，不論是具有自由道德基礎的人，或是保守道德基礎的人，全都深信我們肩負關懷的責任，包括關懷其他人，以及關懷自然界的其他事物。看到病童、飢餓的動物、或是海灘上的一堆垃圾，很少人會無動於衷。因此，和其他人（尤其是不同部落的人）開始建立人際關係的一條好途徑是辨識他們最關心人類處境與大自然狀態的哪些層面，從這些領域著手。這麼做不會造成什麼傷害，而且很可能促成更多的連結。

結論

我們的下一個星球

我們已經把自動偵探器送到太陽系的每一個星球上，
地球明顯是太陽系所有星球中最棒的星球。

——貝佐斯（Jeff Bezos），2018年推特文

想像一個天才發明時光旅行，使用這個能力，提供熱愛大自然的人回到20萬年前，回到我們人類從非洲家鄉崛起、並開始成群結隊遷移至世界各地之前，*環遊世界。

這些時光旅行者會看到什麼景象呢？

海洋裡有如今已不存在的動物，這些動物當中，體積最大的大概是史特拉海牛（Steller's sea cow），這種溫和、有髯、以海藻為食的動物體重超過10噸，長度可達校車那麼長。1741年時，自然學家蓋奧格·史特拉（Georg Wilhelm Steller）在白令海峽的島嶼間發現牠們，起初，他和同船船員試圖獵殺一頭海牛，但是失敗，因為牠的皮太厚了，無法刺穿。後來，魚叉和決心解決了這個問題，使水手可以獵殺牠們，取得牠們的肉、脂肪、皮，但這期間很短，到了1768年，他們已經殺死所有的史特拉海牛。[2]

我們對大型生物的胃口不只有海洋生物，我們也在陸地上獵捕動物。證據顯示，伴隨人類遷徙、遍布全球各地，我們在每一個新到達的地區首先殺死體積最大的動物（這是有道理的，體積最大的動物提供最多的肉）。[3] 所以，時光旅行者旅行至陸地時，將在智利看到樹獺，在澳洲看到袋熊，在巴西看到長得像犰狳的雕齒獸（glyptodont），這些動物的體積全都至

---

* 一些化石顯示，我們人類可能在18萬年前就已經離開非洲了。所以，20萬年似乎是我們和最早的非非洲人祖先可以保持的足夠距離。[1]

少像車子那麼大。

在紐澤西州可以看到乳齒象（mastodon），在倫敦可以看到猛瑪象，這些毛茸茸的厚皮動物在北半球緯度較高的地區到處漫步。牠們的數量多到可能是使草原保持為草地的主因，到了約一萬年前，牠們滅絕後，牠們以往生活的土地大多變成了森林，因為已經沒有體積夠重的野獸踩壞幼樹。[4]（由於草原使地球更涼快的功效勝過森林，* 地球現在沒有猛瑪象和乳齒象，對氣候變遷而言是壞消息。）

愛爾蘭麋鹿的鹿角長達12英尺，牠們是恐狼（dire wolf）的獵食對象。塔斯馬尼亞島上有袋獅（marsupial lion），牠們跟現今非洲的獅子一樣既大又猛。原產於紐西蘭的最大恐鳥（moa）是不會飛的鳥，站著時，身高超過10英尺，體重超過500磅。**

這些動物全都早已滅絕，不復存在。

你能想像，當這些熱愛大自然的時光旅行者回到現在時，他們有多悲傷嗎？他們將像被迫返回冥界的尤麗迪絲（Eurydice）那般傷心。

---

* 草原使地球更涼快的功效勝過森林有兩個原因，第一，草原把更多的陽光反射回太空；第二，草原對土地的隔絕作用較小，使得冬季嚴寒期較長、較冷。

** 由於紐西蘭從未出現過任何大型哺乳類肉食動物，許多鳥類翅膀的功能在進化過程中退化（因為牠們不需要飛離掠食者），有些鳥類的體積則變得很大。

他們會對我們導致的浩劫感到萬分失望，會為了因為我們化為骸骨的物種悲悼。我們導致的絕滅大多是非故意的，或許，這使得它們較能被寬恕，但這不會減輕它們的罪惡。我們人類在散布至地球各地時，在遂行我們本身的目的時，極度摧殘地球。

工業時代之前及工業時代期間，人們認真看待《希伯來聖經》(《舊約聖經》教義來源）中神的告誡，在〈創世記〉中，神創造人之後：「神就賜福給他們，又對他們說，要生養眾多，遍滿地面，治理這地，也要管理海裡的魚，空中的鳥，和地上各樣行動的活物。」[5]

我們生養眾多，我們治理得太多、太徹底，以至於很容易以為我們的統治是神所授予的。但我們在「遍滿地面」的責任方面做得非常失敗，彷彿我們沒有聽到神說到這句重要的話。

我們現在有機會彌補這個過錯，我們有需要的工具、構想及制度，可以讓我們能夠用更少的土地產出我們需要的所有糧食，把其餘土地還給大自然；停止向天空及海洋排放各種速效與慢效的毒素；挖掘更少的礦，砍伐更少的森林，摧殘更少的山；在世界的曠野之地度過更多時間，但不是為了掠奪它們的寶藏，而是因為那些曠野，套用美國詩人瑪麗．奧立佛（Mary Oliver）的美麗詩句：「宣告我們在這萬物大家庭中擁有一席之地。」

非常奇妙的是，做這些事情並不需要大大改變我們的經濟或社會的航道，我們只需要讓樂觀四騎士（資本主義、技術進步、公眾意識、回應民意的政府）多做他們所做的事，那就是讓我們及我們的地球繁榮昌盛。第一位研究去物質化現象的傑出學者傑西．奧蘇貝爾提出忠告：「我們必須使大自然變得毫無價值。」[6]當然，他的意思是，我們應該致力於使大自然變得沒有經濟價值，這樣，大自然才能免於遭到資本主義的貪婪注目，然後，我們就能享受大自然的真正價值了。

在四騎士已經奔馳得最遠的地區，他們已經使我們用更少的資源創造更多產出，使我們越過剝削與傷害地球的高峰點，當然，還不夠快或不夠深，但我們終於越過高峰點，在愈來愈多的地區，用更少的資源創造更多產出。感謝本書中談到的許多人所做出的研究與貢獻，我們現在知道如何達到那快樂的里程碑，如何維持繼續前進的動能，如何獲得更富足且健康的生活，同時也生活在更健全的地球。

當我們的造物主和後代檢視這樣的轉變時，他們將會欣慰的認為，這是好的轉變。

致謝

本書書封上只列了一位作者，其實是不合理的。從開端到付梓的過程，每一步都有許多人的參與，他們幫助本書的完成，幫助它變得更好。我只能完全承擔本書中的任何錯誤，其餘的，得歸功於許多參與者。

如前言所述，傑西．奧蘇貝爾在2015年發表在《突破期刊》上的文獻〈重返大自然：科技如何解救環境〉使我踏上探索之路，探索我們如何能夠反轉，開始用更少的資源創造更多產出。傑西提供建議給我並鼓勵我，回答我的許多疑問，他在洛克菲勒大學的同事也熱心的提供我類似的幫助，包括Ted Nordhaus、Alex Trembath、Linus Blomquist、Rachael Pritzker。

我在麻省理工學院數位經濟研究中心的同事為本書許多研究創造一個理想的研究環境，David Verrill及Christie Ko維持這個中心的順暢運作，Adjovi Koene接手我份內的許多工作，Seth Benzel及Daniel Rock是我在研究與撰寫過程中諮詢與檢驗的對象。不用說，經常一起和我寫書並進行共同研究的艾瑞克．布林優夫森（Erik Brynjolfsson）在每一次的交談中都讓我的思想更加深刻。

本書的研究團隊包括三代的麻省理工學院史隆管理學院企管碩士班學生，從Atad Peled開始，把分享檔案傳交給Aya Suchi，她大大推進研究工作，然後傳交給Maor Zeevi和Gal Schwartz組成的團隊，他們和我合作，在他們畢業之前，把研究工作推進至終點。在這整個過程中，Jonathan Ruane結合獨特的智慧、堅韌及活潑樂觀，幫助這個計畫。Erez Yoeli和我在2018年的TESxCambridge發表演講，我和他針對去物質化的許多討論內容都呈現在這本書中。組織TESxCambridge活動的Dmitri Gunn本書中提出的許多構想提供很多思考方向，並決定給予它們第一次公開發表的機會。

每當我寫了幾頁之後，我需要一些人閱讀它們，給我回饋意見，全球各地有許多人為我做這件事，包括：加州的Ed Fine、Leslie Fine、Nils Gilman、Maika Hemphill， 以 及Marty Manley（我去到舊金山時，Ed Fine和Leslie Fine也提供我住宿的地方和家庭的溫暖）；紐約的Bo Cutter；巴黎的Jérôme de Castries；澳洲黃金海岸的Ruth Luscombe；波士頓的Vyda Bielkus、Jim Pallotta、以及Amy Shepherd。他們讓我知道我的原稿在哪裡迷途，哪裡可能會讓讀者困惑，或哪些內容根本是錯的。在能源主題方面，Mike Shellenberger和Ramez Naam幫助我修正許多錯誤；Allan Adams則是在全球暖化這個主題上幫助我修正許多錯誤。

Alexander Rose和Andrew Warner聆聽我想要對人類未來在

地球的足跡設下賭局的構想，最終同意在Long Bets網站（現在隸屬Long Now Foundation）上開設這個賭局。史都華．布蘭德（Stewart Brand）是Long Now Foundation的共同創辦人，他創辦的《全地球目錄》（*Whole Earth Catalog*）期刊在1980年左右改版成大開本精裝畫冊時，我讀得津津有味，其中的一些內容深深打動我。跟許多人一樣，我衷心感謝史都華幫助我們做出不同的思考。

我的經紀人、軍師、暨朋友Rafe Sagalyn不僅在本書的每個階段幫助我思考，也安排Scribner出版這本書。在Scribner出版公司，我的編輯Rick Horgan在措詞、章節、原稿等每一個層次上使本書變得更好；發行人Nan Graham幫助本書找到訴求、書名及封面；Brian Belfiglio、Kate Lloyd、以及Ashley Gilliam幫助本書以最好的狀態問市，Amplify Partners的Allison Mclean及Elizabeth Hazelton也在這方面做出貢獻。

本書的研究與撰寫過程中，John Powell幫助我安排活躍忙碌的演講行程，Esther Simmons幫助確保我每次都能夠在正確的時間在正確地點出現，我不知道她是如何辦到的。

本書最後，我想回到起始點，那就是我的母親Nancy Haller，我感覺她和我的父親David McAfee給了我整個地球，我需要做的，就只是看著它繁榮昌盛。

注釋

前言　請聽我說

1. Jesse Ausubel, "The Return of Nature: How Technology Liberates the Environment," *Breakthrough Journal* 5 (Summer 2015), https://thebreakthrough.org/journal/issue-5/the-return-of-nature.

第一章　馬爾薩斯的預言

1. Thomas Malthus, *An Essay on the Principle of Population, as it Affects the Future Improvement of Society with Remarks on the Speculations of Mr. Godwin, M. Condorcet, and Other Writers* (1798; repr., Electronic Scholarly Publishing Project, http://www.esp.org, 1998), 12, http://www.esp.org/books/_althus/population/_althus.pdf.
2. 同上註，10。
3. 同上註，4–5。
4. Data from Gregory Clark, "The Condition of the Working Class in England, 1209–2004," *Journal of Political Economy* 113, no. 6 (2005): 1307–40. 資料、計算細節及資料來源，可以在以下網址取得：morefromlessbook.com/data。
5. Gregory Clark, "The Long March of History: Farm Wages, Population and Economic Growth, England 1209–1869" (Working Paper 05-40, University of California–Davis, Department of Economics, 2005), 28, http://hdl.handle.net/10419/31320.
6. Rodney Edvinsson, "Pre-industrial Population and Economic Growth: Was There a Mal- thusian Mechanism in Sweden?" (Working Paper 17, Stockholm Papers in Economic History, Stockholm University, Department of Economic History, 2015), http://www.historia.se/SPEH17.pdf.
7. Chris Stringer and Julia Galway-Witham, "When Did Modern Humans

Leave Africa?," *Science* 359 (January 2018): 389–90, https://doi:10.1126/science.aas8954.

8. Susan Toby Evans, *Ancient Mexico and Central America: Archaeology and Culture History* (New York: Thames & Hudson, 2013), 549.
9. Clive Emsley, Tim Hitchcock, and Robert Shoemaker, "A Population History of London," Old Bailey Proceedings Online, www.oldbaileyonline.org, version 7.0, accessed February 28, 2019, https://www.oldbaileyonline.org/static/Population-history-of-london.jsp.
10. Max Roser and Esteban Ortiz-Ospina, "World Population Growth," *Our World in Data*, last updated April 2017, https://ourworldindata.org/world-populationgrowth.
11. James C. Riley, "Estimates of Regional and Global Life Expectancy, 1800–2001," *Population and Development Review* 31 (September 2005): 537, http://www.jstor.org/stable/3401478.
12. Angus Maddison, *Growth and Interaction in the World Economy: The Roots of Modernity* (Washington, DC: AEI Press, 2005), 5.

第二章　工業時代

1. John Enys, "Remarks on the Duty of the Steam Engines Employed in the Mines of Cornwall at Different Periods," *Transactions of the Institution of Civil Engineers* vol. 3 (London: Institution of Civil Engineers, 1842), 457.
2. William Rosen, *The Most Powerful Idea in the World: A Story of Steam, Industry, and Invention* (New York: Random House, 2010).
3. Roland E. Duncan, "Chilean Coal and British Steamers: The Origin of a South American Industry," Society for Nautical Research, August 1975, https://snr.org.uk/chilean-coal-and-british-steamers-the-origin-of-a-south-american-industry/.
4. James Croil, *Steam Navigation: And Its Relation to the Commerce of Canada and the United States* (Toronto: William Briggs, 1898), 57, https://books.google.com/books?id=Xv2ovQEACAAJ&printsec=frontcover#v=onepage&q&f=false.
5. Bernard O'Connor, "The Origins and Development of the British Coprolite Industry," *Mining History: The Bulletin of the Peak District Mines*

Historical Society 14, no. 5 (2001): 46–57.

6. David Ross, ed., "The Corn Laws," *Britain Express*, accessed February 28, 2019, https://www.britainexpress.com/History/victorian/corn-laws.htm.
7. Paul A. Samuelson, "The Way of an Economist," in *International Economic Relations: Proceedings of the Third Congress of the International Economic Association*, ed. Paul Samuelson (London: Macmillan, 1969), 1–11.
8. Stephen Broadberry, Rainer Fremdling, and Peter Solar, "Chapter 7: Industry, 1700–1870" (unpublished manuscript, n.d.), 34–35, table 7.6, fig. 7.2.
9. Gregory Clark, "The British Industrial Revolution, 1760–1860" (unpublished manuscript, Course Readings ECN 110B, Spring 2005), 1.
10. 同上註，36。
11. 同上註，38–39, fig. 10.
12. 1200年至2000年的工資資料以及1200年至1860年的人口資料來源：Clark, "Condition of the Working Class," 1307–40；1860年以後的人口資料來源：GB Historical GIS, University of Portsmouth, England Dep., Population Statistics, Total Population, A Vision of Britain through Time, and the UK Office for National Statistics。資料、計算細節、及資料來源，可以在以下網址取得：morefromlessbook.com/data。
13. Karl Marx, *Capital: A Critique of Political Economy*, vol. 1, pt. 1, *The Process of Capitalist Production*, ed. Friedrich Engels, trans. Ernest Untermann (1867; repr., New York: Cosimo, 2007), 708–9.
14. George Meyer, Sam Simon, John Swartzwelder, and Jon Vitti, "The Crepes of Wrath," *The Simpsons*, season 1, episode 11, April 15, 1990.
15. Jeffrey G. Williamson, "Was the Industrial Revolution Worth It? Disamenities and Death in 19th Century British Towns," *Explorations in Economic History* 19, no. 3 (July 1982): 221–45, https://doi:10.1016/0014-4983(82)90039-0.
16. "Cholera," World Health Organization Fact Sheets, updated January 17, 2019, https://www.who.int/en/news-room/fact-sheets/detail/cholera.
17. Jacqueline Banerjee, "Cholera," Victorian Web: Literature, History, & Culture in the Age of Victoria, last modified January 19, 2017, http://www.

victorianweb.org/science/health/cholera/cholera.html.

18. "John Snow's Data Journalism: The Cholera Map That Changed the World," *Guardian Datablog*, March 15, 2013, https://www.theguardian.com/news/datablog/2013/mar/15/john-snow-cholera-map.
19. C.W., "Did Living Standards Improve during the Industrial Revolution?," *Economist*, Economics: Free Exchange, September 13, 2013, https://www.economist.com/free-exchange/2013/09/13/did-living-standards-improve-during-the-industrial-revolution.
20. Williamson, "Was the Industrial Revolution Worth It?," passim.
21. Williamson, "Was the Industrial Revolution Worth It?," 227, table 1.26.
22. "Child and Infant Mortality in England and Wales: 2016," Office for National Statistics, accessed March 1, 2019, https://www.ons.gov.uk / peoplepopulationandcommunity/birthsdeathsandmarriages/deaths / bulletins/childhoodinfantandperinatalmortalityinenglandandwales/2016.
23. Gregori Galofré-Vilà, Andrew Hinde, and Aravinda Guntupalli, "Heights across the Last 2,000 Years in England," Discussion Papers in Economic and Social History, no. 151 (Oxford: University of Oxford, January 2017).
24. Felipe Fernández-Armesto, *Near a Thousand Tables: A History of Food* (New York: Free Press, 2002), Kindle, location 3886.
25. Charles Elmé Francatelli, *A Plain Cookery Book for the Working Classes* (1852; repr., Stroud, Gloustershire: History Press, 2010), "No. 15. Cocky Leeky," https://books.google.com/books?id=5ikTDQAAQBAJ&printsec=frontcover&source=&cad=0#v=onepage&q&f=false.
26. B. S. Rowntree, Poverty and Progress: A Second Social Survey of York (London: Longmans, Green, 1941), 172–97.
27. June Young Choi, "The Introduction of Tropical Flavours into British Cuisine, 1850–1950" (unpublished paper for AP European History class, Korean Minjok Leadership Academy, Fall 2009).
28. Ian Morris, *The Measure of Civilization: How Social Development Decides the Fate of Nations* (Princeton, NJ: Princeton University Press, 2013).
29. Ian Morris, *Why the West Rules—for Now: The Patterns of History, and What They Reveal About the Future* (New York: Farrar, Straus & Giroux, 2010), Kindle, location 8098.

30. 同上註。資料、計算細節、及資料來源，可以在以下網址取得：morefromlessbook.com/data。
31. 同上註。資料、計算細節、及資料來源，可以在以下網址取得：morefromlessbook.com/data。
32. Dylan Tweney, "Feb. 25, 1837: Davenport Electric Motor Gets Plugged In," *WIRED*, February 25, 2010, https://www.wired.com/2010/02/0225davenport-electric-motor-patent/.
33. Warren D. Devine,"From Shafts to Wires: Historical Perspective on Electrification," *Journal of Economic History* 43, no. 2 (June 1983): 356.
34. Andrew C. Isenberg, *The Destruction of the Bison: An Environmental History, 1750–1920*, Studies in Environment and History (Cambridge, UK: Cambridge University Press, 2000), Kindle, location 3660.
35. Devine, "From Shafts to Wires," 359.
36. David M. Cutler and Grant Miller, "The Role of Public Health Improvements in Health Advances: The Twentieth Century United States," *Demography* 42, no. 1 (February 2005): 1–22.
37. Harvey Green, *Fit for America: Health, Fitness, Sport, and American Society* (New York: Pantheon Books, 1986), 108.
38. Robert A. Caro, *The Path to Power: The Years of Lyndon Johnson* (New York: Knopf, 1982), 505.
39. Edmund Lindop, *America in the 1930s*, Decades of Twentieth-Century America Series (Minneapolis: Twenty-First Century Books, 2010), 57.
40. Charles C. Mann, *The Wizard and the Prophet: Two Remarkable Scientists and Their Dueling Visions to Shape Tomorrow's World* (New York: Knopf, 2018), Kindle, location 167.
41. 同上註，170。
42. Anne Bernhard, "The Nitrogen Cycle: Processes, Players, and Human Impact," Nature Education Knowledge Project, accessed March 15, 2019, https://www .nature.com/scitable/knowledge/library/the-nitrogen-cycle-processesplayers-and-hu man -15644632.
43. Mann, *Wizard and the Prophet*, 168–72 passim.
44. 同上註，171–72。
45. 同上註，170。

46. 同上註，171。
47. Roser and Ortiz-Ospina, "World Population Growth."
48. Max Roser, "Life Expectancy," *Our World in Data*, accessed March 15, 2019, https://ourworldindata.org/life-expectancy.
49. Max Roser, "Average Real GDP Per Capita across Countries and Regions," Our World in Data, accessed March 15, 2019, https://ourworldindata.org/grapher/average-real-gdp-per-capita-across-countries-and-regions.
50. Michael Marshall, "Humanity Weighs in at 287 Million Tonnes," *New Scientist*, June 18, 2012, https://www.newscientist.com/article/dn21945-humanity-weighs-in-at-287-million-tonnes/.

第三章　犯下的大錯

1. Steven Pinker, *Enlightenment Now: The Case for Reason, Science, Humanism, and Progress* (New York: Penguin, 2018), Kindle, location 408.
2. 同上註，preview location 4117。
3. Abraham Lincoln, letter to Albert G. Hodges, April 14, 1864, Abraham Lincoln Online: Speeches & Writings, accessed March 18, 2019, http://www.abrahamlincolnonline.org/lincoln/speeches/hodges.htm.
4. "Civil War Casualties," American Battlefield Trust, accessed March 18, 2019, https://www.battlefields.org/learn/articles/civil-war-casualties.
5. Lawrence W. Reed, "Child Labor and the British Industrial Revolution," Foundation for Economic Education, last updated October 23, 2009, https://fee.org/articles/child-labor-and-the-british-industrial-revolution/.
6. Douglas A. Galbi, "Child Labor and the Division of Labor in the Early English Cotton Mills," *Journal of Population Economics* 10 (1997): 357–75.
7. Emma Griffin, "Child Labour," Discovering Literature: Romantics & Victorians, last updated May 15, 2014, https://www.bl.uk/romantics-and-victorians/articles/child-labour#.
8. Bartolome de las Casas, *A Short Account of the Destruction of the Indies*, trans. Nigel Griffen (1542, published 1552; repr., Harmondsworth, UK: Penguin, 1992), 52–53, http:// www.columbia.edu/~daviss/work/files/

presentations/casshort/.

9. "Colonialism," Wikiquote, last revised September 5, 2018, https://en.wikiquote.org/wiki/Colonialism.
10. "Non-Self-Governing Territories," United Nations and Decolonization, accessed March 19, 2019, http://www.un.org/en/decolonization/nonselfgovterritories.shtml.
11. William Blake, "Jerusalem," Poetry Foundation, accessed March 20, 2019, https://www.poetryfoundation.org/poems/54684/jerusalem-and-did-those-feet-in-ancient-time.
12 Department for Environment, Food & Rural Affairs, "Chapter 7: What Are the Main Trends in Particulate Matter in the UK?," GOV.UK, https:// uk-air.defra.gov.uk/assets/documents/reports/aqeg/ch7.pdf.
13. Brian Beach and W. Walker Hanlon, "Coal Smoke and Mortality in an Early Industrial Economy," *Economic Journal* 128 (November 2018): 2652–75.
14. Tim Hatton, "Air Pollution in Victorian-Era Britain—Its Effects on Health Now Revealed," *The Conversation*, November 14, 2017.
15. Sean D. Hamill, "Unveiling a Museum, a Pennsylvania Town Remembers the Smog That Killed 20," *New York Times*, November 1, 2008, https://www.nytimes.com/2008/11/02/us/02smog.html.
16. 同上註。
17. Tom Skilling, "Ask Tom: Is 'Smog' a Combination of 'Smoke' and 'Fog'?," *Chicago Tribune*, August 30, 2017, https://www.chicagotribune.com/news/weather/ct-wea-asktom-0831-20170830-column.html.
18. "Yuval Noah Harari," *Wikiquote*, last revised December 21, 2018, https://en.wikiquote.org/wiki/Yuval_Noah_Harari.
19. Carl Zimmer, "Century After Extinction, Passenger Pigeons Remain Iconic—and Scientists Hope to Bring Them Back," *National Geographic*, August 30, 2014, https://news.nationalgeo graphic.com/news/2014/08/140831-passenger-pigeon-martha-deextinction-dna-animals-species/.
20. Jaymi Heimbuch, "How Many Hairs Does a Sea Otter Have in Just One Square Inch of Coat?," MNN, August 9, 2018, https://www.mnn.com/earth-

matters/animals/blogs/how-many-hairs-does-a-sea-otter-have-in-just-one-square-inch-of-coat.

21. Roland M. Nowak, *Walker's Mammals of the World*, vol. 2, 5th ed. (Baltimore and London: Johns Hopkins University Press, 1991), 1141–43.
22. Jim Sterba, *Nature Wars: The Incredible Story of How Wildlife Comebacks Turned Backyards into Battlegrounds* (New York: Broadway Books, 2013), Kindle, location 73.
23. Isenberg, *Destruction of the Bison*, Kindle, location 2735.
24. 同上註，Kindle, location 3763。
25. "Whales and Hunting," New Bedford Whaling Museum, accessed March 25, 2019, https://www.whalingmuseum.org/learn/research-topics/overview-of-north-american-whaling/whales-hunting.
26. 同上註。
27. J. R. McNeill, *Something New Under the Sun: An Environmental History of the Twentieth-Century World*, Global Century Series (New York: W. W. Norton, 2000), Kindle, location 3748
28. 同上註，Kindle, location 3793。
29. William Stanley Jevons, *The Coal Question: An Enquiry Concerning the Progress of the Nation, and the Probable Exhaustion of Our Coal-Mines* (Macmillan, 1865), 171.
30. 同上註，177。
31. Alfred Marshall, *Principles of Economics*, vol. 1 (Macmillan, 1890), 150.

第四章　世界地球日的爭論

1. "The History of Earth Day," Earth Day Network, accessed March 25, 2019, https://www.earthday.org/about/the-history-of-earth-day/.
2. John Noble Wilford, "On Hand for Space History, as Superpowers Spar," *New York Times*, July 13, 2009, https://www.nytimes.com/2009/07/14/science/space/14mission.html?auth=login-smartlock.
3. Archibald MacLeish, "A Reflection: Riders on Earth Together, Brothers in Eternal Cold," *New York Times*, December 25, 1968, https://www.nytimes.com/1968/12/25/archives/a-reflection-riders-on-earth-together-brothers-in-eternal-cold.html.

4. Michael Rotman, "Cuyahoga River Fire," *Cleveland Historical*, accessed March 25, 2019, https://clevelandhistorical.org/items/show/63.
5. Gerhard Gschwandtner, Karin Gschwandtner, Kevin Eldridge, Charles Mann, and David Mobley, "Historic Emissions of Sulfur and Nitrogen Oxides in the United States from 1900 to 1980," *Journal of the Air Pollution Control Association* 36, no. 2 (1986): 139–49, https://doi.org:10.1080/00022470.1986.10466052.
6. Patrick Allitt, *A Climate of Crisis*, Penguin History American Life (New York: Penguin, 2014), Kindle, location 43.
7. 同上註。
8. Paul R. Ehrlich, *The Population Bomb* (New York: Ballantine Books, 1968), 11.
9. William Paddock and Paul Paddock, *Famine 1975! America's Decision: Who Will Survive?* (Boston: Little, Brown, 1967).
10. "Implications of Worldwide Popu- lation Growth for U.S. Security and Overseas Interests" ("The Kissinger Report"), National Security Study Memorandum NSSM 200, December 10, 1974, https://pdf.usaid.gov/pdf_docs/Pcaab500.pdf.
11. 美國GDP資料取自：Louis Johnston and Samuel H. Williamson, "What Was the U.S. GDP Then?," MeasuringWorth, 2019, https://www.measuringworth.com/datasets/usgdp/。資源消耗資料取自美國地質調查局（US Geological Survey）。資料、計算細節、及資料來源，可以在以下網址取得：morefromlessbook.com/data。
12. Donella Meadows, Dennis Meadows, Jorgen Randers, and William Behrens III, *The Limits to Growth* (New York: Universe Books, 1972), 56–58.
13. Ronald Bailey, "Earth Day, Then and Now," *Reason*, May 1, 2000, http://reason.com/archives/2000/05/01/earth-day-then-and-now.
14. "Atoms for Peace Speech," IAEA, July 16, 2014, https://www.iaea.org/about/history/atoms-for-peace-speech.
15. "Amory Lovins: Energy Analyst and Environmentalist," *Mother Earth News*, November/December 1977, https://www.motherearthnews.com/renewable-energy/amory-lovins-energy- analyst-zmaz77ndzgoe.
16. FAS Public Interest Report, May–June 1975, https://fas.org/faspir/

archive/1970-1981/May-June1975.pdf.

17. 美國GDP資料取自：Johnston and Williamson, “What Was the U.S. GDP Then?”。資源消耗資料取自美國能源資訊管理局（US Energy Information Administration）。資料、計算細節、及資料來源，可以在以下網址取得：morefromlessbook.com/data。
18. Earl Cook, “The Flow of Energy in an Industrial Society,” *Scientific American* 225, no. 3 (September 1971): 134–47.
19. Walter E. Williams, “Environmentalists Are Dead Wrong,” Creators, April 26, 2017, https://www.creators.com/read/walter-williams/04/17/environmentalists-are-dead-wrong.
20. Bailey, “Earth Day.”
21. Matt Ridley, “Apocalypse Not: Here’s Why You Shouldn’t Worry About End Times,” *WIRED*, August 17, 2012, https://www.wired.com/2012/08/ff-apoc alypsenot/.
22. Bailey, “Earth Day.”
23. 同上註。
24. Paul R. Ehrlich and John P. Holdren, “Impact of Population Growth,” *Science* 171 (1971): 1212–17, https://www.agro.uba.ar/users/fernande/EhrlichHoldren1971impactPopulation.pdf.
25. N. Koblitz, “Mathematics as Propaganda,” in *Mathematics Tomorrow*, ed. Lynn Steen (New York: Springer-Verlag, 1981), 111–20.
26. “A History of Degrowth,” *Degrowth*, accessed March 25, 2019, https://www.degrowth.info/en/a-history-of-degrowth/.
27. André Gorz, *Ecology as Politics*, trans. Patsy Vigderman and Jonathan Cloud (Boston: South End Press, 1980), 13.
28. Barry Commoner, *The Closing Circle* (New York: Bantam Books, 1974), 294–95.
29. Kenneth E. Boulding, “The Economics of the Coming Spaceship Earth,” in *Environmental Quality in a Growing Economy*, ed. H. Jarrett (Baltimore: Resources for the Future/Johns Hopkins University Press, 1966), 3–14.
30. Gregory Scruggs, “A Brief Timeline of Modern Municipal Recycling,” *Next City*, February 12, 2015, https://nextcity.org/daily/entry/history-city-recycling-pickup-modern.

31. Ehrlich, *Population Bomb*, 127.
32. Meadows, Meadows, Randers, and Behrens, *Limits to Growth*, 167–68.
33. Holly Hartman, "Milestones in Environmental Protection," *Infoplease*, accessed March 25, 2019, https://www.infoplease.com/spot/milestones-environmental-pro tection.
34. "EPA History: The Clean Air Act of 1970," US EPA web archive, October 4, 2016, https://archive.epa.gov/epa/aboutepa/epa-history-clean-air-act-1970.html.
35. "Stewart Brand and His Five Pounds of Ideas for the '80s," *Christian Science Monitor*, January 15, 1981, https://www.csmonitor.com/1981/0115/011556 .html.
36. Tove Danovich, "The Foxfire Book Series That Preserved Appalachian Foodways," NPR, March 17, 2017, https://www.npr.org/sections/thesalt/2017/03/17/520038859/the-foxfire-book-series-that-preserved-appalachian-foodways.
37. Julian Simon, *The Ultimate Resource* (Princeton, NJ: Princeton University Press, 1981), 3.
38. R. Buckminster Fuller, *Utopia or Oblivion* (Zurich: Lars Muller, 1969), 293.
39. 同上註，297。
40. Ed Regis, "The Doomslayer," *WIRED*, December 15, 2017, https://www.wired .com/1997/02/the-doomslayer-2/.
41. Paul Kedrosky, "Taking Another Look at Simon vs. Ehrlich on Commodity Prices," *Seeking Alpha*, February 19, 2010, https:// seekingalpha.com/article/189539-taking-another-look-at-simon-vs-ehrlich-on-commodity-prices?page=2.
42. Christopher L. Magee and Tessaleno C. Devezas, "A Simple Extension of Dematerialization Theory: Incorporation of Technical Progress and the Rebound Effect," *Technological Forecasting and Social Change* 117 (April 2017): 196–205, https://doi.org/10.1016/j.techfore.2016.12.001.

第五章　令人驚奇的去物質化

1. "When the Facts Change, I Change My Mind. What Do You Do, Sir?,"

Quote Investigator, July 7, 2011, https://quoteinvestigator.com/2011/07/22/keynes-change-mind/.

2. 私人通訊，2018年5月10日。
3. Robert Herman, Siamak A. Ardekani, and Jesse H. Ausubel, "Dematerialization," *Technological Forecasting and Social Change* 37, no. 4 (1990): 333–48.
4. Ausubel, "Return of Nature."
5. Duncan Clark, "Why Is Our Consumption Falling?," *Guardian*, October 31, 2011, https://www.theguardian.com/environment/2011/oct/31/consumption-of-goods-falling.
6. Chris Goodall, " 'Peak Stuff': Did the UK Reach a Maximum Use of Material Resources in the Early Part of the Last Decade?," research paper, October 13, 2011, http://static.squarespace.com/static/545e40d0e4b054a6f8622bc9/t/54720c6ae4b06f326a8502f9/1416760426697/Peak_Stuff_17.10.11.pdf.
7. 資料取自美國地質調查局。資料、計算細節、及資料來源，可以在以下網址取得：morefromlessbook.com/data。
8. 美國GDP資料取自：Johnston and Williamson, "What Was the U.S. GDP Then?"。金屬消耗資料取自美國地質調查局。資料、計算細節、及資料來源，可以在以下網址取得：morefromlessbook.com/ data。
9. 穀物數據取自https://www.usda.gov/topics/farming/crop-production。肥料資料取自https://www.usgs.gov/centers/nmic/historical-statisticsmineral-and-material-commodities-united-states。水資料取自https://waterdata.usgs.gov/nwis/water_use?format=html_table&rdb_compres sion=file&wu_year=ALL&wu_category=ALL。農田資料取自https:// www.ers.usda.gov/data-products/major-land-uses/major-land-uses。資料、計算細節、及資料來源，可以在以下網址取得：morefromlessbook.com/ data。
10. 美國GDP資料取自：Johnston and Williamson, "What Was the U.S. GDP Then?"。木材消耗資料取自https://www.fpl.fs.fed.us/documnts/fplrp/fpl_rp679.pdf, table 5a。紙消耗資料取自https://pubs.er.usgs.gov/publication/fs20173062。建築產品消耗資料取自美國地質調查局。資料、計算細節、及資料來源，可以在以下網址取得：morefromlessbook.com/ data。

11. 資 料 取 自：Noah Smith, "China Is the Climate-Change Battleground," *Bloomberg* Opinion, October 14, 2018, https://www.bloomberg.com/opinion/articles/2018-10-14/china-is-the-climate-change- battleground.
12. 美國GDP資料取自：Johnston and Williamson, "What Was the U.S. GDP Then?"。資源消耗資料取自美國能源資訊管理局。計算細節、及資料來源，可以在以下網址取得：morefromlessbook.com/ data。
13. "Environmental Impacts of Natural Gas," Union of Concerned Scientists, accessed March 25, 2019, https://www.ucsusa.org/clean-energy /coal-and-other-fossil-fuels/environmental-impacts- of-natural-gas#.Wvc1_9MvzUl.

第六章　CRIB策略

1. "Real Gross Domestic Product," FRED, February 28, 2019, https://fred.stlouisfed.org/series/A191RL1A225NBEA.
2. "Population," FRED, February 28, 2019, https://fred.stlouisfed.org/series/B230RC0A052NBEA.
3. "Shares of Gross Domestic Product: Personal Consumption Expenditures: Services," FRED, February 28, 2019, https://fred.stlouisfed.org/series/DSERRE1Q156NBEA.
4. Joseph J. Shapiro and Reed Walker, "Why Is Pollution from U.S. Manufacturing Declining? The Roles of Trade, Regulation, Productivity, and Preferences" (January 1, 2015), US Census Bureau Center for Economic Studies Paper no. CES-WP-15-03, https://ssrn.com/abstract=2573747 or https://dx.doi.org/10.2139/ssrn.2573747.
5. 美 國GDP資 料 取 自：Johnston and Williamson, "What Was the U.S. GDP Then?"。工業產量資料取自：https://fred.stlouisfed.org/series/INDPRO。金屬消耗資料取自美國地質調查局。資料、計算細節、及資料來源，可以在以下網址取得：morefromlessbook.com/ data。
6. Alexis de Tocqueville, *Democracy in America: A New Translation by Arthur Goldhammer* (New York: Library of America, 2004), 617.
7. John F. Papp, *2015 Minerals Yearbook: Recycling—Metals* (advance release), US Department of the Interior, US Geological Survey, May 2017, https:// minerals.usgs.gov/minerals/pubs/commodity/recycle/myb1-2015-recyc.pdf.

8. "Paper and Paperboard: Material-Specific Data," US EPA, July 17, 2018, https://www.epa.gov/facts- and-figures-about-materials-waste-and-recycling/paper-and-paperboard-material-specific-data.
9. Jeffrey Jacob, *New Pioneers: The Back-to-the-Land Movement and the Search for a Sustainable Future* (University Park, PA: Penn State University Press, 2010), 22.
10. "Population and Housing Unit Costs," US Census Bureau, Table 4: Population: 1790 to 1900, https://www.census.gov/population/censusdata/table-4.pdf.
11. Nigel Key, "Farm Size and Productivity Growth in the United States Corn Belt" (presentation at Farm Size and Productivity Conference, Washington, DC, February 2–3, 2017), https://www.farmfoundation.org/wp-content/uploads/attachments/1942-Session%201_Key_US.pdf.
12. 同上註。
13. Edward L. Glaeser, Matthew Kahn, Manhattan Institute, and UCLA, "Green Cities, Brown Suburbs," *City Journal*, January 27, 2016, https://www.city-journal.org/html/green-cities- brown-suburbs- 13143.html.
14. Maciek Nabrdalik and Marc Santora, "Smothered by Smog, Polish Cities Rank Among Europe's Dirtiest," *New York Times*, April 22, 2018, https://www.nytimes.com/2018/04/22/world/europe/poland -pollution.html.
15. John U. Nef, "An Early Energy Crisis and Its Consequences," *Scientific American*, November 1977, 140–50.
16. Andrew Balmford et al., "The Environmental Costs and Benefits of High-Yield Farming," *Nature Sustainability* 1 (September 2018): 477–85, https://www-nature-com.libproxy.mit.edu/articles/s41893-018-0138-5.pdf.
17. Matt Ridley, "The Western Environmental Movement's Role in China's One-Child Policy," *Rational Optimist* (blog), November 7, 2015, http://www.rationaloptimist.com/blog/one-child-policy/.
18. Barbara Demick, "Judging China's One-Child Policy," *New Yorker*, June 19, 2017, https://www.newyorker.com/news/news-desk/chinas-new-two-child -policy.
19. Amartya Sen, "Population: Delusion and Reality," *New York Review of Books*, September 22, 1994.

20. Wang Feng, Yong Cai, and Baochang Gu, "Population, Policy, and Politics: How Will History Judge China's One-Child Policy?," in *Population and Public Policy: Essays in Honor of Paul Demeny*, suppl., *Population and Development Review* 38 (2012): 115–29.
21. https://twitter.com/paulrehrlich/status/659814941633986560.
22. "History of Reducing Air Pollution from Transportation in the United States," US EPA, April 19, 2018, https://www.epa.gov/transporta tion-air-pollution-and-climate-change/accomplishments-and-success -air-pollution-transportation.
23. Scott D. Grosse, Thomas D. Matte, Joel Schwartz, and Richard J. Jackson, "Economic Gains Resulting from the Reduction in Children's Exposure to Lead in the United States," *Environmental Health Perspectives*, June 2002, https://www.ncbi.nlm.nih.gov/pmc/articles/PMC1240871/.
24. Barry Yeoman, "Why the Passenger Pigeon Went Extinct," *Audubon*, May–June 2014, http://www.audubon.org/magazine/may-june-2014/why-passenger-pigeon-went-extinct.
25. William Souder, "How Two Women Ended the Deadly Feather Trade," *Smithsonian*, March 2013, https://www.smithsonianmag.com/science-nature/how-two-women-ended-the-deadly-feather-trade-23187277/.
26. "Basic Facts about Bison," *Defenders of Wildlife*, January 10, 2019, https://defenders.org/bison/basic-facts.
27. "Basic Facts about Sea Otters," *Defenders of Wildlife*, January 10, 2019, https://defenders.org/sea-otter/basic-facts.

第七章　資本主義與技術進步

1. "Major Land Uses," USDA ERS—Major Land Uses, accessed March 25, 2019, https://www.ers.usda.gov/data-products/major-land-uses/.
2. "Rank- ing of States by Total Acres," *Beef2Live*, accessed March 25, 2019, https:// beef2live.com/story-ranking-states-total-acres-0-108930.
3. https://twitter.com/HumanProgress/status/1068596289485586432.
4. Vaclav Smil, *Making the Modern World: Materials and Dematerialization* (Hoboken, NJ: John Wiley & Sons, 2014), 123.
5. Steve Cichon, "Everything from This 1991 Radio Shack Ad I Now Do

with My Phone," *Huffington Post*, December 7, 2017, https://www.huffingtonpost.com/steve-cichon/radio-shack- ad_b_4612973.html.

6. "Forbes in 2007: Can Anyone Catch Nokia?," Nokiamob.net, November 12, 2017, http:// nokiamob.net/2017/11/12/forbes-in-2007-can-anyone-catch-nokia/.
7. Walt Mossberg et al., "Elop in July: It's 'Hard to Understand the Rationale' for Selling Nokia's Devices Business," *All Things D*, accessed March 25, 2019, http://allthingsd.com/20130903/ elop-in-july-its-hard-to-understand-the-rationale-for-selling-nokias-devices-business.
8. Arjun Kharpal, "Nokia Phones Are Back as Microsoft Sells Mobile Assets to Foxconn," CNBC, May 18, 2016, https://www.cnbc.com/2016/05/18/nokia-phones-are-back-after-microsoft-sells- mobile-assets-for-350-million-to-foxconn-hmd.html.
9. "RadioShack Files for Bankruptcy, Again, Placing Future in Doubt," *CNN Money*, March 3, 2017, http://money.cnn.com/2017/03/09/news/companies/radioshack-bankruptcy/index.html.
10. "Annual Coal Report 2007," US Energy Information Administration, February 2009, https://www.eia.gov/coal/annual/archive/05842007.pdf.
11. "Independent Statistics and Analysis—Coal," US Energy Information Administration, accessed March 25, 2019, https://www.eia.gov/coal/review/coal_consumption.php.
12. "Annual Energy Outlook 2007," US Energy Information Administration, https://www.eia.gov/outlooks/aeo/.
13. "Crude Oil: Uncertainty about Future Oil Supply Makes It Important to Develop a Strategy for Addressing a Peak and Decline in Oil Production," US Government Accountability Office, https://www.gao.gov/assets/260/257064.pdf.
14. "Fracking Now Fuels Half of U.S. Oil Output," *CNN Money*, March 24, 2016, http://money.cnn.com/2016/03/24/investing/fracking-shale-oil-boom/index.html.
15. "America Unseats Russia, Saudi Arabia, as No. 1 Oil Producer," *CNN Money*, September 12, 2018, https://money.cnn.com/2018/09/12/investing/us-oil-production-russia-saudi-arabia/index.html.

16. "U.S. Natural Gas Marketed Production (Million Cubic Feet)," US Energy Information Administration, accessed March 25, 2019, https://www.eia.gov/dnav/ng/hist/n9050us2A.htm.
17. "Independent Statistics and Analysis—Coal Data Browser," US Energy Information Administration, accessed March 25, 2019, https://www.eia.gov/coal/data/browser/#/topic/20?agg=0,2,1&geo=vvvvvvvvvvvvo&freq=A&start=2001&end=2016&ctype=map<ype=pin&rtype=s&maptype=0&rse=0&pin=.
18. Javier Blas, "Remember Peak Oil? Demand May Top Out Before Supply Does," *Bloomberg*, July 11, 2017, https://www.bloomberg.com/news/articles /2017-07-11/remember-peak-oil-demand-may-top-out-before-supply-does.
19. Jeffrey Ball, "Inside Oil Giant Shell's Race to Remake Itself for a Low-Price World," *Fortune*, January 1, 2018, http://fortune.com/2018/01/24/royal-dutch-shell-lower -oil-prices/.
20. 私人通訊，2019年1月。
21. "How Real-Time Railroad Data Keeps Trains Running," RTInsights.com, December 10, 2015, https://www.rtinsights.com/how-real-time-railroad-data-keeps-trains-running/.
22. "Technical Information," *Railinc*, accessed March 25, 2019, https://www.railinc.com/rportal/technical-information.
23. Keith Bradsher, "Amid Tension, China Blocks Vital Exports to Japan," *New York Times*, September 22, 2010, https://www.nytimes.com/2010/09/23/business/global/23rare .html.
24. Sarah Zielinski, "Rare Earth Elements Not Rare, Just Playing Hard to Get," *Smithsonian*, November 18, 2010, https://www.smithsonianmag.com/science-nature/rare-earth-elements-not-rare-just-playing-hard-to-get-38812856/?no-ist=.
25. "Rare Earths Crisis in Retrospect," Human Progress, accessed March 25, 2019, https://humanprogress.org/article.php?p=1268.
26. Mark Tyrer and John P. Sykes, "The Statistics of the Rare Earths Industry," *Significance*, April 2013, 12–16, https://rss.onlinelibrary.wiley.com/doi/pdf/10.1111/j.1740-9713.2013.00645.x.

27. Mark Strauss, "How China's 'Rare Earth' Weapon Went from Boom to Bust," *Io9* (blog), December 16, 2015, https://io9.gizmodo.com/how-chinas-rare-earth-weapon-went-from-boom-to-bust-1653638596.
28. Eugene Gholz, "Rare Earth Elements and National Security," Council on Foreign Relations Energy Report, October 2014, https://cfrd8-files.cfr.org/sites/default/files/pdf/2014/10 /Energy%20Report_Gholz.pdf.
29. "US Coal Prices by Region," *Quandl*, accessed March 25, 2019, https://www.quandl.com/data/EIA/COAL-US-Coal-Prices-by-Region.
30. Arne Beck, Heiner Bente, and Martin Schilling, "Railway Efficiency—an Overview and a Look at Opportunities for Improvement," OECD International Transport Forum Discussion Paper #2013-12, https://www.itf-oecd.org/sites/default/files/docs/dp201312.pdf.
31. Marion Brunglinghaus, "Fuel Comparison," www.euronucler.org, accessed March 25, 2019, https://www.euronuclear.org/info/encyclope dia/f/fuelcomparison.htm.
32. Ethan Siegel, "How Much Fuel Does It Take to Power the World?," *Forbes*, September 20, 2017, https://www.forbes .com/sites/startswithabang/2017/09/20/how-much-fuel-does-it-take-to-power-the-world/#114bc5f316d9.
33. "Airline Capacity Discipline: A New Global Religion Delivers Better Margins—but for How Long?," CAPA—Centre for Aviation, February 8, 2013, https://centreforaviation.com/analysis/reports/airline-capacity-discipline-a-new-global-religion-delivers-better-margins-but-for-how-long-96762.
34. Michael Goldstein, "Meet the Most Crowded Airlines: Load Factor Hits All-Time High," *Forbes*, July 9, 2018, https://www.forbes.com/sites/michaelgoldstein/2018/07/09/meet-the-most-crowded-airlines-load-factor-hits-all-time-high/#6d753fb454fb.
35. "World Wood Production Up for Fourth Year; Paper Stagnant as Electronic Publishing Grows," UN Report, *UN News*, United Nations, accessed March 25, 2019, https://news.un.org/en/story/2014/12/486692-world-wood-production-fourth-year-paper-stagnant-electronic-publishing-grows-un#.Vq6bffFilI-.

36. Adam Thierer, "Defining 'Technology,'" *The Technology Liberation Front*, July 5, 2017, https://techliberation.com/2014/04/29/defining-technology/.
37. Ursula K. Le Guin, "A Rant About 'Technology,'" *Ursula K. Le Guin*, accessed March 25, 2019, http://www.ursulakleguin.com /Note-Technology.html.
38. Jonathan Haidt, "Two Stories about Capitalism, Which Explain Why Economists Don't Reach Agreement," *The Righteous Mind*, January 1, 2015, http://righteousmind.com/why-economists-dont-agree/.
39. "Doing Business 2017," World Bank *Doing Business* (blog), accessed March 25, 2019, http://www.doingbusiness.org/en/reportsglobal-reports/doing-business-2017.
40. Meadows, Meadows, Randers, and Behrens, *Limits to Growth*, 126.
41. 同上註，56–58。
42. Owen Edwards, "Abraham Lincoln Is the Only President Ever to Have a Patent," *Smithsonian*, October 1, 2006, https://www.smithsonianmag.com/history/abraham-lincoln-only-president-have-patent-131184751/#O9U5xwgQiTQwhk4J.99.
43. "Abraham Lincoln's Second Lecture on Discoveries and Inventions," abrahamlincolnonline.org, accessed March 25, 2019, http://www.abrahamlincolnonline.org/lincoln/speeches/discoveries.htm.
44. Joel Mokyr, *A Culture of Growth: The Origins of the Modern Economy* (Princeton, NJ: Princeton University Press, 2016).

第八章　略談資本主義

1. Ehrenfreund, "A Majority of Millennials Now Reject Capitalism, Poll Shows," *Washington Post*, April 26, 2016, https://www.washingtonpost.com/news/wonk/wp/2016/04/26/a-majority-of-millennials-now-reject-capitalism-poll-shows/?utm_term=.aa4e85460054.
2. George Stigler, "The Conference Handbook," *Journal of Political Economy* 85, no. 2 (1977), https://www.journals.uchicago.edu/doi/pdfplus/10.1086/260576.
3. Adam Smith, *An Inquiry into the Nature and Causes of the Wealth of Nations*, 2 vols. (London: W. Strahan and T. Cadell, 1776), vol. 1, chap. 2, p.

19.
4. A. Bhattacharjee, J. Dana, and J. Baron, "Anti-profit Beliefs: How People Neglect the Societal Benefits of Profit," *Journal of Personality and Social Psychology* 113, no. 5 (2017): 671–96, http://dx.doi.org/10.1037/pspa0000093.
5. Smith, *Wealth of Nations*, vol. 1, chap. 2, p. 15.
6. 同上註，book 4, chap. 8, p. 49。
7. 同上註，book 5, chap. 1, p. 770。
8. Adam Smith, *The Theory of Moral Sentiments* (printed for Andrew Millar, in the Strand; and Alexander Kincaid and J. Bell, in Edinburgh, 1759), chap. 2.
9. Adam Smith, *Wealth of Nations*, book 1, chap. 10, p. 127.
10. 同上註，book 4, chap. 2。
11. "Adam Smith on the Need for 'Peace, Easy Taxes, and a Tolerable Administration of Justice'" (1755), *Online Library of Liberty*, accessed March 25, 2019, http://oll.libertyfund.org/quote/436.
12. "Taxes Are What We Pay for Civilized Society," *Quote Investigator*, April 13, 2012, https://quoteinvestigator.com/2012/04/13/taxes-civilize/.
13. "Grover Norquist," *Wikiquote*, accessed January 6, 2018, https://en.wikiquote.org/wiki/Grover_Norquist.
14. Interview with Thomas W. Hazlett, May 1977, in "The Road to Serfdom, Foreseeing the Fall," *Reason*, July 1992.
15. "Report for Selected Countries and Subjects," International Monetary Fund, accessed March 25, 2019, http://www.imf.org/external/pubs/ft/weo/2016/02/weodata/weorept.aspx?sy=2001&ey=2001&scsm=1&ssd=1&sort=country&ds=.&br=1&c=213,218,223,228,288,233,293,248,298,299&s=PPPPC&grp=0&a=&pr.x=61&pr.y=10.
16. "Factbox: Venezuela's Nationalizations under Chavez," *Reuters World News*, October 8, 2012, https://www.reuters.com/article/us-venezuela-election-nationalizations-idusbre89701x20121008.
17. Jose Orozco, "With 'Misiones,' Chavez Builds Support Among Venezuela's Poor," *World Politics Review*, December 10, 2006, https://www.worldpoliticsreview.com/articles/404/with-misiones-chavez-builds-

support-among-venezuelas-poor.

18. Mercy Benzaquen, "How Food in Venezuela Went from Subsidized to Scarce," *New York Times*, July 16, 2017, https://www.nytimes.com/interactive/2017/07/16/world/americas/venezuela-shortages.html.
19. Emiliana Disilvestro and David Howden, "Venezuela's Bizarre System of Exchange Rates," *Mises Wire* (blog), Mises Institute, December 28, 2015, https:// mises.org/library/venezuelas- bizarre-system-exchange-rates.
20. Benzaquen, "How Food in Venezuela Went from Subsidized to Scarce."
21. "Venezuela Facts and Figures," OPEC, accessed March 25, 2019, http://www.opec.org/opec_web/en/about_us/171.htm.
22. "List of Countries by Proven Oil Reserves," *Wikipedia*, March 4, 2019, https:// en.wikipedia.org/wiki/List_of_countries_by_proven_oil_reserves.
23. "Crude Oil Prices—70 Year Historical Chart," Macrotrends.net, accessed March 25, 2019, http://www.macrotrends.net/1369/crude-oil-price-history-chart.
24. "Venezuela Leaps towards Dictatorship," *Economist*, March 31, 2017, https://www .economist.com/the-americas/2017/03/31/venezuela-leaps-towards-dictatorship.
25. Isayen Herrera and Meridith Kohut, "As Venezuela Collapses, Children Are Dying of Hunger," *New York Times*, December 17, 2017, https://www .nytimes.com/interactive/2017/12/17/world/americas/venezuela-chil dren-starving .html.
26. Anatoly Kurmanaev, "Venezuela's Oil Production Is Collapsing," *Wall Street Journal*, January 18, 2018, https://www.wsj.com/articles/venezuelas-oil-industry -takes-a-fall-1516271401.
27. "The Tragedy of Venezuela," *Michael Roberts Blog*, August 3, 2017, https://thenextrecession.wordpress.com/2017/08/03/the-tragedy-of-venezuela/.
28. Ricardo Hausmann, "Venezuela's Unprecedented Collapse," *Project Syndicate*, July 31, 2017, https://www.project-syndicate.org/commentary/venezuela-unprecedented-economic-collapse-by-ricardo-hausmann-2017-07?referrer=/nvBcqfkklA&barrier=accesspaylog.
29. Robert Valencia, "Venezuela's Inflation Rate Passes 1 Million Percent and

It's Costing Lives Every Day. This Is What It Looks Like," *Newsweek*, December 14, 2018, https://www.newsweek.com/venezuela-million-hyperinflation-losing-lives-everyday-1256630.

30. Juan Forero, Maolis Castro, and Fabiola Ferrero, "Venezuela's Brutal Crime Crackdown: Executions, Machetes and 8,292 Dead," *Wall Street Journal*, December 21, 2017, https://www.wsj.com/articles/venezuelas-brutal-crime-crackdown-executions-machetes -and- 8-292-dead-1513792219.
31. Gideon Long, "Venezuela's Imploding Economy Sparks Ref ugee Crisis," *Financial Times*, April 16, 2018, https://www.ft.com/content/a62038a4-3bdc-11e8-b9f9-de94fa33a81e.
32. Jim Wyss, "In Venezuela, They Were Teachers and Doctors. To Buy Food, They Became Prostitutes," *Miami Herald*, September 25, 2017, http://www.miamiherald.com/news/nation-world/world/americas/venezuela/article174808061.html.
33. Sara Schaefer Munoz, "Infant Mortality Soars in Venezuela," *Wall Street Journal*, October 17, 2016, https://www.wsj.com/articles/infant-mortality-soars-in-venezuela-1476716417.
34. Virginia Lopez Glass, "Nothing Can Prepare You for Life with Hyperinflation," *New York Times*, February 12, 2019, https://www.nytimes.com/2019/02/12/opinion/venezuela-hyperinflation-food-shortages.html.
35. David Mikkelson, "Fact Check: Margaret Thatcher on Socialism," *Snopes*, accessed March 25, 2019, https://www.snopes.com/fact-check/other-peoples-money/.
36. Ricardo Hausmann, "Does Capitalism Cause Poverty?," *Project Syndicate*, August 21, 2015, https://www.project-syndicate.org/commentary/does-capitalism-cause-poverty-by-ricardo-hausmann-2015-08.

第九章　公眾意識與回應民意的政府

1. Richard Conniff, "The Political History of Cap and Trade," *Smithsonian*, August 1, 2009, https://www.smithsonianmag.com/science-nature/the-political-history-of-cap-and-trade-34711212/.
2. 同上註。

3. Edward Wong, "In China, Breathing Becomes a Childhood Risk," *New York Times*, April 22, 2013, https://www.nytimes.com/2013/04/23/world/asia/pollution-is-radically-changing-childhood-in-chinas-cities.html.
4. "A Toxic Environment: Rapid Growth, Pollution and Migration," *VoxDev*, accessed March 25, 2019, https://voxdev.org/topic/labour -mar kets-migration/toxic-environment-rapid-growth-pollution-and-migration.
5. Anthony Kuhn, "For Some in China's Middle Class, Pollution Is Spurring Action," *Parallels* (blog), NPR, March 2, 2017, https://www.npr.org/sections/parallels/2017/03/02/518173670/for-some-in-chinas-middle-class-pollution-is-spurring-action.
6. Michael Greenstone, "Four Years After Declaring War on Pollution, China Is Winning," *New York Times*, March 12, 2018, https://www .nytimes.com/2018/03/12/upshot/china-pollution-environment-longer-lives .html.
7. 同上註。
8. Joe McCarthy, "India Has the World's 14 Most Polluted Cities, New Report Shows," *Global Citizen*, May 3, 2018, https://www.globalcitizen.org/en/content/india-has-worlds-most-polluted-cities/.
9. Jeffrey Gettleman, Kai Schultz, and Hari Kumar, "Environmentalists Ask: Is India's Government Making Bad Air Worse?," *New York Times*, December 8, 2017, https://www.nytimes.com/2017/12/08/world/asia/india-pollution-modi.html.
10. Kai Schultz, Hari Kumar, and Jeffrey Gettleman, "In India, Air So Dirty Your Head Hurts," *New York Times*, November 8, 2017, https://www.nytimes.com/2017/11/08/world/asia/india-air-pollution.html.
11. Seth Mydans, "Southeast Asia Chokes on Indonesia's Forest Fires," *New York Times*, September 25, 1997, https://www.nytimes.com/1997/09/25/world/southeast-asia-chokes-on-indonesia-s-forest-fires.html.
12. Vaidehi Shah, "5 Ways Singapore Is Dealing with the Haze," *Eco-Business*, October 7, 2015, http://www.eco-business.com/news/5-ways-singapore-is-dealing-with-the-haze/.
13. Christian Schmidt, Tobias Krauth, and Stephan Wagner, "Export of Plastic Debris by Rivers into the Sea," *Environmental Science & Technology* 51, no. 21 (2017): 12246–53, https://doi.org:10.1021/acs.est.7b02368.

14. Shivali Best, "95% of Plastic in Oceans Comes from Just Ten Rivers," *Daily Mail*, October 11, 2017, http://www.dailymail.co.uk/sciencetech/article-4970214/95-plastic-oceans-comes-just-TEN-rivers.html.
15. Mario Molina and Durwood J. Zaelke, "A Climate Success Story to Build On," *New York Times*, September 25, 2012, https://www.nytimes.com/2012/09/26/opinion/montreal-protocol-a- climate-success-story-to-build-on.html.
16. Kenneth S. Overway, *Environmental Chemistry: An Analytical Approach* (Hoboken, NJ: John Wiley & Sons, 2017), 154.
17. *The Ozone Hole*, accessed March 25, 2019, http://www.theozonehole.com/montreal.htm.
18. James Maxwell and Forrest Briscoe, "There's Money in the Air: The CFC Ban and DuPont's Regulatory Strategy," *Business Strategy and the Environment* 6 (1997): 276–86.
19. *The Ozone Hole*, http://www.theozonehole.com/montreal.htm.
20. Eric Hand, "Ozone Layer on the Mend, Thanks to Chemical Ban," *Science*, June 30, 2016, http://www.sciencemag.org/news/2016/06/ozone-layer-mend-thanks-chemical-ban.
21. "Harp Seal," Fisheries and Oceans Canada, Communications Branch, Government of Canada, November 25, 2016, http://www.dfo-mpo.gc.ca/species-especes/profiles-profils/harpseal-phoquegroenland-eng.html.
22. Nowak, *Walker's Mammals of the World*, 1141–43.
23. Isenberg, *Destruction of the Bison*, Kindle, locations 4873–74.
24. "Conservation," Great Elephant Census, accessed March 25, 2019, http://www.greatelephantcensus.com/background-on-conservation/.
25. "The Final Report," *Great Elephant Census*, accessed March 25, 2019, http://www.greatelephantcensus.com/final-report.
26. "Map Updates," *Great Elephant Census*, accessed March 25, 2019, http://www.greatelephantcensus.com/map-updates/.
27. Simon Denyer, "Yao Ming Aims to Save Africa's Elephants by Persuading China to Give Up Ivory," *Washington Post*, September 4, 2014, https://www.washingtonpost.com/world/ex-rocket-yao-ming-aims-to-save-africas-elephants-with-china-campaign/2014/09/03/87ebbe2a-d3e1-4283-964e-

8d87dea397d6_story.html?utm_term=.9027067b620a.

28. Lucy Vigne and Esmond Martin, "Decline in the Legal Ivory Trade in China in Anticipation of a Ban," *Save the Elephants*, 2017, https://www.savetheelephants.org/wp-content/uploads/2017/03/2017_Decline-in-legal-Ivory-trade-China.pdf.
29. Stephen O. Duke and Stephen B. Powles, "Glyphosate: A Once-in-a-Century Herbicide," *Pest Management Science* 64, no. 4 (2008): 319–25.
30. Gary M. Williams, Robert Kroes, and Ian C. Munro, "Safety Evaluation and Risk Assessment of the Herbicide Roundup and Its Active Ingredient, Glyphosate, for Humans," *Regulatory Toxicology and Pharmacology* 31, no. 2 (2000): 117–65, https://www.ncbi.nlm.nih.gov/pubmed/10854122.
31. "Europe Still Burns Witches—If They're Named Monsanto," *Alliance for Science* Cornell, accessed March 25, 2019, https://alliancefor science.cornell.edu/blog/2017/11/europe-still-burns-witches-if-theyre-named-monsanto/.
32. Sarah Zhang, "Does Monsanto's Roundup Herbicide Cause Cancer or Not? The Controversy Explained," *WIRED*, June 3, 2017, https://www.wired.com/2016/05/monsantos-roundup-herbicide-cause-cancer-not-controversy-explained/.
33. Arthur Neslen, "Two-Thirds of Europeans Support Ban on Glyphosate—Poll," *Guardian*, April 11, 2016, https://www.theguardian.com/environment/2016/apr/11/two-thirds-of-europeans-support-ban-on-glyphosate-says-yougov-poll.
34. Arthur Neslen, "Controversial Glyphosate Weedkiller Wins New Five-Year Lease in Europe," *Guardian*, November 27, 2017, https://www.theguardian.com/environment/2017/nov/27/controversial- glyphosate-weedkiller-wins-new-five-year-lease-in-europe.
35. "France Says Farmers Exempt from Glyphosate Ban When No Alternative," *Reuters*, January 25, 2018, https://www.reuters.com/article/us-eu-health-glypho sate/france-says-farmers-exempt-from-glyphosate-ban-when-no-alternative-idUSKBN1FE2C6.
36. National Academies of Sciences, Engineering, and Medicine, *Genetically Engineered Crops: Experiences and Prospects* (Washington, DC: National

Academies Press, 2016), https://www.nap.edu/catalog/23395/genetically-engineered-crops-experiences-and-prospects.

37. "A Decade of EU-Funded GMO Research (2001–2010)," European Commission Directorate-General for Research and Innovation, 2010, https://ec.europa.eu/research/biosociety/pdf/a_decade_of_eu-funded_gmo_research.pdf.
38. "Where Are GMO Crops and Animals Approved and Banned?," GMO FAQs, *Genetic Literacy Project*, accessed March 25, 2019, https://gmo.geneticliteracyproject.org/FAQ/where-are-gmos-grown- and-banned/.
39. Jorge Mayer, "Why Golden Rice?," *Golden Rice Project*, accessed March 25, 2019, http://www.goldenrice.org/Content3-Why/why.php.
40. "US FDA Approves GMO Golden Rice as Safe to Eat," *Genetic Literacy Project*, May 28, 2018, https://geneticliteracyproject.org/2018/05/29/us-fda-approves-gmo-golden-rice-as-safe-to-eat/.
41. Jorge Mayer, "Golden Rice and Intellectual Property," *Golden Rice Project*, accessed March 25, 2019, http://www.goldenrice.org/Content2-How/how9_IP.php.
42. "Special Report: Golden Rice," *Greenpeace International*, accessed March 25, 2019, https://www.greenpeace.org/archive-international/en/campaigns/agriculture/problem/Greenpeace-and-Golden-Rice/.
43. "Public Opinion about Genetically Modified Foods and Trust in Scientists," Pew Research Center Science & Society, December 1, 2016, http://www.pewinternet.org/2016/12/01/public-opinion -about-genetically-modified-foods-and-trust-in-scientists-connected-with-these-foods/.
44. "Majorities of Americans in Every State Support Participation in the Paris Agreement," Yale Program on Climate Change Communication, accessed March 25, 2019, http://climatecommunication.yale.edu/publications/paris_agreement_by_state/.
45. Dylan Matthews, "Donald Trump Has Tweeted Climate Change Skepticism 115 Times. Here's All of It," *Vox*, June 1, 2017, https://www.vox.com/policy-and-politics/2017/6/1/15726472/trump-tweets-global-warming-paris-climate-agreement.
46. Douglass North, *Institutions, Institutional Change and Economic*

Performance (Cambridge, UK: Cambridge University Press, 1990), 3.

47. Daron Acemoglu and James A. Robinson, *Why Nations Fail: The Origins of Power, Prosperity, and Poverty* (New York: Crown, 2013), 144.
48. "History of Reducing Air Pollution from Transportation in the United States," US EPA, April 19, 2018, https://www.epa.gov/transportation-air-pollution-and-climate-change/accomplish ments-and-success-air-pollution-transportation.
49. Matt Ridley, "17 Reasons to Be Cheerful," *Rational Optimist* (blog), September 23, 2015, http://www.rationaloptimist.com/blog/17-reasons-to-be-cheerful/.
50. Kyle Stock and David Ingold, "America's Cars Are Suddenly Getting Faster and More Efficient," *Bloomberg*, accessed May 17, 2017, https://www.bloomberg.com/news/features/2017-05-17/america-s-cars-are-all-fast-and-furious-thcsc-days.
51. 同上註。
52. Gerald Elliot and Stuart M. Frank, "Whaling, 1937–1967: The International Control of Whale Stocks," monograph, Kendall Whaling Museum, 1997, https://www.whalingmuseum.org/sites/default/files/pdf/International%20Control%20of%20Whale%20Stocks.pdf.
53. Yulia V. Ivashchenko and Phillip J. Clapham, "Too Much Is Never Enough: The Cautionary Tale of Soviet Illegal Whaling," *Marine Fisheries Review* 76, no. 1–2 (2014): 1–22, https://spo.nmfs.noaa.gov/sites/default/files/pdf-content/mfr761-21.pdf.
54. Alfred A. Berzin, *The Truth About Soviet Whaling: A Memoir*, special issue, *Marine Fisheries Review* 70, no. 2 (2008): 4–59, https://spo.nmfs.noaa.gov/mfr702/mfr702opt.pdf.
55. 同上註。
56. Charles Homans, "The Most Senseless Environmental Crime of the 20th Century," *Pacific Standard*, November 12, 2013, https://psmag.com / social-justice/the-senseless-environment-crime-of- the-20th-century-russia-whaling-67774.

第十章　四騎士奔馳全球

1. "The World's Poorest Are More Likely to Have a Cellphone than a Toilet," *Fortune*, January 15, 2016, http://fortune.com/2016/01/15/cellphone-toilet/.
2. Phoebe Parke, "More Africans Have Phone Service than Piped Water," CNN, January 19, 2016, https://www.cnn.com/2016/01/19/africa/africa-afrobarometer-infrastructure-report/index.html.
3. "In Much of Sub-Saharan Africa, Mobile Phones Are More Common than Access to Electricity," *Economist*, November 8, 2017, https:// www.economist.com/graphic-detail/2017/11/08/ in-much-of-sub-saharan-africa-mobile-phones-are-more-common-than-access-to-electricity.
4. "Mobile Cellular Subscriptions (per 100 People)," The World Bank Data, accessed March 25, 2019, https://data.worldbank.org/indicator/IT.CEL.SETS.P2?end=2016&start=1960&view=chart.
5. "Gartner Says Worldwide Sales of Smartphones Recorded First Ever Decline During the Fourth Quarter of 2017," *Gartner*, accessed March 25, 2019, https://www.gartner.com/newsroom/id/3859963.
6. Aaron Pressman, "Why Feature Phone Sales Are Suddenly Growing Faster Than Smartphones," *Fortune*, March 12, 2018, http://fortune.com/2018/03/12/feature-phone-sales-facebook-google-nokia -jio-8110/.
7. Jkielty, "The Most Popular Smartphones in 2019," *DeviceAtlas*, January 18, 2019, https://deviceatlas.com/blog/most-popular-smartphones#india.
8. Ansh Sharma, Jyotsna Joshi, Monu Sharma, and K. Rajeev, "Buy Jio Phone F90M, 2.4 Inch Display, Wireless FM, 512 MB RAM, 4 GB Internal Storage (Black, 512 MB RAM, 4 GB), Price in India (26 Mar 2019), Specification & Reviews," *Gadgets 360*, April 13, 2018, https://gadgets360.com/shop/ jio-phone-f90m-black-363131302d3130353636.
9. Peter Diamandis, "The Future Is Brighter Than You Think," CNN, May 6, 2012, https://www.cnn.com/2012/05/06/opinion/diamandis-abundance-innovation/index.html.
10. "Individuals Using the Internet (% of Population)," The World Bank Data, accessed March 25, 2019, https://data.worldbank.org/indicator/IT.NET.USER.ZS?end=2016&start=1960&view=chart.
11. "Deng Xiaoping, Chinese Politician, Paramount Leader of China,"

Wikiquote, September 5, 2018, https://en.wikiquote .org/wiki/Deng_Xiaoping.

12. Conor O'Clery, "Remembering the Last Day of the Soviet Union," *Irish Times*, December 24, 2016, https://www.irishtimes.com/news/world/europe/conor-o-clery-remembering-the-last- day-of-the-soviet-union-1.2916499.
13. "Eastern Bloc," *Wikipedia*, March 25, 2019, https://en.wikipedia.org/wiki/Eastern_Bloc#Population.
14. "One More Push," *Economist*, July 21, 2011, https://www.economist.com/leaders/2011/07/21/one-more-push.
15. 同上註。
16. "Total Population of the World by Decade, 1950–2050," *Infoplease*, accessed March 25, 2019, https://www.infoplease.com/world/population-statistics/total-population-world-decade-1950-2050.
17. "2019 Index of Economic Freedom," Heritage Foundation, accessed March 25, 2019, https://www.heritage.org/index/.
18. "Telecoms and Competition," Twitter, accessed March 25, 2019, https://twitter.com/i/moments/782831197126660096.
19. Kevin G. Hall, "Brazil Telecom Bid Takes Market by Surprise," *Journal of Commerce and Technology*, July 27, 1997, https://www.joc.com/brazil-telecom-bid-takes-market-surprise_19970727.html.
20. Max Roser, "Democracy," *Our World in Data*, March 15, 2013, https://ourworldindata.org/democracy.
21. Bruce Jones and Michael O'Hanlon, "Democracy Is Far from Dead," *Wall Street Journal*, December 10, 2017,https://www.wsj.com/articles/democracy-is-far-from-dead-1512938275.
22. "Worldwide Governance Indicators," *The World Bank* (newsletter), accessed March 25, 2019, http://info.worldbank.org/governance/wgi/#reports.
23. Keith E. Schnakenberg and Christopher J. Fariss, "Dynamic Patterns of Human Rights Practices," *Political Science Research and Methods* 2, no. 1 (2014): 1–31, https://ssrn.com/abstract=1534335 or http://dx.doi.org/10.2139/ssrn.1534335.

24. Pinker, *Enlightenment Now*, Kindle, location 11.
25. Christian Welzel, *Freedom Rising: Human Empowerment and the Quest for Emancipation* (Cambridge, UK: Cambridge University Press, 2013).
26. Pinker, *Enlightenment Now*, location 228.
27. Max Roser and Esteban Ortiz-Ospina, "Global Rise of Education," *Our World in Data*, August 31, 2016, https://ourworldindata.org/global-rise-of-education.

第十一章　人類與大自然的處境顯著進步

1. Hans Rosling, "Good News at Last: The World Isn't as Horrific as You Think," *Guardian*, April 11, 2018, https://www.theguardian.com/world/commentisfree/2018/apr/11/good-news-at-last-the- world-isnt-as-horrific-as-you-think.
2. "Most of Us Are Wrong about How the World Has Changed (Especially Those Who Are Pessimistic about the Future)," *Our World in Data*, accessed March 25, 2019, https://ourworldindata.org/wrong-about -the-world.
3. "John Stuart Mill Quote," *LibQuotes*, accessed March 25, 2019, https://libquotes.com/john-stuart-mill/quote/lbn8u1p.
4. Bjorn Lomborg, *The Skeptical Environmentalist: Measuring the Real State of the World* (Cambridge, UK: Cambridge University Press, 2001), 5.
5. Stewart Brand, "We Are Not Edging Up to a Mass Extinction," *Aeon*, accessed March 25, 2019, https://aeon.co/essays/we-are-not-edging-up-to-a-mass-extinction.
6. Douglas J. McCauley, Malin L. Pinsky, Stephen R. Palumbi, James A. Estes, Francis H. Joyce, and Robert R. Warner, "Marine Defaunation: Animal Loss in the Global Ocean," *Science* 347, no. 6219 (2015), 1255641.
7. Rachel Riederer, "The Woolly Mammoth Lumbers Back into View," *New Yorker*, December 27, 2018, https://www.newyorker.com/science/elements/the-wooly-mammoth-lumbers-back-into-view.
8. Richard Lea, "Scientist Chris D. Thomas: 'We Can Take a Much More Optimistic View of Conservation,'" *Guardian*, July 13, 2017, https://www.theguardian.com/books/2017/jul/13/chris-d-thomas-conservation-

inheritors-of-the-earth-interview.

9. Ausubel, "Return of Nature."
10. "Elinor Ostrom's 8 Principles for Managing a Commons," *On the Commons*, accessed March 25, 2019, http://www.onthecommons.org/magazine/elinor-ostroms-8-principles-managing-commmons#sthash.XO1DrTaX.dpbs.
11. Brand, "We Are Not Edging Up."
12. "Goal 14," Sustainable Development Knowledge Platform, United Nations, accessed March 25, 2019, https://sustainabledevelopment.un.org/sdg14.
13. Jennifer Billock, "How Korea's Demilitarized Zone Became an Accidental Wildlife Paradise," *Smithsonian*, February 12, 2018, https://www.smithsonianmag.com/travel/wildlife-thrives-dmz-korea-risk-location-180967842/.
14. John Wendle, "Animals Rule Chernobyl Three Decades After Nuclear Disaster," *National Geographic*, April 25, 2017, https://news.nationalgeographic.com/2016/04/060418-chernobyl-wildlife-thirty-year-anniversary-science/.
15. "Trees Are Covering More of the Land in Rich Countries," *Economist*, November 30, 2017, https://www.economist.com/international/2017/11/30/trees-are-covering-more-of-the-land-in-rich-countries.
16. Yi Y. Liu, Albert I. J. M. van Dijk, Richard A. M. de Jeu, Josep G. Canadell, Matthew F. McCabe, Jason P. Evans, and Guojie Wang, "Recent Reversal in Loss of Global Terrestrial Biomass," *Nature Climate Change* 5 (2015): 470–74.
17. Kim Nicholas, "Climate Science 101," *Kim Nicholas* (blog), accessed March 25, 2019, http://www.kimnicholas.com/climate-science-101.html.
18. "Atmospheric Carbon Dioxide (CO2) Levels, 1800–Present," SeaLevel.info, accessed March 25, 2019, https://www.sealevel.info/co2.html.
19. "Global Greenhouse Gas Emissions Data," US EPA, April 13, 2017, https://www.epa.gov/ghgemissions/global-greenhouse-gas-emissions-data.
20. Hannah Ritchie and Max Roser, "CO2 and Other Greenhouse Gas Emissions," *Our World in Data*, May 11, 2017, https://ourworldindata.org/co2-and-other-greenhouse-gas-emissions.

21. Hannah Ritchie and Max Roser, "Air Pollution," *Our World in Data*, April 17, 2017, https://ourworldindata.org/air-pollution.
22. Akash Kapur, "Pollution as Another Form of Poverty," *New York Times*, October 8, 2009, https://www.nytimes.com/2009/10/09/world/asia/09iht-letter.html.
23. David A. Keiser and Joseph S. Shapiro, "Consequences of the Clean Water Act and the Demand for Water Quality," *Quarterly Journal of Economics* 134, no. 1 (2018): 349–96.
24. Zhenling Cui et al., "Pursuing Sustainable Productivity with Millions of Smallholder Farmers," *Nature* 555, no. 7696 (2018): 363.
25. Noah Smith, "The Incredible Miracle in Poor Country Development," *Noahpinion* (blog), May 30, 2016, http://noahpinionblog.blogspot.com/2016/05/the-incredible-miracle-in-poor-country.html.
26. *Our World in Data*, https://ourworldindata.org/extreme-poverty.資料、計算細節、及資料來源，可以在以下網址取得：morefromlessbook.com/data。
27. Linda Yueh, "Is It Possible to End Global Poverty?," BBC News, March 27, 2015, https:// www.bbc.com/news/business-32082968.
28. 同上註。
29. *Our World in Data*, https://ourworldindata.org/food-per-person.資料、計算細節、及資料來源，可以在以下網址取得：morefromlessbook.com/data。
30. "What Should My Daily Intake of Calories Be?," *NHS Choices*, accessed March 25, 2019, https://www.nhs.uk/common-health-questions/food-and-diet/what-should-my-daily-intake-of-calories-be/.
31. *Our World in Data*, https://ourworldindata.org/water-use-sanitation# share-of-total-population-with-improved-water-sources.資料、計算細節、及資料來源，可以在以下網址取得：morefromlessbook.com/ data。
32. Hannah Ritchie and Max Roser, "Water Use and Sanitation," *Our World in Data*, November 20, 2017, https://ourworldindata.org/water-use-sanitation#share-of-total-population-with-improved-water-sources.
33. Ritchie and Roser, "Water Use and Sanitation."
34. *Our World in Data*, https://ourworldindata.org/primary-and-secondary-

education.資料、計算細節、及資料來源，可以在以下網址取得：morefromlessbook.com/ data。

35. *Our World in Data*, https://ourworldindata.org/life-expectancy.資料、計算細節、及資料來源，可以在以下網址取得：morefromlessbook.com/ data。
36. *Our World in Data*, https://ourworldin data.org/child-mortality and https:// ourworldindata.org/maternal-mortality .資料、計算細節、及資料來源，可以在以下網址取得：morefromlessbook.com/ data。

第十二章　集中化的力量

1. "68% of the World Population Projected to Live in Urban Areas by 2050, Says UN," UN Department of Economic and Social Affairs, accessed March 25, 2019, https://www.un.org/development/desa/en/news/population/2018-revision-of-world-urbanization-prospects.html.
2. "Everything You Heard About Urbanization Is Wrong," *Open Learning Campus* (blog), accessed March 25, 2019, https://olc.worldbank.org/content/everything-you-heard-about-urbanization-wrong.
3. Mary Clare Jalonick, "Farm Numbers Decline, But Revenue Rises," *Boston Globe*, February 21, 2014, https://www.bostonglobe.com/news/nation/2014/02/21/number-farms-declines-farmers-getting-older/LNON4aXK6Avf6CkfiH4YIK/story.html.
4. "U.S. Farming: Total Number of Farms 2017," *Statista*, accessed March 25, 2019, https://www.statista.com/statistics/196103/number-of-farms-in-the-us-since-2000/.
5. "Manufacturing Sector: Real Output," FRED, March 7, 2019, https://fred.stlouisfed.org/series/OUTMS.
6. "Table 5. Number of Private Sector Establishments by Age: Manufacturing," US Bureau of Labor Statistics, accessed March 25, 2019, https://www.bls.gov/bdm/us_age_naics_31_table5.txt.
7. Damon Darlin, "Monopoly, Milton Friedman's Way," *New York Times*, February 19, 2011, https://www.nytimes.com/2011/02/20/weekinreview/20monopoly.html.
8. Greg Robb, "Yellen to Stress Patience on Rates at Jackson Hole,"

MarketWatch, August 18, 2014, https://www.marketwatch.com/story/yellen-to-stress-patience-on-rates-at-jackson-hole-2014-08-17.

9. John Van Reenen, "Increasing Differences between Firms: Market Power and the Macro-Economy" (paper prepared for the 2018 Jackson Hole Conference), https://www.kansascityfed.org/~/media/files/publicat/sympos/2018/papersandhandouts/jh%20john%20van%20reenen%20version%2020.pdf?la=en.
10. Jeff Sommer and Karl Russell, "Apple Is the Most Valuable Public Company Ever. But How Much of a Record Is That?," *New York Times*, December 21, 2017, https://www.nytimes.com/interactive/2017/12/05/your-money/apple-market-share.html.
11. Robert Frank, "Jeff Bezos Is Now the Richest Man in Modern History," CNBC, July 16, 2018, https://www.cnbc.com/2018/07/16/jeff-bezos-is-now-the-richest-man-in-modern-history.html.
12. Christopher Ingraham, "For Roughly Half of Americans, the Stock Market's Record Highs Don't Help at All," *Washington Post*, December 18, 2017, https://www.washingtonpost.com/news/wonk/wp/2017/12/18/for-roughly-half-of-americans-the-stock-markets-record-highs-dont-help-at-all/?utm_term=.f2498dd7e428.
13. Angus Deaton, "How Inequality Works," *Project Syndicate*, December 21, 2017, https://www.project-syndicate.org/onpoint/anatomy-of-inequality-2017-by-angus-deaton-2017-12?barrier=accesspaylog.
14. Christina Starmans, Mark Sheskin, and Paul Bloom, "Why People Prefer Unequal Societies," *Nature Human Behaviour* 1, no. 4 (2017): article 0082, https://www.nature.com/articles/s41562-017-0082?mod=article_inline.

第十三章　社會資本衰減

1. Dexter Filkins, "James Mattis, a Warrior in Washington," *New Yorker*, June 20, 2017, https://www.newyorker.com/magazine/2017/05/29/james-mattis-a-warrior-in-washington.
2. Robert D. Putnam, *Bowling Alone: The Collapse and Revival of American Community* (New York: Simon & Schuster, 2001), 19.
3. Eric D. Gould and Alexander Hijzen, *Growing Apart, Losing Trust? The*

Impact of Inequality on Social Capital (Washington, DC: International Monetary Fund, 2016).

4. "Public Trust in Government: 1958–2017," Pew Research Center for the People and the Press, April 25, 2018, http://www.people-press.org/2017/12/14/public-trust-in-government-1958-2017/.
5. Alexis de Tocqueville, *Democracy in America*, ed. and trans. Harvey C. Mansfield and Delba Winthrop (Chicago: University of Chicago Press, 2000), 489.
6. Anne Case and Angus Deaton, "Mortality and Morbidity in the 21st Century," Brookings Institution, August 30, 2017, https://www.brookings.edu/bpea-articles/mortality-and-morbidity- in-the-21st-century/.
7. "Suicide Statistics," American Foundation of Suicide Prevention, March 12, 2019, https://afsp.org/about-suicide/suicide-statistics/.
8. Joshua Cohen, " 'Diseases of Despair' Contribute to Declining U.S. Life Expectancy," *Forbes*, July 19, 2018, https://www.forbes.com/sites/joshua cohen /2018/07/19/diseases-of-despair-contribute-to-declining-u-s-life-expec tancy/#7ca8cc96656b.
9. Max Roser and Hannah Ritchie, "HIV/AIDS," *Our World in Data*, April 3, 2018, https://ourworldindata.org/hiv-aids.
10. "Real Gross Domestic Product," FRED, February 28, 2019, https://fred.stlouisfed.org/series/GDPC1.
11. Rakesh Kochhar, "The American Middle Class Is Stable in Size, but Losing Ground Financially to Upper-Income Families," Pew Research Center, September 6, 2018, https://www.pewresearch.org/ fact-tank/2018/09/06/the-american-middle-class-is-stable-in-size-but-losing-ground-financially-to-upper-income-families/.
12. Scott Winship, "Poverty after Welfare Reform," Manhattan Institute, August 22, 2016, https://www.manhattan-institute.org/download/9172/article.pdf.
13. "Suicide Statistics," American Foundation of Suicide Prevention.
14. Kimberly Amadeo, "Compare Today's Unemployment with the Past," *The Balance*, accessed March 25, 2019, https://www.thebalance.com/unemployment-rate-by-year-3305506.

15. "Suicide," World Health Organization, accessed March 25, 2019, https://www.who.int/news-room/fact-sheets/detail/suicide.
16. Johann Hari, " 'The Opposite of Addiction Isn't Sobriety—It's Connection,' " *Guardian*, April 12, 2016, https://www.theguardian.com/books/2016/apr/12/johann-hari-chasing-the-scream-war-on-drugs.
17. Michael J. Zoorob and Jason L. Salemi, "Bowling Alone, Dying Together: The Role of Social Capital in Mitigating the Drug Overdose Epidemic in the United States," *Drug and Alcohol Dependence* 173 (2017): 1–9.
18. Tom Jacobs, "Authoritarianism: The Terrifying Trait That Trump Triggers," *Pacific Standard*, March 26, 2018, https://psmag.com/news/authoritarianism-the-terrifying-trait-that-trump-triggers.
19. Anne Applebaum, "A Warning from Europe: The Worst Is Yet to Come," *Atlantic*, September 24, 2018, https://www.theatlantic.com/magazine/archive/2018/10/poland-polarization/568324/.
20. 由伍茲普爾經濟公司（Woods and Poole Economics Inc.）提供的資料。
21. Emile Durkheim, *Suicide: A Study in Sociology*, trans. John A. Spaulding and George Simpson (Abingdon, UK: Routledge, 2005), 346.
22. Andrew Sullivan, "Americans Invented Modern Life. Now We're Using Opioids to Escape It," *New York,* Intelligencer, February 20, 2018, http://nymag.com/intelligencer/2018/02/americas-opioid-epidemic.html?gtm=bottom.
23. Case and Deaton, "Mortality and Morbidity."
24. Arlie Russell Hochschild, *Strangers in Their Own Land: Anger and Mourning on the American Right* (New York: New Press, 2016), Kindle, location 139.
25. Christoph Lakner and Branko Milanovic, *Global Income Distribution: From the Fall of the Berlin Wall to the Great Recession* (Washington, DC: World Bank, 2013), http://documents.worldbank.org/curated/en/914431468162277879/pdf/WPS6719.pdf.
26. 同上註。
27. Branko Milanovic, "Global Income Distribution since 1988," *CEPR Policy Portal*, accessed March 25, 2019, https://voxeu.org/article/global-income-distribution-1988.

28. Paul Krugman, "Hyperglobalization and Global Inequality," *New York Times*, November 30, 2015, https://krugman.blogs.nytimes.com/2015/11/30/hyperglobalization-and-global-inequality/.
29. Philip Bump, "By 2040, Two-Thirds of Americans Will Be Represented by 30 Percent of the Senate," *Washington Post*, November 28, 2017, https://www.washingtonpost.com/news/politics/wp/2017/11/28/by-2040-two-thirds-of-americans-will-be-represented-by-30-percent-of-the-senate/?noredirect=on&utm_term=.555e16259646.
30. Rachael Revesz, "Five Presidential Nominees Who Won the Popular Vote but Lost the Election," *Independent*, November 16, 2016, https://www.independent.co.uk/news/world/americas/popular-vote-electoral-college-five-presidential-nominees-hillary-clinton-al-gore-a7420971.html.
31. Jeffrey B. Lewis, Keith Poole, Howard Rosenthal, Adam Boche, Aaron Rudkin, and Luke Sonnet, "Congressional Roll-Call Votes Database," *Voteview*, 2018, https://voteview.com/.
32. "Glossary Term | Override of a Veto," US Senate, January 19, 2018, https://www.senate.gov/reference/glossary_term/override_of_a_veto.htm.
33. Eric Levitz, "Tribalism Isn't Our Democracy's Problem. The Conservative Movement Is," *New York,* Intelligencer, October 22, 2018, http://nymag.com/intelligencer/2018/10/polarization-tribalism-the-conservative-movement-gop-threat-to-democracy.html.
34. Interview (August 11, 1867) with Friedrich Meyer von Waldeck of the *St. Petersburgische Zeitung: Aus den Erinnerungen eines russischen Publicisten*, 2. *Ein Stundchen beim Kanzler des norddeutschen Bundes*. In *Die Gartenlaube* (1876), p. 858, de.wikisource. Reprinted in *Furst Bismarck: Neue Tischgesprache und Interviews*, 1:248.
35. "Global and Regional Immunization Profile," World Health Organization, September 2018, https://www.who.int/immunization/monitoring_surveillance/data/gs_gloprofile.pdf?ua=1.
36. Hillary Lewis, "Hollywood's Vaccine Wars," *Hollywood Reporter*, September 12, 2014, https://www.hollywoodreporter.com/features/los-angeles-vaccination -rates/.
37. 同上註。

38. "2017 Final Pertussis Surveillance Report," US Centers for Disease Control, https://www.cdc.gov/pertussis/downloads/pertuss-surv-report-2017.pdf.
39. Jacqui Thornton, "Measles Cases in Europe Tripled from 2017 to 2018," *The BMJ*, February 7, 2019, https://www.bmj.com/content/364/bmj.l634.
40. Bill Bishop, *The Big Sort* (Boston: Houghton Mifflin Harcourt, 2008), 14.

第十四章　展望未來

1. Paul M. Romer, "Endogenous Technological Change," *Journal of Political Economy* 98, no. 5, pt. 2 (1990): S71–S102.
2. https://github.com/open-source.
3. "The United States of Languages," *Making Duolingo* (blog), October 12, 2017, http://making.duolingo.com/the-united-states-of-languages-an-analysis-of-duolingo-usage-state-by-state.
4. "Wikimedia Traffic Analysis Report—Wikipedia Page Views per Country—Overview," Stats.wikimedia, accessed March 25, 2019, https://stats.wikimedia.org/wikimedia/squids/SquidReportPageViewsPerCountryOverview.htm.
5. "Wikimedia Traffic Analysis Report—Page Views per Wikipedia Language—Breakdown," Stats.wikimedia, accessed March 25, 2019, https://stats.wikimedia.org/wikimedia/squids/SquidReportPageViewsPerLanguageBreakdown.htm.
6. Sara Castellanos, "Google Chief Economist Hal Varian Argues Automation Is Essential," *Wall Street Journal*, February 8, 2018, https://blogs.wsj.com/cio/2018/02/08/google-chief-economist-hal-varian-argues-automation-is-essential/.
7. Ian Sample, "Google's DeepMind Predicts 3D Shapes of Proteins," *Guardian*, December 2, 2018, https://www.theguardian.com/science/2018/dec/02/google-deepminds-ai-program-alphafold-predicts-3d-shapes-of-proteins.
8. "Safety-First AI for Autonomous Data Centre Cooling and Industrial Control," *DeepMind*, accessed March 25, 2019, https://deepmind.com/blog/safety-first-ai-autonomous-data-centre-cooling-and-industrial-control/.

9. Nicola Jones, "How to Stop Data Centres from Gobbling Up the World's Electricity," News Feature, *Nature*, September 12, 2018, https://www.nature.com/articles/d41586-018-06610-y.
10. Robbie Gramer, "Infographic: Here's How the Global GDP Is Divvied Up," *Foreign Policy*, February 24, 2017, https://foreignpolicy.com/2017/02/24/infographic-heres-how-the-global-gdp-is-divvied-up/.

第十五章　如何改進

1. William D. Nordhaus, *The Climate Casino* (New Haven, CT: Yale University Press, 2013), Kindle, location 65.
2. 同上註，66。
3. "British Columbia's Carbon Tax," British Columbia Ministry of Environment, October 3, 2018, https://www2.gov.bc.ca/gov/content/environment/climate-change/planning-and-action/carbon-tax.
4. "Opinion | Economists' Statement on Carbon Dividends," *Wall Street Journal*, January 16, 2019, https://www.wsj.com/articles/economists-statement-on-carbon-dividends-11547682910?mod=hp_opin_pos2.
5. "Global Greenhouse Gas Emissions Data," US EPA, April 13, 2017, https://www.epa.gov/ghgemissions/global-greenhouse-gas-emissions-data.
6. Matthew Dalton and Noemie Bisserbe, "Macron Blinks in Fuel-Tax Dispute with Yellow Vests," *Wall Street Journal*, December 4, 2018, https://www .wsj.com/articles/france-to-delay-fuel-tax-increase-after-violent-protests-1543925246.
7. Stanley Reed, "Germany's Shift to Green Power Stalls, Despite Huge Investments," *New York Times*, October 7, 2017, https://www.nytimes.com/2017/10/07/business/energy-environment/german-renewable-energy.html.
8. "Germany's Greenhouse Gas Emissions and Climate Targets," *Clean Energy Wire*, March 21, 2019, https://www.cleanenergywire.org/factsheets/germanys-greenhouse-gas-emissions-and-climate-targets.
9. Reed, "Germany's Shift to Green Power Stalls."
10. "Nuclear Power in Germany," World Nuclear Association, accessed March 25, 2019, http://www.world-nuclear.org/information-library/country-

profiles/countries-g-n/germany.aspx.

11. Damian Carrington, "Citizens across World Oppose Nuclear Power, Poll Finds," *Guardian*, June 23, 2011, https://www.theguardian.com/environment/damian-carrington-blog/2011/jun/23/nuclearpower-nuclear-waste.
12. Anil Markandya and Paul Wilkinson, "Electricity Generation and Health," *Lancet* 370, no. 9591 (September 15–21, 2007): 979–90.
13. Michael Shellenberger, "If Nuclear Power Is So Safe, Why Are We So Afraid of It?," *Forbes*, June 11, 2018, https://www.forbes.com/sites/michaelshellenberger/2018/06/11/if-nuclear-power-is-so-safe-why-are-we-so-afraid-of-it/#cc9469863859.
14. Motoko Rich, "In a First, Japan Says Fukushima Radiation Caused Worker's Cancer Death," *New York Times*, September 6, 2018, https://www.nytimes.com/2018/09/05/world/asia/japan-fukushima-radiation-cancer-death.html.
15. D. Kinly III, ed., "Chernobyl's Legacy: Health, Environmental and Socio-Economic Impacts and Recommendations to the Governments of Belarus, the Russian Federation and Ukraine," 2nd rev. version, Chernobyl Forum 2003–5 (2006).
16. "Blow for New South Korean President after Vote to Resume Nuclear Power Build," *Financial Times*, accessed March 25, 2019, https://www.ft.com/content/66c5c9ad-71f0-3f2a-a66d-4078e93d46e5.
17. David Fickling and Tim Culpan, "Taiwan Learns to Love Nuclear, a Little," *Bloomberg*, November 28, 2018, https://www.bloomberg.com/opinion / articles/2018-11-28/taiwan-voters-give- nuclear-power-a-lifeline-after-election.
18. Ellen Knickmeyer, "Trump Administration Targets Obama's Clean-Up of Mercury Pollution," PBS, December 28, 2018, https://www.pbs.org/newshour/nation/trump-administration-targets-obamas-clean-up-of-mercury-pollution.
19. Jennifer Ludden, "Trump Administration Eases Regulation of Methane Leaks on Public Lands," NPR, September 19, 2018, https://www.npr.org/2018/09/18/649326026/trump-administration-eases-regulation-of-

methane-leaks-on-public-lands.

20. Knickmeyer, "Trump Administration Targets Obama's Clean-Up."
21. "Trump Administration Asks to Roll Back Rules Against Water Pollution," *The Scientist*, December 12, 2018, https://www.the-scientist.com/news-opinion/trump-administration-rolls-back-protections-against-water-pollution-65206.
22. "China Postpones Lifting of Ban on Trade of Tiger and Rhino Parts," *Reuters*, November 12, 2018, https://www.reuters.com/article/us-china-wildlife/china-postpones-lifting-of-ban-on-trade-of-tiger-and-rhino-parts-idUSKCN1NH0XH.
23. Benjamin Austin, Edward Glaeser, and Lawrence H. Summers, "Saving the Heartland: Place-Based Policies in 21st Century America," in *Brookings Papers on Economic Activity* Conference Drafts, 2018.
24. Eduardo Porter, "The Hard Truths of Trying to 'Save' the Rural Economy," *New York Times*, December 14, 2018, https://www.nytimes.com/interactive/2018/12/14/opinion/rural-america-trump- decline.html.
25. Thomas Koulopoulos, "Harvard, Stanford, and MIT Researchers Study 1 Million Inventors to Find Secret to Success, and It's Not Talent," *Inc.*, August 14, 2018, https://www.inc.com/thomas-koulopoulos/a-study-of-one-million-inventors-identified-key-to-success-its-not-talent.html.
26. Richard Feloni, "AOL Cofounder Steve Case Is Betting $150 Million That the Future of Startups Isn't in Silicon Valley or New York, but the Money Isn't What's Making His Prediction Come True," *Business Insider*, June 19, 2018, https://www.businessinsider.com/steve-case-rise-of-the-rest-revolution-startup-culture-2018-5.
27. Jamie Dimon and Steve Case, "Talent Is Distributed Equally. Opportunity Is Not," *Axios*, March 21, 2018, https://www.axios.com/talent-is-distributed-equally-opportunity-is-not-1521472713-905349d9-7383-470d-8bad-653a832b4d52.html.
28. Akshat Rathi, "If Your Carbon Footprint Makes You Feel Guilty, There's an Easy Way Out," *Quartz*, May 3, 2017, https://qz.com/974463/buying-carbon-credits-is-the-easiest-way-to-offset-your-carbon-footprint/.
29. "Salesforce Invests in Its Largest Renewable Energy Agreement to Date,

the Global Climate Action Summit, and a More Sustainable Future," Salesforce, August 30, 2018, https://www.salesforce.com/company/news-press/press-releases/2018/08/180830/.

30. "100% Renewable," Google Sustainability, accessed March 25, 2019, https://sustainability.google/projects/announcement-100/.
31. Peter Economy, "United Airlines' Stunning New Greenhouse Gas Strategy Will Completely Change the Future of Air Travel," *Inc.*, September 14, 2018, https://www.inc.com/peter-economy/united-airlines-ceo-just-made-a-stunning-announcement-that-will-completely-change-future-of-air-travel.html.
32 "Maersk Sets Net Zero CO2 Emission Target by 2050," *Maersk*, December 4, 2018, https://www. maersk.com/en/news/2018/12/04 /maersk-sets-net-zero-co2-emission-target-by-2050.
33. Peter Hobson, "Hydro-Powered Smelters Charge Premium Prices for 'Green' Aluminum," Reuters, August 2, 2017, https://www.reuters.com/article/us-aluminium-sales-environment/hydro-powered-smelters-charge-premium-prices-for-green-aluminum-idUSKBN1AI1CF.
34. Lisa Lednicer, "Rockefeller and the Secret Land Deals That Created Grand Teton National Park," *Washington Post*, December 4, 2017, https://www.washingtonpost.com/news/retropolis/wp/2017/12/04/rockefeller-and-the-secret-land-deals-that-created-grand-tetons-national-park/?utm_term=.9e8d26b4bb4f.
35. Pascale Bonnefoy, "With 10 Million Acres in Patagonia, a National Park System Is Born," *New York Times*, February 19, 2018, https://www.nytimes.com/2018/02/19/world/americas/patagonia-national-park-chile.html.
36. Gerry Shih, "China Rolls Back Decades-Old Tiger and Rhino Parts Ban, Worrying Conservationists," *Washington Post*, October 29, 2018, https://www.washingtonpost.com/world/china-rolls-back-decades-old-tiger-and-rhino-parts-ban-worrying-conservationists/2018/10/29/a1ba913c-dbe7-11e8-aa33-53bad9a881e8_story.html?utm_term=.994da09a6ff0.
37. Henry Grabar, "Why Ducks' Strongest Allies Are Duck Hunters," *Slate*, May 10, 2018, https://slate.com/business/2018/05/ducks-unlimited-which-

helps-restore-wetlands-consists-mostly-of-duck-hunters.html.

38. Jorge Mayer, "Golden Rice Licensing Arrangements," *Golden Rice Project*, accessed March 25, 2019, http://www.goldenrice.org/Content1-Who/who4_IP.php.
39. Raluca Dragusanu and Nathan Nunn, *The Effects of Fair Trade Certification: Evidence from Coffee Producers in Costa Rica*, National Bureau of Economic Research Working Paper no. 24260, 2018.
40. Maura Judkis, "You Might Think There Are More Vegetarians than Ever. You'd Be Wrong," *Washington Post*, August 3, 2018, https://www.washingtonpost.com/news/food/wp/2018/08/03/you-might-think-there-are-more-vegetarians-than-ever-youd-be-wrong/?utm_term=.d34e8f549da0.
41. Linus Blomqvist, "Eat Meat. Not Too Much. Mostly Monogastrics," Breakthrough Institute, accessed March 25, 2019, https://thebreakthrough.org/issues/food/eat-meat-not-too-much.

結論　我們的下一個星球

1. Chris Stringer and Julia Galway-Witham, "When Did Modern Humans Leave Africa?," *Science* 359, no. 6374 (2018): 389–90.
2. Paul K. Anderson, "Competition, Predation, and the Evolution and Extinction of Steller's Sea Cow, *Hydrodamalis gigas*," *Marine Mammal Science* 11, no. 3 (July 1995): 391–94.
3. "Unprecedented Wave of Large-Mammal Extinctions Linked to Prehistoric Humans," *ScienceDaily*, April 19, 2018, https://www.sciencedaily.com / releases/2018/04/180419141536.htm.
4. Ross Andersen, "Welcome to the Future Range of the Woolly Mammoth," *Atlantic*, July 10, 2017, https://www.theatlantic.com/magazine/archive/2017/04/pleistocene-park/517779/.
5. King James Bible, Genesis 1:28.
6. Jesse Ausubel, "We Must Make Nature Worthless," *Real Clear Science*, September 19, 2015, https://www.realclearscience.com/articles/2015/09/19/we_must_make_nature_worthless_109384.html.

財經企管 BCB696

以少創多

我們如何用更少的資源創造更多產出？

More from Less：

The Surprising Story of How We Learned to Prosper Using Fewer Resources — and What Happens Next

國家圖書館出版品預行編目(CIP)資料

以少創多：我們如何用更少的資源創造更多產出？／安德魯．麥克費（Andrew McAfee）著；李芳齡譯. -- 第一版. -- 臺北市：遠見天下文化, 2020.07
384面；14.8×21公分. --（財經企管；BCB696）
譯自：More from less : the surprising story of how we learned to prosper using fewer resources and what happens next.
ISBN 978-986-5535-37-7（精裝）
1.能源節約 2.環境保護 3.技術發展 4.市場經濟

554.68　　109009658

作者 — 安德魯．麥克費（Andrew McAfee）
譯者 — 李芳齡

總編輯 — 吳佩穎
書系主編 — 蘇鵬元
責任編輯 — 蘇鵬元、賴虹伶
封面設計 — Bianco Tsai

出版者 — 遠見天下文化出版股份有限公司
創辦人 — 高希均、王力行
遠見・天下文化・事業群　董事長 — 高希均
事業群發行人／CEO — 王力行
天下文化社長 — 林天來
天下文化總經理 — 林芳燕
國際事務開發部兼版權中心總監 — 潘欣
法律顧問 — 理律法律事務所陳長文律師
著作權顧問 — 魏啟翔律師
社址 — 台北市 104 松江路 93 巷 1 號
讀者服務專線 — 02-2662-0012 ｜傳真 — 02-2662-0007；02-2662-0009
電子信箱 — cwpc@cwgv.com.tw
郵政劃撥 — 1326703-6 號　遠見天下文化出版股份有限公司

電腦排版 — 立全電腦印前排版有限公司
製版廠 — 東豪印刷事業有限公司
印刷廠 — 祥峰印刷事業有限公司
裝訂廠 — 精益裝訂股份有限公司
出版登記 — 局版台業字第 2517 號
總經銷 — 大和書報圖書股份有限公司｜電話／ 02-8990-2588
初版日期 — 2020 年 7 月 31 日第一版第一次印行

定價 — 500 元
ISBN — 978-986-5535-37-7
書號 — BCB696
天下文化官網 — bookzone.cwgv.com.tw